QDII
海外投资风险管理问题研究

李佳峰　高柠　著

WUHAN UNIVERSITY PRESS
武汉大学出版社

图书在版编目(CIP)数据

QDII海外投资风险管理问题研究/李佳峰,高柠著.—武汉:武汉大学出版社,2022.12
ISBN 978-7-307-23521-2

Ⅰ.Q… Ⅱ.①李… ②高… Ⅲ.海外投资—投资风险—研究—中国 Ⅳ.F832.6

中国版本图书馆CIP数据核字(2022)第253823号

责任编辑:王智梅　　责任校对:汪欣怡　　版式设计:马　佳

出版发行:**武汉大学出版社**　(430072　武昌　珞珈山)
(电子邮箱:cbs22@whu.edu.cn　网址:www.wdp.com.cn)
印刷:武汉邮科印务有限公司
开本:720×1000　1/16　印张:14.5　字数:213千字　插页:1
版次:2022年12月第1版　2022年12月第1次印刷
ISBN 978-7-307-23521-2　定价:52.00元

前　言

QDII（Qualified Domestic Institutional Investor，合格境内机构投资人）制度最早是由香港的财政部门所提出，和 QFII（Qualified Foreign Institutional Investor，合格境外机构投资人）及 CDR（China Depository Share，中国存托凭证）类似，是在目前大陆实行的外汇兑换管制政策下，方便大陆资本市场对外投资的政策。即本国投资人在资本账户项目尚未完全开放的情况之下，对海外的资本市场实行投资。近十年我国对外贸易在国际收支上不断出现的顺差，产生外汇存底累计额度逐年增长，在这样的大背景下，QDII 制度的正式推出就是为了能对开放资本账户跨出更大一步，进而创造出更多的外汇需求，使人民币与国际汇率相较之下更加稳定、更加市场化与平衡，同时鼓励国内更多公司跨出国门，以进一步减少贸易顺差以及资本项目的盈余。其中最直接的优点便是让国内投资人透过这样的机制直接或间接参与国外的资本市场，进而可以获得到全球资本市场的投资回报率。这几年来，大量的外汇存底加上人民币升值的期待持续性增大，对中国资本流出带来巨大的压力。政府有必要建立一种主动管理的投资管道制度来引导这部分的资金对外流出。随着国内人民收入的不断增加投资外汇市场的需求上扬，资本账户的开放也自然成为必要趋势，QDII 制度从这些角度都有一定的正面意义。

本书以资本市场开放的理论以及实践为出发点，深入阐述了 QDII 制度的内涵、运作原理、背景和意义，运用理论分析和案例分析相结合的方式，总结了 QDII 投资境外市场的各种面临风险及相应的风险衡量与评估方法，从市场关联度、资产配置、风险监测、避险策略等角度深入系统地研究了QDII投资中的风险管理方法，进而通过资产的国际配置以及衍生品投资，在平稳投资风险的同时，获得相对优良的投资业绩，同时对风险内部机制、外部监管和法律防范模式进行了探讨。

本书按照理论、案例和对策研究的逻辑，分为八大部分，研究架构如下：第一章主要包括研究背景和意义，QDII制度的基本概念和其风险机制及管理的界定，国内外相关研究综述和本书的研究思路、方法。第二章QDII制度的理论基础、背景及实践的国际比较，包括QDII制度的运作原理及其影响、实施QDII制度的理论基础。第三章主要包括QDII政策发展历史、QDII制度发展历程、QDII发展的现状、中国QDII投资风格分析、QDII基金失败的原因分析、QDII基金的治理措施以及不同国家及地区实施QDII制度的比较等。第四章主要通过分析银行和基金公司的实际案例来说明目前QDII业务发展过程中存在的实际问题和对策研究。第五章主要结合风险管理中的理论研究，分别从市场风险、汇率风险、国家风险和信用风险等角度全面阐明在国际投资中如何识别不同的风险暴露，以及运用风险模型控制不同类别的风险。第六章介绍了在国际资产配置下，运用改进的资产组合构建方式详细说明了分散化投资能够显著地起到分散风险，提高组合收益的结果，同时基于人民币汇率升值对QDII持有人投资者收益的影响，针对国内基金公司在QDII海外投资中所面临的外汇风险，提出了利用衍生品来进行风险对冲的方法。第七章主要对QDII风险内控机制和外控机制的建立和完善提供了一些思路，为国内QDII管理人进行海外投资管理以及后续的产品开发提供借鉴。第八章为总结和展望，QDII作为我国金融领域的一大创新，必将成为我国投资海外的未来趋势。为了提高QDII在海外市场的风险管理和投资收益能力，本书认为在其市场风险管理和内控机制方面需要准确识别各类市场风险，并建立风险监控和预测系统，合理进行汇率风险管理，并择时进行国际资产配置，分散风险并获得全球收益，建立和完善内部控制。

目　　录

第一章　导　论

一、研究背景和意义

随着中国加入 WTO，中国内地券商与国际投资银行将在同一平台比拼，为此，中国不少券商已做了不少准备，但考虑更多的似乎总是怎么样主场应敌。事实上，要解决内地券商与国际投资银行的竞争问题，关键是解决内地券商怎么与国际接轨的问题。券商要同国际接轨，先要从管理、技术手段、风险控制、人才培养、文化理念上同国际接轨。在入市后的过渡期内，如果管理层能够尽快出台有关政策，让国内的券商先“走出去”，与实力强大的对手在真实的自由竞争环境中面对面地切磋技艺，不断发现和调整自身在竞争中的不利状况，国内券商完全可能在这段时间内寻找机会壮大自身实力。在不断扩大中国证券市场对外开放的同时，摆在中国管理层面前同样紧迫的任务是积极探索推动国内券商国际化经营的有效途径。

QDII 制度的实施有效拓宽了境内机构和个人的境外投资渠道，使之能在全球范围内配置资产和管理风险。2006 年 4 月，中国人民银行发布公告，首次允许符合条件的基金公司等证券经营机构募集资金从事包括股票、债券、基金等证券资产的境外投资。这标志着我国 QDII 基金正式起航。2006 年 8 月开始实行 QDII 基金试点，第一只 QDII 基金是华安基金推出的华安国际配置。2007 年 6 月证监会发布了《合格境内机构投资者境外证券投资管理试行办法》，自此，QDII 基金快速扩充、发展。根据中国证券投资基金业协会网站，截至2013年7月，中国内地市场上的QDII基金产品数量达到113只，QDII基金规模达到865.77亿美元，占所有基金资产规模的1.77%。而在我国的香港市场，投资海外市场的基金资产比例约为60%。

此外，QDII制度的实施，有利于引导国内居民通过正常渠道参与境外证券投资，也有利于提升中国企业在国际资本市场的形象，恢复和增强国内企业到国际资本市场的融资能力，可见研究QDII制度具有十分重要的积极意义。

(一)背景

中国证监会对于QDII(即Qualified Domestic Institutional Investor，合格境内机构投资者)的定义，是指在一个国家资本账户项目还没有完全开放的情况之下，该国政府同意一些经过核准的国内机构投资人向境外的资本市场进行各项投资。它是一个国家在外汇管制的情况下，一种过渡性安排的资本市场对外开放的制度。在QDII的机制下，拥有外汇资金的个人或法人将他们的资金交由机构投资人，透过一些符合资格的金融中介单位以合乎规定的模式，在规定的额度之内，投资在境外的资本市场。设立QDII制度的直接目的是"进一步开放资本账户，以创造出更多的外汇需求，进而使人民币汇率更加平衡和更加市场化，并可以同步鼓励国内更多的企业走出国门，因而减少贸易顺差和资本账户项目的盈余"，最直接的影响是让国内投资者可以直接参与国外的资本市场，并获得全球市场收益。因此QDII在本质上是一项投资制度。

QDII制度与QFII制度及CDR(存托凭证)一样，都是在国家外汇管制下国内的资本市场对外开放的一个过渡性安排方式，以便可以容许一些受监控的机构投资人在资本账户项目还没有完全开放的情况下，国内投资者往海外资本市场进行投资。QDII可以为我国有序开放资本市场积累经验，将为培育内地机构投资者起到积极作用。由于人民币不可自由兑换，CDR、

QFII 在技术上有一定难度，相比而言，QDII 的制度障碍则要小很多。

我国金融市场设立 QDII 制度最早是由香港特区政府提出来的。其目的是在人民币还不能自由兑换的大环境情况下，由专用基金的模式投资到香港，为东南亚金融风暴以后持续低潮的香港股市注入一笔新的资金，以期重振香港的经济。这几年来，大量的外汇储备加上人民币升值的预期不断增强，为中国资本金的输出带来很大压力，政府开发出一个积极正面的投资模式来引导这种类型的外汇资金是有其必要性的。随着国内人民收入增加以及他们对投资外汇市场的期许上扬，资本账户的进一步开放也成为一个必然的趋势，QDII 制度在以上各方面都有相当正面的积极意义。实际上，QDII 的想法可以追溯到 1983 年，中国台湾在逐步实行开放岛内资本市场的时候，为了避免在短时间内形成过度的冲击，对外资实行了 QFII 制度，于是，有一些学者效仿台湾地区的 QFII 制度，提出了 QDII 的想法。韩国、巴西、印度、智利等在 20 世纪 90 年代初期就设立和实施过 QFII 和 QDII 的“双 Q”制度，并积累了相当丰富的经验，也获得了很多很好的成果。

2008 年，美国的次级房贷危机蔓延，全球金融危机全面爆发，国内首批 QDII 基金净值表现并不好看，QDII 基金净值折损创下中国基金业发展十年来的最高纪录，基金 QDII 首发规模越发越小。截至 2013 年 7 月 30 日，共有 46 家券商和基金公司获得 QDII 资格，但发行规模在不断缩小，发行认购的难度不断在增加。形成鲜明对比的是，国内一批基金公司对出海仍然执着，申报热情较为积极。

在金融风暴中频频受挫后，QDII 基金选择一再收缩“战线”，将港股作为绝对主战场。偏爱在家门口炒股的 QDII 基金，离投资者“全球资产配置”的期望却越来越远，投资者也开始质疑 QDII 全球配置分散风险的能力。事实上，面对全球股灾，年轻的 QDII 多少显得有些手足无措，由于香港市场既有成熟市场的特征，也具有新兴市场的特征，自然成为 QDII 基金投资海外的“练兵场地"。随着金融风暴愈演愈烈，QDII 更是将期望寄予了港股市场，期待港股市场在全球金融危机中能够率先企稳。

QDII是在国内经济发展较快，外汇储备充裕，人民币升值压力不断增大的情况下产生的，具体如下：

1. 中国经济高速增长，造就了大批富裕阶层和理财需求

我国以世界最大的人口规模，在近30年的时间内实现了年均9.6%的高速增长。我国经济从解决温饱到基本实现小康，向全面小康迈进。特别是进入21世纪以后，在经济总量大幅增加的前提下，仍然继续保持了年均近10%(9.76%)的增长，既消除了通货紧缩，又没有明显的通货膨胀，经济发展的质量提高，效益改善，波动减少，协调性增强。持续经济发展使我国的综合国力明显增强，人民生活水平显著提高。

在这种状况下，个人财富管理的业务获得了快速的发展。首先，随着中国改革开放以及经济的稳步成长，造就了许多国内的富豪阶层，庞大而且持续在增长的个人金融资产，为我国的商业银行发展个人财富管理业务提供了客群基础，构成了潜在、持久而且旺盛的理财需求。除此之外，我国医疗、住房、养老、教育等体制改革也激发了人民对财富管理的需求。

2. 外汇储备增长迅速，人民币存在较大升值压力

多年以来，我国在对外的贸易之中一直保持着较大的贸易顺差，外汇储备迅速增长。同时，我国人民手中的外汇持有量也在迅速增加。虽然对我们这样一个高速增长经济和转轨时期体制的发展中大国来说，保持一定规模的国际收支顺差以及较为充足的外汇储备，将会有利于促进国内经济发展，增强综合的国力，维护国家经济的金融安全以及提高应对风险的能力。然而有过之却犹不及，若国际收支持续维持巨额的贸易顺差，其影响则与较大的贸易逆差一样，也会对国民经济的平稳较快发展带来负面的影响，因此政府也开始鼓励银行多提供各种产品创新与外汇服务，也同时支持银行办理代客境外财富管理业务，进一步引导境内投资机构或个人的外

汇直接或间接进入境外的资本市场。当然，充裕的外汇储备也是为境内居民个人和机构通过人民币换汇的形式提供了充裕保障以进行投资境外金融产品。为了这样的结果，商业银行开办代客境外财富管理业务也提供了资金来源。

从资本的逐利性来看，其永远都会往风险、价格较低的方向流动。因此在目前现行汇率的体制下，人民币存在比较大的升值压力。针对这个情况，有关专家指出，我国政府应该要放松对外汇需求的限制，适当消化外汇储备。

从收益性的原则来看，需要为其中一部分外汇储备的资金找到收益更高的投资出路。这为 QDII 的发展奠定了基础。允许认可的合格境内机构投资者投资海外资本市场的 QDII 制度是调整我国国际收支平衡的重要措施之一，它为国内的外汇存款提供了更多的境外投资机会，这有利于部分外汇资金合理的流出，有助于缓解甚至扭转中国外汇储备快速增加的现状，并且避免因外汇储备增加过快为人民币带来了巨大的升值压力。

3. 汇率体制改革的进一步深入

汇率政策措施的改革是我国金融制度改革中很重要的一个环节。逐步去完善人民币汇率形成的机制，以增加人民币汇率使用上的弹性，而且逐步去放松对政府外汇资本账户的管制，最终仍要实现人民币资本账户与外币间的自由兑换，这些做法将使我国国内资本市场融入全球的金融市场，也能更进一步，推动资本市场效率的提升，以增强其资源分配的功能。

QDII 制度是人民币实现可以与外币完全兑换之前的一种过渡性的措施，涉及的是资本账户的阶段性逐步开放。国际货币基金组织(IMF)以及世界银行多次警告中国政府部门，在对中国资本账户施行任何重大的改革措施之前，中国需要先让人民币汇率更加具有弹性。不然的话，相较之下比较固定的汇率制度和资本市场如果仓促地开放将有可能导致如同 1997—1998 年亚洲金融风暴的国际投机性风潮。实际上，我国政府也一直致力于人民币汇率制度的改良。1994年，中国对外汇管理的制度提出进行了重大的变革，确立了未来实现人民币对外币可以完全兑换的终极目标。首先在当下仍须继续针对外汇资本项目实施严格管制的同时，也同步施行经常项目可以有条件地兑换。1996年，中国接受国际货币基金组织所提出的第八条款，以实现经营项目的可以完全兑换。2005年7月21日起，我国开始实行以市场供给与需求作为基础、参考一篮子货币作为储备以进行货币汇率的调节、形成受管理的浮动汇率制度。基于此，在中国开始逐步改革人民币汇率形成的机制之后，QDII制度的施行来作为我国外汇体制改革链条中的一个环节，其施行的主客观条件也因此逐渐趋于成熟。

4. 繁荣香港市场的要求

QDII制度施行最早其实由香港特区政府提出建议的，其目的是绕过人民币不可兑换的障碍，让内地的资本金通过一个受控制的渠道，可以专用且以境外投资基金的形式投资在香港的资本市场。这样的一个建议如果实施，将为香港的资本市场提供一个新的资本金来源。

香港的资本市场是一个全球性的金融市场，在香港联交所上市的公司的总市值是上海与深圳股市现有流通总市值的2倍。以长远的角度来看，内地的资本金最后仍然是要走向国际金融市场的，许多香港的股票价格偏低，市盈率也较低，他们的投资价值可能会高过内地的A股与B股。也由于内地的投资人对H股与红筹股相对来说比较熟悉，这一类股票有可能吸引更多的投资人，这对香港有价证券市场的繁荣是有很大帮助的。同一时间，内地到H股挂牌的股票也由于比价的效应，也会具备更好的市场投资潜力。QDII制度也因此会有利于提升中国资本企业的国际市场形象，也会增强它们在筹资以及融资上的能力。

因为这样的关系，施行QDII的制度不仅可以逐步达成国际收支平衡以及释放人民币被要求升值的压力，更重要的是可以成为在外汇管制的情况下所建立的一个特殊渠道，可以使国内资本金合法地进入国际的资本市场，使正常的海外证券投资的需求包括可以监管、可控制的状态，能有效地促使中国金融资产的国际化以及多元化，间接控制资本金向海外逃出，分散金融风险，也减轻政府必须干预外汇市场的压力，从“藏汇于国”转变为“藏汇于民”。而这本身其实又是推进我国的资本市场全面开放与人民币资本项目完全自由兑换的过程中的一个中间目标、一种渐进性的策略。QDII 制度的施行，不但可以增强国内的企业到国际资本市场筹融资的能力，也有利于增加有价证券可投资种类，以增加机构投资者队伍，提升到价值投资的理念，优化资本市场制度的架构。

一种简单的认识是，建立 QDII 机制源于香港金融监管部门为解决“北水南调”、引进内地资金活跃香港证券市场、重振香港经济的设想，但其实际意义已远不止于此。

首先，建立 QDII 机制有利于支持香港经济发展，而维持一个经济繁荣和社会稳定的香港，不仅有现实经济意义，而且有重大政治意义。振兴香港的经济，在香港没有成功实现产业转型时，一是要保持楼市的相对畅旺，二是要促进金融市场的繁荣。QDII 使内地居民得以买卖香港股票，从而提升香港投资者信心，正是在人民币资本项目不可自由兑换时，内地刺激香港股市的一种稳妥和有效的政策安排。此外，启动香港股市可以吸引国际的浮游资金回流到香港，增加设立在香港的国际金融机构的数量，以扩大金融服务业就业的规模与香港居民金融资产的市值，也因此进一步稳定香港楼市。

其次，有利于推动国内的证券公司走出国门进入国际资本市场，为有实力的国内证券公司提供更多的发展空间以及国际业务的经验。QDII 机制的运作，需要通过设在境外的被认可从事证券经营业务的国内证券机构来代理买卖。所以国内证券公司能以一种绕道的策略进入国际资本市场，通过这些业务和项目的操作方式，在服务自己相对来说比较熟悉的客户的过程当中，学习、熟悉境外资本市场的操作，既做到不断地开拓业务范围，又能够有效地避免因为缺乏国际资本市场经验而导致的经营风险，逐步做大做好做强。同时也有利于提高中国内地企业在国际资本市场上的形象，恢复以及增强国内企业到国际资本市场的筹资与融资的能力。

(二)研究的意义及价值

QDII 制度的作用一方面是可分散 A 股市场单一风险，另一方面是可为投资者提供一定的全球投资机会。由美国“次级房贷危机”引发的全球金融风暴在 2008 年席卷全球，全球股市均出现大跌。2008 年 QDII 基金的平均跌幅为 47. 55%，最差的 QDII 基金 2008 年全年跌幅为 56. 82%，最好的 QDII 基金 2008 年全年跌幅也有 40. 70%。与 QDII 基金相对照，2008 年 A 股市场股票型基金平均跌幅为 51. 19%，最差的跌了 64. 75%，最好的跌了 30. 31%。在如此大的全球性系统风险下，QDII 基金与 A 股市场的股票型基金只是跌幅孰多孰少的问题，而不是谁跌与谁不跌的问题，可见 2008 年 QDII 基金分散单一市场风险的功能几乎弱不可见。

自 2009 年以来，A 股市场走势明显与外围市场独立发展，截至 2013 年 6 月 30 日，A 股市场股票型基金平均涨幅为 5. 60%，QDII 基金 2009 年以来平均跌幅为-5. 94%。QDII 基金成了被人遗忘的角落，QDII 基金真的无法分散单一市场风险吗？QDII 基金真的无法给投资人带来正回报吗？

中国政府早在 2002 年 12 月 1 日就实行了 QFII 制度，但这是一种资本的单向开放，中国境内的个人和机构仍然无法通过正规的途径对境外的金融或资本市场进行投资活动。而此次 QDII 制度的出台使中国资本市场的开放从原来的单向开放转变为双向开放，资本流动的渠道从原来的单向渠道转变成双向渠道。这种双向渠道的建立，对很多方面都有着重要的意义。

(1)有利于国际收支的平衡。对国际收支不平衡的调整，不仅仅包括对逆差的调整，也应包括对顺差的调整。这些年来，中国经济一直保持着高速发展的势头，导致经常项目和资本项目连年双顺差，国际收支因此无法得到平衡，最终引发了包括人民币低估以及贸易战等一系列问题。如何有效地平衡国际收支，成为了中国政府迫切需要解决的重大问题之一。QDII 制度的出台，有利于形成资本有序进出中国的双向通道，加快资金的双向流动，有利于调整中国双顺差的国际收支格局。

(2)有助于降低外汇储备贬值风险，同时降低人民币的升值压力。QDII制度是中国外汇体制改革链条中的重要环节。伴随中国的国际收支“双顺差”格局，中国外汇储备一路飙升。人民币的升值就意味着美元的贬值，而中国具有这么庞大的美元储备，这显然意味着外汇储备的跌价。虽然中国已放宽人民币兑美元的限制，希望鼓励个人和企业持有外汇，但在人民币持续升值又缺乏外汇资产投资渠道的情况下，为了避免损失，个人和企业持有外汇的意愿没有得到提高。因此，在中国经济持续快速发展、外汇储备充裕、金融体制改革稳步推进、人民币汇率形成机制改革取得重大突破和进展时，面对中国外汇储备持续高速增长的态势，QDII制度的推出无疑是调控外汇储备数量、降低外汇储备贬值风险的重要手段之一。

(3)促进中国国内资本市场与国际资本市场的接轨。QDII制度的推出对国内资本市场的影响是深远的，它使中国的资本市场由封闭变成开放。QDII有助于改善中国资本市场投资者结构，促进我国投资者投资理念转变，扩大机构投资者队伍，增加投资产品的供应，促进金融产品创新，提高中国金融监管能力与资本市场开放度和成熟度，促使中国在确保经济、金融安全的前提下学会通过国际资本市场来融入并受益于经济全球化，提高中国政府驾驭资本市场的能力，融入全球化的世界经济。

(4)有利于中国国内外资本市场联动性的加强。QDII使得中国国内机构投资者可以在全球范围内配置资产，因此，中国国内机构投资者在各地市场之间所做的复杂选择，必然会导致中国国内资本市场与国外资本市场联动性的加强。首先，中国国内和国际资本市场在投资机会、投资品种等方面会存在较大差异，当国际资本市场的投资机会明显时，无疑会吸引更多的中国国内资本关注国际资本市场，从而冲击和修正中国国内资本市场资源配置的能力；当中国国内资本市场投资机会明显时，会反向吸引资金重新回归国内，这就证明了中国国内资本市场与国际资本市场之间的联动性在加强。其次，QDII制度的推出会加快中国国内股价结构的调整，最终与国际资本市场保持一致。例如，就与内地有着密切联系的香港地区股市来说，当机构投资者在A股与H股之间作投资选择时，A股股价与H股股价自然产生比价效应，最终会导致国内股票市场股价和市盈率水平向国际看齐。再次，随着越来越多的国外机构投资者进入中国内地，中国国内券商及其他合格投资者与国外的接触日益频繁，机构投资者队伍亦日益壮大，国际上流行的价值型投资理念将逐渐被中国的投资者接受，中国国内投资者会更加重视上市公司及其股票的投资价值，中长期投资、组合管理和风险管理意识也将深入人心。这种理念的更新最终会反馈到中国国内资本市场，带动整个中国国内资本市场投资理念的转变，从而加速中国国内资本市场投资理念与国际资本市场投资理念一致性的进程。

(5)有利于外汇理财市场的发展，增加金融机构获利空间。随着QDII制度的推出，中国境内资本到境外投资已经合法化，那么中外金融机构势必会围绕外汇理财市场展开激烈的竞争，中国将形成一个规模巨大的外汇理财市场。早在QDII制度推出之前，各银行纷纷推出“QDII雏形”的理财产品，例如，汇丰银行推出的挂钩欧洲奢侈品股票产品，民生银行推出的挂钩道琼斯工业指数的理财产品，中国银行推出的“汇聚宝”理财产品。这类理财产品的运作模式是，中国国内投资者以存款形式存入发行机构国内账户，而发行机构再用其在境外的等值资金去购买相关产品，获得收益后再通过发行机构国内账户转到国内投资者账户。但此类QDII雏形的理财产品受投资渠道所限，因此各家银行推出的外汇理财产品都以短期的结构性产品为主，主要满足投资者赚取短期收益的理财需求，无法满足投资者的其他需求。但是随着QDII的推出，符合条件的银行可以购汇到境外投资，银行的外汇理财产品将会有很大的变化。一旦银行等金融机构可以进入境外资本市场，其设计的产品收益率和风险组合将更加丰富，能更好地满足不同风险偏好投资者的理财需求。随着外汇理财市场的不断发展，各类金融机构不同程度地扩大了业务范围、形成了新的利润增长点，增加了获利的空间。

本书研究的QDII制度是中国近年来为了稳定经济发展、平衡国际收支而使用的一个方法，同时也为中国证券市场提供了一个有效补助性办法，其策略地位非常重要。所以研究 QDII 的市场现象、它对市场的影响力以及 QDII 制度正式实行以后风险机制管理等种种的问题，具有相当重要的理论价值和实际的意义。

不过，由于 QDII 在国际上的研究并不是很多，而我们国内对其研究也处于基础探讨的阶段，比较缺乏较为权威性或是相对成熟的研究结果。本书将中国目前相关联的经济数据结合适当的案例进行对照，进而更清晰地探讨出中国推行 QDII 以来我国资本市场所发生的变化，并进一步提出建议和看法。同时也就 QDII 对中国目前经济上的实际情况与可能产生的积极意义以及冲击进行了探讨和分析。此外，本书应用计量经济学的理论，以及股票市场微观结构等方法对 QDII 制度的实施，对 QDII 风险机制管理也同步做了深入的探讨。希望这些研究可以为以后的研究工作带来理论和实证分析方面的价值。

二、基本概念和范畴

(一) QDII 制度的界定

QDII 制度是指在人民币资本项目不可兑换和资本市场未开放条件下，在中国境内设立的，经中国有关部门批准，有控制地允许境内机构投资境外资本市场的股票、债券等有价证券投资业务的一项制度安排。

QDII 境外投资的“开闸”，体现了金融市场对外与对内开放的需求，也是我国资本市场全面开放的必然趋势。从短期来看，当前我国的 QDII 机制主要指通过指定符合一定条件的内地金融机构，代理内地居民用外汇购买香港股票的业务，QDII 制度的实行首先受惠的是香港经济。香港证券市场是一个典型的资金驱动型市场，由于自身经济规模的限制，该市场交易的繁荣活跃很大程度上取决于外来资金的丰富度。QDII 制度的实施将使得更多的内地投资资金以合法的形式进入香港证券市场，从而推动香港证券市场走向新一轮的繁荣。从长远来看，QDII 制度的实施不仅能够拓宽我国的中小投资者和机构投资者的投资管道，而且将为我国证券市场带来良性的深度变革。今后我国实行 QDII 制度主要指通过指定符合一定条件的国内金融机构，代理国内居民用外汇购买境外市场的证券业务，按照国际通行做法，QDII 将采用由机构投资者设立封闭式基金的方式运作。境外市场一般是指美国、英国等国家和地区的证券市场，一旦 QDII 机制在我国广泛实行，对内地及香港的证券市场都将产生深远的影响。

(1)有利于降低我国过高的外汇储备，减缓人民币升值压力。2012 年 12 月末，我国外汇储备余额为 3.31 万亿美元，居世界第一。巨额外汇储备对我国证券市场造成了较大影响，使得国际市场上产生了人民币升值的压力，在我国银行利率较低、房地产行业的进入存在严格限制的条件下，很多游资进入了我国证券市场，和流动性过剩一起造成了我国 2006 年的“牛市”。而目前实际利率为负的状况更加剧了流动性的膨胀。提高利率只是一种“堵”的策略。尽管可缓一时之急，但是如果我们不能为巨额的富余资金找到分流管道的话，只能是治标不治本。大量游资的进入无疑会造成我国证券市场的剧烈波动。而 QDII 制度的实施从宏观上来说有利于我国外汇储备的减少，从而降低市场对人民币进一步升值的预期，减少游资进入，最终缓解我国证券市场的压力。因此 QDII 的推出将有助于部分消化我国居高不下的外汇储备，一定程度上缓解目前的流动性过剩问题。

(2)有利于国内资本市场与国际资本市场接轨。对外开放是我国金融市场发展的长期趋势与目标。封闭的环境会限制中国金融行业的发展，而开放的环境将使中国对世界产生越来越大的影响。我国经济增长势头强劲，持续的经常项目与资本项目下的“双顺差”局面与丰厚的外汇结余，不断提升我国在经济全球化格局之中的地位，外汇已经不是我国经济建设之中的紧缺资源，与产品市场的世界性扩张相对应，我们的对外投资步伐也应同步跟上。QDII 政策的不断推进，从短期、中期和长期来看，都具有十分重要的标志性意义。它不仅将使香港和内地经济得到进一步融合，也为人民币的国际化作了进一步铺垫，同时也会使中国资本市场逐步与国际接轨，长期参与国际金融市场的竞争，有助于提升中国资本市场的国际地位。QDII 的设立有利于推动内地券商和金融中介机构走向国际市场增强它们在投资策略、风险管理、公司治理、资料披露和上市公司持续遵守有关法规等方面的专业知识，使有实力的中介机构有更大的发展空间和累积国际业务经验的机会。从长期来看，实施 QDII 制度将加快人民币自由兑换的进程，促进资本市场制度创新，为今后开放资本项目和人民币自由兑换奠定基础。

(3)有利于国内证券市场与海外证券市场的联动性和一致性增强。QDII 制度主张对国际成熟资本市场的投资(在初期尤其强调对香港证券市场的投资)，应该看到国内资金的海外投资，以及国内投资者在不同市场之间的复杂选择，必然会造成海内外证券市场的联动性与一致性的加强。这种联动性与一致性主要体现为两个效果：一是差异化所带来的国内和国际资本市场在投资机会、投资品种等方面存在较大差异，当国际资本市场的投资机会明显时，无疑会吸引更多的国内资金关注国际资本市场，从而修正和冲击国内资本市场资源配置的能力；当国内投资机会明显时，会反向吸引资金重新回到国内。二是差异化带来的效果，QDII 制度的推行会加快国内股价的结构性调整，尤其是当投资机构投资于与国内市场有密切联系的市场时，这种比价效应表现尤为明显，最终会导致国内证券市场股价和市盈率水平向国际看齐。通过对不同市场的同类同质或不同质股票的比较，投资者最终将对证券品种的投资价值做出正确判断。市场对股票价格的认可将不完全由资金规模决定，而是由公司的真实价值决定。这样一来将有助于国内证券市场泡沫的缩小。

QFII 制度，即允许经核准的合格外国机构投资者，在一定规定和限制下汇入一定额度的外汇资金，并转换为当地货币，通过严格监管的专门账户投资当地证券市场，其资本利得、股息等经批准后可转为外汇汇出的一种市场开放模式。QFII 制度是在人民币未完全自由兑换的前提下，以证券投资形式有控制地引入外资，作为对直接投资的有效补充。

作为一种过渡性制度安排，QFII 制度是在资本项目尚未完全开放的国家和地区，实现有序、稳妥开放证券市场的特殊通道。包括韩国、印度和巴西等市场的经验表明，在货币未能自由兑换时，QFII 不失为一种通过资本市场稳健引进外资的方式。在该制度下，QFII 将被允许把一定额度的外汇资金汇入并兑换为当地货币，通过严格监督管理的专门账户投资当地证券市场，包括股息及买卖价差等在内各种资本所得经审核后可转换为外汇汇出，实际上就是对外资有限度地开放本国的证券市场。中国证监会于 2002 年 11 月 5 日发布《合格境外机构投资者境内证券投资管理暂行办法》，自 2002 年 12 月 1 日起执行。

从基本框架和制度设计来看，中国 QFII 制度借鉴了其他新兴市场的成功经验，同时充分考虑到中国内地股票市场开放的现实状况，既充分利用 QFII 制度的渐进式特点，对境外投资者实行资格限制和资金管理，将开放资本流动的风险降至最低；又充分考虑到资本管制的状况，对境外投资者的投资额度和投资比例保持弹性。

在法规体系方面，中国证监会为保障 QFII 制度在中国股市的顺利实施，颁布了一系列制度措施，其中包括《合格境外机构投资者境内证券投资管理暂行办法》《合格境外机构投资者境内证券投资外汇管理暂行规定》，以及《中国证券登记结算有限责任公司合格境外机构投资者境内证券投资登记结算业务实施细则》。同时，上海、深圳证券交易所颁布了《合格境外机构投资者证券交易实施细则》。此外，中国证监会发言人就 QFII 境内证券投资管理有关问题的谈话等相继出台，为 QFII 的运作提供了较为完善的法律环境。

从运作模式上，QFII 委托境内商业银行作为托管人托管资产，通过境内证券公司办理有关的证券交易活动，开立证券公司、托管人、QFII 三方联名账户，QFII 为实际持有人。在资格和额度管理上，由中国证监会审查资格，由国家外汇管理局批准额度。QFII 申请人需具备财务稳健、资信良好、达到一定的资产规模等条件；在资金汇出入要求上，QFII 自获得额度批准之日起三个月内应当汇入本金，未足额汇入本金的，以实际汇入金额为批准额度。管理封闭式中国基金的 QFII 在本金汇入满三年后、其他 QFII

在本金汇入满一年后，经申请可分期、分批汇出本金；从可投资产品上，QFII 可投资除 B 股以外的股票、在证券交易所挂牌的国债、可转换债券和企业债券以及中国证监会批准的证券投资基金等。

QFII 制度提出的原因在于：第一，扩大资本市场规模，增强市场流动性；第二，缓和国际资本流动对汇率的冲击，保持汇率的稳定；第三，引入科学的价值投资理念；第四，促进上市公司完善治理结构；第五，加快中国股票市场的国际化进程。

（二）QDII 制度风险机制及其管理的界定

在投资活动中，风险是指收益的不确定性。国际资本流动带来资金高效率配置的同时，也伴随动荡和金融风险。QDII 制度下的风险主要指金融风险，它是“在金融活动过程中可能遭遇到不利结果的可能性或不确定性”。QDII 制度作为一种资本流动的“开闸”，也必然伴随各种风险的冲击，其投资的跨国性也带来了跨国监管的难题。同时，合格的境内机构投资者在投资海外资本市场时必须直面汇率、利率的国际变动，投资操作难度加大。对我国而言，QDII 制度需要进一步突破现行的外汇管理体制和克服金融监管体制不健全等困难。此外，证券市场的不成熟、对资本流出的外汇管理经验不足、国内合格机构投资者筛选困难等各种因素也使我国 QDII 制度实施面临更多的不确定性。

证券投资本身就是一种风险性投资。QDII 制度允许合格的境内机构投资者进行海外证券市场投资，因此其既要面临一般证券投资普遍存在的市场风险、操作风险等不确定性。又因为其跨境投资涉及不同国际市场带来汇率风险、国家风险等，由此导致风险的复杂化。由于各国监管的相对独立性所造成的监管重复或监管真空等问题，QDII 制度风险复杂性更加突出。根据金融风险产生原因的不同，可以将 QDII 面临的风险分为国家风险、汇率风险、操作风险和跨国监管风险等。

本书基于资产组合的国际分散化视角来审视我国 QDII 制度的收益和风

险，运用马可维茨资产组合原理，着重分析了利用国际资产组合给个人带来的收益，以及在国际投资过程中可能造成的风险。

三、本书的研究方法和研究思路

(一)本书的研究方法

本书首先对国内外现有的研究成果进行理论分析，以经济学、金融学等重要理论为指导，综合运用理论分析和比较分析的方法，在规范研究的基础上，将定性研究与定量分析相结合、动态研究与静态研究相结合，通过分析我国 QDII 发展现状，对比国际实践找出我国存在的问题，分析存在的风险，提出相应的对策。综合运用国际资本流动理论、资产组合理论、克鲁格曼“三元悖论”及金融深化理论等建立一个全面风险管理的经济学分析框架——全面风险管理有效范围理论，希望能在以后我国资本流动尤其是对外资本流动中起到一定的作用。并通过案例研究，以实践检验理论，以实践完善理论。具体研究方法如下：

(1)理论研究与经验研究相结合的方法。建立并分析经济资本和商业银行全面风险管理的相关理论，同时运用实际事例与数据进行了经验研究，理论联系实际，增强论文的说服力。

(2)对比研究的方法。包括不同概念之间的对比、各种理论方法的对比、不同类型 QDII 之间的对比等。通过对比研究的方法使得研究结论更具有全面性。

(3)案例研究法。以银行和基金公司 QDII 投资海外市场为案例，进行深度的个案研究。笔者目前在证券公司工作，对资本市场买方与卖方体系较为熟悉。银行、券商及基金 QDII 正在实施的全面风险管理体系建设，而且其作为国内大型活跃 QDII 机构对于中小 QDII 机构的投资和研究具有一定的影响力。

(二)研究思路

本书综合运用了不同的研究方法，希望获得科学层面较精准的研究结论。主要采用理论分析与案例分析相互结合的方式。案例部分主要是以QDII推出前后的银行和券商QDII产品的发行及业绩情况为例，分析QDII制度的影响并提出风险管理机制的框架及建议。

本书依照理论、案例、对策研究的基本策略，研究架构与思路如下：

第一章主要包括了国内资本市场引入QDII制度的背景和研究意义、基本概念和范畴，以及研究方法、思路和文章的结构安排与创新。

第二章包含QDII制度的运作原理及影响，风险管理的四个理论基础。

第三章主要包括了QDII政策发展历史、QDII的发展历程、QDII的发展现状、中国QDII投资风格分析、QDII基金失败的原因分析、中国QDII基金的治理措施分析以及不同国家或区域过去施行QDII制度的国际比较等。

第四章主要包括民生银行QDII产品的清盘、东亚银行产品的浮亏过半、华安基金及南方基金在资产配置中出现的问题进行的对策分析等。

第五章主要包括风险的类别和评估、风险的衡量和风险管理的手段等。

第六章主要包括资产组合理论的简介、QDII海外资产配置的意义和市场分散化及行业分散化策略等。

第七章主要包括内部控制的基本原则和外部监管机制。提出了四项内部控制的基本原则，完整的内部控制组织框架及外部监管机制的政策建议，并提出完善QDII的法律防范制度。

第八章主要为总结和展望。QDII作为我国金融领域的一大创新，必将成为我国投资海外的未来趋势。笔者认为，在其市场风险管理和内控机制方面需要准确识别各类市场风险，并建立风险监控和预测系统，合理进行汇率风险管理，并择时进行国际资产配置，分散风险并获得全球收益，建立和完善内部控制。

四、主要贡献及创新

第一，首次全面分析了QDII境外投资所面临的主要风险。由于境外投资环境的复杂多变，QDII投资者必然会面临比国内更多、更复杂的风险。根据《巴塞尔新资本协议》的风险分类，QDII境外投资所面临的主要风险有：市场风险、信用风险、法律与监管风险和国家风险。其中最主要的是市场风险中的汇率风险和资产价格风险。汇率的波动会使投资的实际收益与预期收益发生背离，从而蒙受经济损失。资产价格风险就是所谓的股票价格波动所引起的风险。

第二，提出建立QDII境外投资风险管理的内部控制和外部监管机制。对于QDII境外投资，不仅要建立有效的内部控制机制，同时也要加强外部监管建立完善的外部监管体系。本书从内部控制的基本原则和内部控制的基本框架进行探讨。认为其是包括投资基金管理金融业务、控制风险的一整套系统，用以维持交易高效有序地进行，以使基金经理能严格按照所制定的政策实施，确保资产的安全，最大限度地保证金融交易账户及交易记录的完整性和准确性。

第三，就目前国内有关QDII制度的研究来看，以理论分析为主，案例分析相对较少。国内研究主要集中在QDII制度与证券市场的开放、金融监管和法律制度研究等方面。而在案例研究上，对国内开放式与封闭式基金的分析较多，但对QDII产品的案例分析较少。

本书在对QDII理论研究的基础上，结合国内的实际案例进行分析，并根据实践中的困境，提出相关的对策和建议，包括外汇市场的完善、制度建设和加强监管、提高QDII产品的设计能力、投资管理能力、建立风险控制体系、注重QDII人才的培养，以及加强投资者风险教育等方面。当然，QDII制度在中国的发展时间尚短，随着今后的不断推进，还会面临许多新的问题。因此，本书对QDII制度的研究，也会随着新的变化而进一步深入。

五、本章小结

本章首先详细说明了选题的背景和意义。QDII 制度是在国家外汇管制下国内资本市场对外开放的一个过渡性安排方式，有利于国际收支的平衡，有利于降低外汇储备贬值风险，促进国内资本市场与国际资本市场接轨，也有利于国内资本市场联动性的加强，同时对于外汇理财市场的发展，又具有积极作用。其次，对 QDII 制度进行了界定，对比了 QDII 和 QFII 制度，对 QDII 制度的风险机制及其管理也进行了界定。根据金融风险产生原因的不同，可以将 QDII 面临的风险分为国家风险、汇率风险、操作风险和跨国监管风险等。最后，对研究方法和研究思路进行了说明，通过理论研究和经验研究相结合的方法，以银行和基金公司 QDII 投资海外市场为案例，进行深度的个案研究。主要创新点主要集中在两个方面，第一是通过对我国实施 QDII 的风险进行定性分析和定量分析，把 QDII 的风险进行分类比详细阐述，说明 QDII 风险的衡量并分析风险管理的手段；第二是通过采用案例分析方法，分析了 QDII 制度的实施对资本市场的影响，在资产组合理论的基础上，构建了内部控制的基本框架，提出了 QDII 风险管理机制研究的对策和建议。

第二章 QDII制度的理论基础

QDII制度是国家在资本账户项目还没有完全开放的时候，有限制地容许国内资本到境外投资的一种制度。因为担心国家正式发展这种制度会导致投机资本外流与恶性行为，政府通常会设置非常严格的附加条件，以防止出现不良影响。

一、QDII制度的运作原理及影响

我国目前采取的是利率、汇率和资本账户管理系统的三位一体制，随着调整个人金融资产投资组合的需求不断增强，建立一种同时符合货币管制的原则，也能满足国内人民期待的机制就成为了必然。

QDII机制是在目前金融的监管框架没有做太大变化，且在没有违背外汇管制的原则下安排的一个特别通道，它可以成功解决外汇管制下国内投资者投资海外资本市场的问题。

这个特殊的渠道是打开一个特定的可自由兑换且从数量以及相互关联的子账户不可兑换的资本账户的管道。每个获得认证的机构投资者再次在他的公司的子账户下设立两个级别的账户，但也接受该账户的实时监控。

QDII制度的本质是针对国内投资者到境外资本市场进行额度的管理。在这样的制度之下，所有对海外资本市场的投资资本以及投资人都必须通过此类的机构进行，以方便国家对资金流向以及规模等各方面的监管。它主要包含对投资者资格上的认定、资本金进出境内境外的监控、获许可投资的证券种类以及比例限制三个方面的核心问题。

为了严格控制风险，按照逐步健全、宁缺毋滥的原则，政府在投资人对境外投资的申请资格管理方面作出正确的规定，对那些可以被允许进行海外资本市场投资的机构投资人来说一般必须是要管理资产规模较大且经营与业绩良好的证券公司或是基金管理公司，资本金进出国境的监控包括了设立专属的账户、对当年度所有 QDII 资本金流出的总金额管制以及对当年度得到认可的 QDII 数目。为了能实际地保护境内投资者的利益，同步可以避免投机的行为，政府还应该要能限制资金的汇出与汇入；并且从我国的国情出发，针对发出许可的证券种类和比例做出限制。在一开始，只允许 QDII 投资香港市场上的 H 股、蓝筹股以及红筹股，而且限制 QDII 可以投资单一公司股权比例的上限，使得投资单一公司的股权不可以超过该上市公司股份总额的一定比例，或者是投资同一家公司的股权不能超过 QDII 净资产的一个固定比例。这样规定的目的主要是希望 QDII 可以分散投资标的来分散投资风险，进而保护境内投资者的利益。

QDII 制度对我国证券市场的积极影响主要体现如下：

(一) 有利于优化国内市场的投资路径，降低投机行为发生概率

市场分割问题是制约我国证券市场发展的主要障碍之一。长期以来，我国证券市场被分割成 A 股、B 股、H 股等市场，同一公司在不同市场的股票呈现出巨大的股价差异。截至 2013 年 8 月底，H 股的平均市盈率为 10.17 倍，上海股市的平均市盈率高达 9.8 倍，深圳股市为 14.3 倍。在香港上市的 H 股、红筹股绝大多数是国内的优质企业，股息分红一般在 5%以上。市场分割的问题已经严重影响了我国证券市场的有效性，对我国证券市场国际化进程也造成了不利影响。

QDII 机制的建立，不仅能够增加国内投资者的投资管道，降低投资风险，提高投资收益，还能使内地居民投资香港股市的需求合法化，引导需要投资境外股市的国内资本走正常管道出去。这样通过清晰的管道控制国内资金流向，可以减轻资本非法外逃的压力，将资本流出置于可监控的状

态，有利于对金融风险的控制。对于 A 股市场，QDII 制度的实施可带来良性的、温和的以及渐进的价格调整。一方面，QDII 是在资本实行管制的情况下，允许有限度地对外投资，资本并不是完全自由出入。截至 2012 年 12 月末，我国居民、企业的外汇存款依然高企，表明国内资本市场中的资金非常充足。因此，QDII 制度的实施不会影响到投资 A 股的人民币资金。另一方面，目前我国 A 股市场投资者以个人投资者为主，其中保证金低于 10 万元的散户占 90%以上。这些低于 10 万元的散户投资者基本上不会把这部分资金兑换成外币，汇到境外参与国外资本市场的炒作。由此可见，这种流出量和流出资金的性质对 A 股市场造成的价格调整影响是渐进和温和的。

实施 QDII 制度后，由于国内投资者买卖境外股票已经间接成为合法的投资行为，通过对不同市场同类同质股票的比较，相信投资者最终会对证券品种的投资价值做出正确的判断，在此推动下，内地股票市场必然要大力推进市场化改革，推进股权结构调整，缩小在不同市场之间进行不规范的宏观套利和投机的空间。QDII 制度的实施将使 A 股与 H 股市场的价差逐渐缩小。QDII 制度的实施使得港股与内地股市之间的关联性更强，随着内地投资者的市场投资理念日趋成熟，导致同时发行 H 股的 A 股股价下降，进而导致 A 股市场的股价结构发生重大变化，因此其他 A 股股价也会随整个证券市场价值定位的变化而调整，最终，将使 A 股与 H 股市场的价差逐渐缩小。这主要是因为我国内地股票市场目前尚属新兴市场，与成熟的香港股市相比，在股价结构上存在着较大差距。香港市场的大盘蓝筹股具有低市盈率和高绝对价格的双重特征，业绩差的中小盘股则具有高市盈率和低绝对价格的特征；相反，内地市场的股价结构的高低落差仍然很小。目前大盘蓝筹股已经成为香港市场的主要力量，而在内地市场中，仍然是中小盘股占据绝对多数，导致综合指数的市盈率水平偏高。这说明 A 股市场存在较多泡沫，而其大盘蓝筹股市场定位较低。因此，QDII 制度的实施将使不同市场之间股票价差逐渐缩小，优质上市公司将获得更高的定价，劣质上市公司的股价将进一步走低。

(二)有利于国内证券市场与国际证券市场的接轨

当前中国的证券市场正处于规范化和市场化调整的关键阶段。加入WTO后，中国必须按照世贸组织的规定，逐步实行资本市场的对外开放，同时对外开放也是我国资本市场发展的长期趋势与目标。长期以来，封闭的环境一直限制着中国证券行业的发展，而开放的资本市场能为中国证券业提供巨大的机遇与挑战。QDII制度所规定的境内资金可以投资境外股票市场，是我国股票市场“双向开放”的又一具体举措。我国经济增长势头强劲，持续的“双顺差”局面与丰厚的外汇结余，不断提升我国在经济全球化格局之中的地位，外汇已经不是我国经济建设之中的紧缺资源，与产品市场的世界性扩张相对应，我们的对外投资步伐也应同步跟上。但是与发达国家相比，我国证券市场尚缺乏国际竞争力。这主要表现在我国券商数量众多，规模偏小，业务结构雷同，种类单一，创新能力不足，企业并购、资产证券化、创业基金等现代投资银行业务还有待开拓；法人治理结构缺位，内部管理机制不健全，抗风险能力低。

QDII政策的不断推进，从短期、中期和长期来看，都具有十分重要的标志性意义。它不仅将使香港和内地经济进一步融合，也为人民币的国际化作了进一步铺垫，同时让中国资本市场逐步与国际接轨，长期参与国际金融市场的竞争，有助于提升中国资本市场的国际地位。QDII制度的设立有利于推动内地券商和金融中介机构走向国际市场，增强它们在投资策略、风险管理、公司治理、资料披露和上市公司持续遵守有关法规等方面的专业知识，使有实力的中介机构有更大的发展空间和积累国际业务经验的机会。从长期来看，实施QDII制度将加快人民币自由兑换的进程，促进证券市场制度创新，为今后开放资本项目和人民币自由兑换奠定基础。

同时，QDII制度主张对国际成熟资本市场的投资(在初期尤其强调对香港证券市场的投资)，国内资金的海外投资以及国内投资者在不同市场之间的复杂选择，必然会造成海内外证券市场的联动性与一致性的加强。

这种联动性与一致性主要体现为两个效果：一是差异化所带来的结果。国内和国际证券市场在投资机会、投资品种等方面存在较大差异，当国际证券市场的投资机会明显时，无疑会吸引更多的国内资金关注国际证券市场，从而修正和冲击国内证券市场资源分配的能力；反之，当国内投资机会明显时，则会反向吸引资金重新回到国内。二是差异化带来的效果。QDII 制度的推行会加快国内股价的结构性调整，尤其是当投资机构投资于与内地市场有密切联系的 H 股等市场时，这种比价效应表现得尤为明显，最终会导致国内证券市场股价和市盈率水平向国际看齐。通过对不同市场的同类同质或不同质股票的比较，投资者最终将对证券品种的投资价值做出正确判断。市场对股票价格的认可将不完全由资金规模决定，而是由公司的真实价值决定。这样一来将有助于国内证券市场泡沫的缩小。

（三）为我国金融机构及个人投资者带来全方位的投资机会

QDII 制度的设立在一定程度上拓展了市场参与主体的视野，为其提供了可供选择的投资管道。QDII 制度的实施并逐渐发展，为中国的投资者开拓了国际投资的平台。由于各国的经济增长的不平衡，导致国家和地区之间的证券投资收益率的不一致，各国的经济周期不同步导致收益率随经济周期的波动而波动，并引起这些国家股市牛市和熊市交替的不同步。由于有效国际资产组合可通过分散化把不同国家所特有的系统风险部分抵消，从而在回报时可使风险最小化。资产组合投资理论认为，在资产组合中增加一些不完全相关的资产将会提高资产组合的夏普比例，即风险酬报率，QDII 制度使国内的机构投资者能够利用国外资本市场，投资外国证券，这一制度提供了一种可行性高的、更大范围的投资组合分散化途径。

首先对于机构投资者而言，QDII 的推进可以帮助其分散风险，参与全球资产管理业务，在国际竞争中强化自身管理水平。QDII 是一个“走出去的战略”，可以让投资者参与全球金融市场，这样可以在一定程度上分散单一市场的系统性风险。目前，我国主要的机构如银行、保险公司、基金公司、证券公司都在 QDII 制度允许的范围内，达到要求的合格机构投资者即可进行境外证券市场投资，这次变革能为基金、券商带来新的业务和每年数十亿的管理收入，同时，基金、券商 QDII 产品的出炉，也增强了 QDII 业务竞争力。虽然目前我国对于海外投资产品还没有完全放开限制，但是全面与国际接轨是未来资产管理发展的必然趋势，随着 QDII 业务的放开，无疑会促使国内资产管理水平更加成熟和国际化。QDII 业务范围的扩展对于券商和基金公司等机构投资者无疑是一个利好，这有利于他们拓宽盈利管道，改变只能投资国内 A 股市场和“靠天吃饭”的命运。由于我国投资管道的限制以及股票市场卖空机制的缺乏，基金、券商的业绩与行情高度相关，行情决定盈亏的市场格局显然不利于我国机构投资者的发展壮大，因此在成功引进合格境外投资者(QFII)的同时，我们也开始实施让合格的境内机构投资者(QDII)走出去的战略，这无疑有利于培育并壮大我国资本市场的投资主体，培养我国机构投资者的全球投资视野，提高其自身的国际竞争力。

其次对于个人投资者而言，QDII 产品的推出将有助于内地居民扩大海外投资管道，分散投资风险，满足内地居民对优质投资的庞大需求。同时随着海外投资政策逐渐松绑，中国居民也有更多渠道来参与中国以外金融市场的操作。就目前看来，由于人民币存在持续升值的潜力，投资国外市场，汇率风险是较大的障碍。但人民币升值是近期内的问题，一旦人民币实现可自由兑换，那么 QDII 产品作为国际投资配置将是一个必然的趋势。当然，对于个人投资者而言，无论利用何种方式进入国际金融市场，都应当具备相当的资金实力和风险承受能力。QDII 证券投资管理试行办法提出单一客户起点销售金额不得低于 30 万元人民币(或等值外币)，客户应具备相应的股票投资经验等规定。30 万元的门槛可以将资金额稍小、风险承受能力稍低的投资者过滤出去，也有利于提高参与者的抗风险能力。

同时，QDII 制度对于壮大机构投资者队伍，增加证券投资品种，推动金融创新的大规模展开都有积极作用。随着越来越多的境外券商和境外机构投资者进入内地，国内券商及其他合格投资者与国外的接触日益频繁，国际上流行的价值型投资理念将逐渐被我国的投资者接受，并壮大机构投资者队伍。内地投资者会更加重视上市公司及其股票的投资价值，中长期投资理念和风险管理意识也将深入人心。具体有以下几个方面：

1. QDII 制度对券商的影响

一方面，QDII 制度的推行有利于推动内地券商走向国际市场，使有实力的内地券商有更多的发展空间和积累国际业务经验的机会，促进内地券商做大做强。QDII 制度为国内的券商提供了与实力强大的对手在自由竞争环境中竞争的机会，使国内券商不断发现和调整自身在竞争中的不利状况。另一方面，由于 QDII 机制的运作需要通过设在境外的可从事证券经营业务的国内机构来代理买卖，这就使得国内券商可以间接进入国际市场，学习和熟悉境外资本市场，了解进而争取更多的境外客户，从而既做到不断拓展业务范围，又可有效避免因缺乏经验而导致的经营风险，逐渐做大做强。

2. QDII 制度对基金公司的影响

首先，QDII 的设立有利于推动内地基金公司走向国际市场，增强其在投资策略、风险管理、公司治理以及信息披露等方面的专业知识，使有实力的基金公司具有更大的发展空间和累积国际业务经验的机会。QDII 制度可以壮大机构投资者队伍，增加基金公司投资品种，推动金融创新的大规模展开。

其次，QDII 的推出为境内基金公司拓宽了业务范围和利润来源，也为社保基金顺利投资国际资本市场扫清了障碍，基于全球资产配置的模式，有利于提高整体投资收益。此外，在国内优质公司资源海外上市节奏加快的背景下，允许内地资金投资海外资本市场，可以使国内居民分享优质公司的利润增长。

最后，QDII 业务的开展，将考验内地基金公司的综合实力，不仅仅是投资业绩和研究能力，还有市场的开拓和对全球资本市场的把握。一方面，要求内地基金公司必须通过和国外投资机构在市场资源和投资研究方面的合作，提高本地人才在国际市场的适应性；另一方面，也使得内地基金公司必须在海外树立自己的品牌和形象，为日后与国外金融机构展开直接竞争做好准备。

3. QDII 制度对银行业的影响

(1)将会导致汇率风险和利率风险增大。近年来人民币升值的预期和压力持续走强。同时，随着我国利率市场化的进程加快，利率因素的影响会越来越大。如果再考虑到汇率与利率相互间交叉影响，情况会更为复杂。一般来讲，通过一些金融衍生工具可以防范和化解有关风险，但目前国内缺少有效的金融工具而商业银行又缺乏国际市场的投资运作经验。因此，QDII 制度的实施给国内商业银行的风险(尤其是汇率和利率风险)管理能力带来了新的更高要求的挑战。

(2)QDII 制度可能给银行业带来更多的操作风险。境外委托理财业务的管理和流程复杂，要求较高，从国际银行业的经验看，出现操作风险的概率比较大。一旦出现操作风险，通常会导致较大损失。

(3)可能引发国际化的信誉风险。在国际金融市场上，国内商业银行与其竞争者不仅进行着技术上的竞争，更重要的是服务上的竞争。随着商业银行投资理财业务范围的国际化和数额的增大，在日常国际投资业务中难免出现失误，导致国际化的信誉风险的产生。所以 QDII 制度的实施，可能在给商业银行带来更多中间业务拓展空间的同时，使其产生更多的信誉风险。一旦国内商业银行出现了信誉风险，就会使客户因可能蒙受损失而做出对银行不利的行为，从而影响银行声誉，导致银行在国际金融市场上出现信用危机。

4. QDII 制度对保险业的影响

保监会于 2006 年 5 月发布的 2006 年 4 月份保险基础数据显示：总额一直不断增加的保险资产，在 2006 年 4 月份出现了自 2004 年以来的首次“负增长”现象。随着 QDII 制度的实施，无疑会为如此现状的保险行业带来更多的风险和挑战。首先，必将带来投资风险的增大。随着保险业资产规模不断扩大，投资管道不断拓宽，保险的投资风险也在同步放大；其次，保险 QDII 细则冲突会带来政策衔接和调整的困难。在央行第五号公告中，涉及保险业的只有短短一句：拓展保险机构境外证券投资业务，允许符合条件的保险机构购汇投资于境外固定收益类产品及货币市场工具，购汇额按保险机构总资产的一定比例控制。将保险业境外投资的外汇资金来源从“自有”扩展到“购汇”。由此产生的问题是，在 QDII 投资管道与已放行境外投资管道不一致的情况下，保险业进行政策的衔接和调整难度将加大。

(四) 有助于培养国际级投资者队伍，推动投资理念逐步成熟

目前我国国内投资者所能投资的领域相当有限，QDII 制度的推出无疑为国内投资者提供了新的空间，面对国际成熟资本市场，投资者会有更多新的选择，尤其是具有外汇存款的投资者，可以利用 QDII 制度实现外汇资产的保值增值，当然对于一般的投资者而言，最终需要通过特定的投资机构来实现这一目的。出于防范风险等多重目的，QDII 制度强调对于投资机构的筛选，除社保基金、保险基金外，专业性的投资机构包括能够设立外汇基金的基金管理公司和能够经营外汇理财业务的券商等机构，QDII 制度的实施会使得这些符合资格的机构能够同时在国际、国内两个市场投资，有利于加快国内投资机构的国际化，提高国内投资机构在多个市场之间的资金运用能力，同时通过投资，还可以带动其他业务的开展，如券商的海

外投资业务等，从而最终培养出具有国际竞争力的机构投资者和金融服务机构。

QDII 制度的运行给了国内机构投资者境外运作的机会。而融入国际成熟资本市场，需要实现投资理念和投资模式的更新，理念和模式的更新最终会回馈到国内证券市场，从而加速国内市场投资理念和投资方式的转变，正如 QFII 制度的实施对国内资本市场理念的冲击一样，QDII 制度所带来的冲击会更加明显，因为这种冲击直接由境内的机构实现和完成，QDII 制度实现了境内投资机构的国际化，从而便于其在国内证券市场的资金运作，带动整体市场理念的更新，国内证券市场与国际证券市场的联动性会进一步加速这种理念和投资模式的更新，证券市场将会包容更多的投资理念和投资模式。伴随着 QDII 制度的推出和实施，合格的境内机构投资者至少会落在两类机构的身上：一是国外的投资银行且在国内运作相对成熟的机构；二是在海外长期设置分支机构的国内非银行机构。这些机构的运营模式会促使国内证券业参照或模仿，并在此基础上根据自身的经营特点完善制度或进行创新。基于国际化、全球化经营获取的利益将直接触动证券行业对自身制度进行再造。

1. 完善经营单元的风险控制机制和评估系统

金融资市场的开放，打开了证券业的经营业务空间，但与此同时，伴随的经营风险、政策风险、市场风险等与证券业务相关的风险放大。对不同风险控制制度的完善和制度创新将成为整个行业重要内容之一。从这个意义来说，证券的风险控制制度需要在两个层面建立：从整个行业的角度进行定期研究风险、揭示风险并评估风险；从企业的角度形成风险控制系统、制度和机制。应该说，在风险控制方面，笔者更提倡“制度再造”。因为从微观的层面考察，证券行业在经营的重要环节形成的风险具有一定的普遍性，如委托资产管理业务等。因此，在 QDII 制度下，证券业的风险控制也应从粗放型转向集约型。风险控制理念和风险控制水平都需要在制度建立和制度执行上体现出来。

2. 融资融券制度需要有更大的突破

QDII 制度下，证券业面临的资本市场更加广阔，投资的品种或参与的投资银行项目更为复杂或频繁。在此背景下，证券业的融资融券制度急需进一步完善或稳定执行。应该说，证券市场越开放，证券业的融资管道越需要宽松。我们认为，这也是证券业制度创新的最高境界，同时也是证券经营单元的制度创新基础。以并购业务为例，在国际化、一体化发展的趋势下，国内证券经营机构将帮助国内企业实现从国内市场到国际市场的转变。这种转变除了证券经营机构有专业化人才和技术性的手段之外，还需要有培育并购企业的启动资金或作为战略投资者的战略性投资。因此，对证券经营机构来说，完善融资、融券制度，是国内证券业参与国际化、走向全球化的重要基础。

3. QDII 制度安排下证券业需要形成动态的人才升级体系

证券行业经过近十年的发展，储备了大量的专业型人才。QDII 制度下，受国际市场复杂性、多样性的影响，专业人才必须向专业细分化的方向发展。例如，仅债券业务，就会细分出不同市场债券的品种及适应性分析、同一种债券在不同市场应用的可能性分析以及与债券相关的一些衍生产品分析。证券业人才的培养越专业化，越容易形成成熟的专家队伍，也就越容易取得全行业利润的最大化。在 QDII 制度之下，全球化的竞争环境，证券业只有将压力转化为动力，并促使经营机构从上到下对人才形成高度的认向。人才的储备、培养机制仍然需要完善的制度和强有力的行业文化、企业文化作为基础。

总之，虽然短期内 QDII 对证券行业的影响并不明显，但是，渗透于全行业的全球化经营理念、市场化运营模式和专业化的金融服务意识对一国内证券行来说，积极意义非常明显。

QDII 制度的实施将有利于我国国内资本市场与国际资本市场接轨，有利于解决国内资本投资出路，缓解人民币升值的压力，减少资本市场间的宏观套利，推动内地证券市场的创新，但与此同时，我们也应清醒地看到 QDII 制度下隐藏着的风险。

1. 导致国际游资跨境频繁流动

QDII 制度的实行会对内地股市产生资金分流效应，而且作为内地股市的利空，也会对广大投资者的信心有所打击。在低迷的股市行情下，投资者似乎禁不住利空的影响，这对于国内已经举步维艰的股票市场来说无异于雪上加霜。特别应该注意的是，资本的跨境流动加强了国内资本市场的关联性。这样，境内的资本市场更加容易受到国际资本市场的影响。另外，新兴市场经济国家间金融市场也表现出很强的同步性，这种同步性在金融危机来临时期表现为危机传染的“多米诺骨牌”效应。虽然 QDII 制度可以引导需要投资境外股市的我国境内资本通过合法管道流出，但是这也为投资我国国内资本市场的国际资本提供了一个退出机制。由于我国一直以来实行的是“宽进严出”的政策，国际资本流入比流出更为容易。如今 QDII 制度这个退出机制有可能使得敏锐的国际游资大量流出，形成国际投机资金过多内流的局面。而且国际游资与我国金融监管当局之间的博弈也可能导致国际游资跨境频繁流动，这些都会给我国带来无法预知的风险隐患。在一定程度上，容易出现居民资产结构、变动趋势和资本外逃现象的产生。

此外，QDII 制度的实施可能因国内机构投资者的不成熟而引发运作风险，由于我国证券市场相对于国外证券市场而言出现较晚，并且长期处于缺乏竞争的环境中，导致国内机构投资者在公司治理构架、投资策略、风险控制、人才培养以及企业文化等诸多方面落后于国际同行，在国际资本市场竞争中不具备竞争优势，从而造成不必要的利益损失。因此要避免因国内机构投资者不成熟引发的运作风险将是我们应该慎重考虑的问题。要加强投资者资格认定，严格控制风险，减少一些不必要损失。

2. 引起市场交易量的萎靡

虽然 QDII 制度在资金分流上不会产生重大影响，但是在股民心理预期上的作用则会表现明显。证券市场对信息的敏感度相对较高，QDII 制度分流资金以及其他方面的影响会给市场造成不明朗的预期，从而把不利的效果放大，从短期来看，会给资本市场带来冲击，成为证券市场短期运行的负面因素。

首先，内地市场的典型特征之一是投资者以散户为主，相对机构投资者而言，这类群体的一个特征就是缺乏理性判断和长远思考。具体表现就是，他们将 QDII 视为利空消息，并且在未经审慎思考的情况下，可能盲目做出相对悲观的判断，因此将资金撤出市场，造成市场流动性的急剧下降，从而导致市场可能更为严重的多米诺骨牌式的传染效应：一些投资者的非理性行为将使得更多的投资者做出非理性的决策，这必然导致市场的萎靡。但是这种萎靡也是小规模的，因此 QDII 制度强调对投资机构的严格筛选，严格控制资金的流量，同时还对投资的市场与品种存在一定的限制。这些使得 QDII 发展的规模和速度都具有较强的可控性，尤其是在制度实施初期，这种可控性可以有效防止和弱化 QDII 制度所带来的负面效果。其次，QDII 对我国外汇管理制度的冲击。实施 QDII 制度对外汇风险具有诱发性。QDII 将挑战现行外汇管理制度，证券市场国际化会带来跨境资本的大量频繁流动及相应本外币兑换，会给国际收支平衡和本、外币汇率稳定、货币政策的实施和金融监管带来压力。

3. 证券市场的资金分流，可能导致股市动荡

实施 QDII 机制后，证券市场上资金的分流将在一定程度上导致国内证券市场的萎缩。首当其冲的就是 B 股市场，由于 QDII 和国内的 B 股市场都是用外汇进行投资，其实施将导致资金分流效应将会直接作用于 B 股市场，造成 B 股市场抽出，对国内证券市场的 B 股资金的离场。从而给 B 股造成很大压力，这种资金分流的预期已经在上海 B 股市场得到了反映。虽然 QDII 抽走的资金不过几十亿美元，但其设立会引发 B 股与 H 股的比价效应，并进一步增强内地市场与香港市场的联动，并对 A 股市场产生间接的资金分流效应。B 股市场的调整同时将影响到 A 股市场，加上 H 股相比 A 股所具有的投资价值也将导致国内投资者通过各种管道到境外投资，尽管这部分资金难以精确计算，但对证券市场的影响却相当大。

对于我国内地证券市场而言，短期内 QDII 制度的推出是一种利空信号。如果我们将内地市场与香港市场比作一个整体，且两地投资者的参与总量不发生任何变化，那么香港市场投资者市场参与的增加就意味着内地市场投资者参与程度的下降，具体表现为投资者数目的减少以及随之而来的现金流的减少。两地市场参与的存量将难以发生大的变动。因此内地市场在比较优势的作用下会出现一定程度的萎靡状态。同时我国内地市场的投资者结构已有的形势也可能会进一步恶化。

同时我们应该注意到，由于 QDII 允许有资格的境内机构投资者在一定的规定和限制下汇出一定额度的资金，转换为境外货币，投资境外证券市场，这将会造成资金的外流，从而给国内证券市场(包括 A 股和 B 股市场)带来负面影响。但是应该看到分流的资金相对有限，其原因在于初期机构和资金额度审批相对严格，加之较为严格的外汇管制，能够分流出去的资金相对有限，虽然可能会产生示范效果，但不会引发大量资金外流。所以资金分流的显示效果相对有限。

由此可见，推行 QDII 制度是我国与国际投资市场接轨的一个过渡环节。从以上分析可以看出，QDII 制度是一把双刃剑，我们在积极拓展其有利作用的同时应注意其可能给我国带来的负面影响，并设法减轻其对我国证券市场的不利影响。

二、QDII 制度的风险管理理论

(一)国际资本流动理论

QDII 制度与证券市场开放实际上是指资本金以有价证券作为媒介在跨国境上交互流动。证券资本的跨国流动乃是属于国际资本流动的范畴,可以借国际资本流动理论的工具来进行分析。国际资本流动是指资本金从某一个国家移动到另外一个国家,这是经济活动全球化的最基本的现象之一。国际资本金流动的方式并不全然是通过金融市场作为管道运行,外国直接投资(FDI)就和证券资本的移动方式有显著不同,二者之间所造成的宏观经济风险也明显不同,前者投资于某实体经济时对已经开放国家的冲击相对来说会比较小。国际资本流动会依照持有特定的金融工具的期限是否超过一年来分,可以概略分为中长期的资本流动以及短期资本流动,这两种不同形式的国际资本金流动对于宏观经济以及全球金融秩序上有着相当不同的影响。一般来说,证券资本会被归入中长期资本流动的类型,包括了持有债务工具(债券)和权益工具(股票)。各个金融市场上的收益率以及风险状况是影响国际证券资本流动的主要因素。

一般认为,国际资本流动的模型由英国学者麦克杜格尔(G. D. Macdougall)首先提出,后来经过肯普(M. C. Kemp)的研究而更加完善。这个模型假设这个世界是由投资国和接受资金国所构成的,资本收益随时间递减,这两个国家国内是完全竞争,也就是资本的价格会等于资本的边际生产力,资本可在国际间自由流动。国际间资本会流动的主要原因是各国在利率与预期报酬之间存在着差异,当各国的市场处在完全竞争的条件下,资本较富裕的国家资本会向资本比较缺乏的国家流动。国际之间资本的流动将使各国的资本边际生产力趋于一致,进而增加全世界总产量并提高资本流动国双方的利益。

(二)金融深化理论

金融深化理论是20世纪70年代初期肖和麦金农针对发展中国家的金融工具单调、货币化程度低、机构低效、市场残缺、经济落后，与普遍存在着经常性通货膨胀以及金融资产萎缩的“金融浅滩”(Financial Shallow)的现象特别提出的。他们认为，金融的系统是国家经济发展中的重要因子，深度金融和浅度金融分别会对经济发展产生促进或者是抑制的作用。他们主张通过金融自由化的金融改革来去除金融压抑，进一步促进金融深化。按照金融深化理论的探讨，发展中国家经济是“分割”的，住户之间、企业之间以及企业、住户与政府机构之间的信息是隔绝的，“内源融资”盛行，而且存在着多种离散的资产报酬率。政府不得不采取行政的手段来对金融机构进行管制，以弥补工业化过程中产生的储蓄和外汇缺口。在政府的干预下，发展中国家形成特殊的“金融二元结构”现象，也就是说一方面拥有少数现代化的、正规运作的金融市场与组织，另一方面又存在大量落后与非正规的金融活动，比方说互助储蓄、外汇黑市、高利贷等。发展中国家多年以来的“金融压抑”政策造成了许多的弊端：①对金融机构的管制压抑了金融机构的公平竞争，也加重了金融机构的管理成本，导致金融机构所提供可供选择的金融资产远远不能满足资产持有者以及风险偏好不同的储蓄者的需求；②对利率的管制以及刻意压低储蓄水平与居民对金融资产的要求，加剧了投资饥渴与对实物资产的追逐，大幅降低了资本配置的效率，也增加了通货膨胀的压力；③施行信贷配给以鼓励厂商进行非生产性的努力，也抑制了企业技术进步且降低成本的动机，进而刺激企业过早地运用资本来代替劳动；④利率管制和信贷配给造成非正规金融活动的盛行以及经济单位很普通平常的“内源融资”现象，大量的中小企业公司从外部取得资金来扩大再生产的能量变得相当困难。在分析了许多发展中国家金融压抑政策所产生的弊端之后，爱德华·肖和罗纳德·麦金农针对发展中国家的金融体制改革建议的政策主张包括：①有效地利用市场的机制来打破经济分割性，扩大经济货币化的程度与我国有价证券市场的渐进式开放，有效刺激实际货币需求的增长；②取消对金融机构的管控限制，恢复银行该有的中介作用，从内源融资主导转变为外源融资主导；③放弃利率管制，通过竞争性的利率机制来重新配置资源；④维持宏观的经济稳定等。在爱德华·肖和罗纳德·麦金农之后，国际货币基金组织里的一些经济学家分析了金融深化、金融抑制以及经济增长之间的关系，进一步加强了金融深化理论。金融深化理论可以用来解释 20 世纪 70 年代以来发展中国家金融自由化的改革结果。所谓金融自由化是指一个国家的金融部门的运作从主要由政府管控限制逐步转变为由市场力量来决定的一个过程，具体来说，是指放宽或解除管制金融的法规与金融业务的范围，有价证券市场发展与开放正是金融自由化改革的结果。QDII 制度正是金融深化理论在国内有价证券市场的实际应用与发展。

如果将金融深化理论扩展到全世界的范围，则可用解释国内金融深化现象的方式来解释国际性金融深化。与发展中国家国内的“经济分割”现象一样，如果我们把每个主权国家看成整体世界经济中的个体，那么世界经济中同样存在着“经济分割”的现象，在不同国家之间存在着不同的劳动生产率与投资回报率，这与全球经济一体化过程中的“一价定律”是很明显相背离的。如果把每一国家当成世界整体经济中的一个经济个体，世界经济中同样存在着类似的内源融资的状况。所以，全球金融体制一体化可以作为国际性金融深化机制产生作用下的结果存在。依据这样的观点，一个国家有价证券市场的发展是本国金融自由化改革所推动，而且各国开放本国证券市场是证券市场深化发展的结果，其背景是全球范围内有价证券市场的深化，全球有价证券市场的一体化的潮流是全球证券市场深化机制发生作用下产生的结果。

（三）克鲁格曼的“三元悖论”

QDII 制度是针对外国投资在中国的证券市场逐步开放的过渡措施。在封闭的市场里，市场经济离不开政府有效运作的宏观调控。现代市场经济的一般做法是政府在经济发展中利用政策工具以达到宏观调控的目标。在封闭的条件下，政府通过监测和管理，对经济的中心任务是实现稳定和发展市场经济。在开放的条件下，不单是利用政策工具来控制和监管市场经济，这个问题的性质将因开放而产生深刻的变化。开放的市场对经济的影响是双重的，它提供了一个有利的经济条件且数量不多的封闭状态，也会对稳定与经济发展产生巨大影响，造成了巨大的经济风险，然而开放型经济是没有办法简单地依靠自己解决这一矛盾。因此，在开放条件下，政府控制经济的管理来完成的主要任务是经济稳定和发展，以确定一个合理的开放模式，并解决可能存在的双方冲突。在西方经济学的研究中，蒙代尔-弗莱明模型常被称为开放经济下宏观分析的工作母机（Workhorse）。这样的模型出发自标准的 IS-LM 模型，从开放经济条件下对货币金融的方向（跨国资本金得自由流动）的财政以及货币的政策进行了讨论，也发现财政政策在汇率固定制度下相当有效，货币政策却是完全无效的；而财政政策在浮动的汇率制度是完全无效的，反之货币政策却变得十分有效。这表明，交叉比较封闭条件和开放型经济的财政和货币政策的作用有一个完全不同的经济和反应，这些政策因资本流动、汇率调整等一系列因素而有效。美国经济学家克鲁格曼（Krugman，1999）经过再三推导蒙代尔-弗莱明模型，得到了“三元悖论”（Trilemma）的理论，这是指一个国家开放经济条件下的三个宏观经济目标（包括维持独立的货币政策，维持固定汇率制度，保持自由流动的跨国资本）三者之间只能同时得到其中两个，不可能三者都同时兼顾。第一组合（a）是追求货币政策的独立性和坚持固定汇率制度，在这种情况下，当局必须严格地管制资本。第二个组合（b）是追求独立的货币政策，并允许资本自由流动，在这种情况下，当局将不得不放弃固定汇率制度，采用浮动汇率制度。第三个组合（c）是完全开放的资本市场同时采用固定的汇率制度，这样的货币政策往往变成几乎是无效的。从汇率制度选择的角度来看，实际上只有极少数国家将全面实施固定汇率制或完全自由浮动汇率制度，相对地，大部分是在固定与完全自由浮动的两个极端之间做出选择。但是，如果更关注一个特定汇率制度，其他的货币政策的目标限制就会越来越多。一般来说，政府不会考虑通过影响汇率来控制货币政策的安排，即使在汇率自由浮动的情况下也不例外。如浮动汇率受到投资的冲击，政策制定者为了应对这些冲击，实施货币汇率的控制是必然的选择。

“三元悖论”说明了有价证券市场国际化(资本金自由流动)与利率、汇率之间的关系。按照“三元悖论”，在证券市场国际化的条件下一个国家不可能可以同时控制住利率与汇率。如果采取固定汇率，货币政策只能用来维持固定汇率，如果你想达到通过利用货币政策对国内经济目标，那么，汇率应该由市场来决定。尝试同时控制汇率与利率的，迄今没有成功的案例，失败的教训是相当多。Wyplosz 对 1957—1997 年欧洲 9 个国家利率水平的波动性进行了一个回归实验后发现，控制资本流动和固定汇率制度特别是对实际利率水平的波动有很大的影响。仓促放弃控制资本流动和固定汇率制度随着利率的波动，最终会导致整体经济危机，比如墨西哥的金融危机和亚洲金融危机等。任何国家都不能放弃自身的货币政策，以达到整体目标的宏观调控。目前，我国实行有管理的浮动汇率制度，根据克鲁格曼的“三元悖论”，我国也不可能放弃资本管制。资本管制如果不符合宏观经济发展的方向，将违反我国加入世贸组织时的承诺。所以，我国现在能够做的就是控制有限制的资本流动，一步一步实现资本开放。其中，QDII 制度是最好的选择。这种态度从股市显示了宏观制度的执行情况，并提出 QDII 的动机可能有其风险。

(四)资产组合理论

QDII 制度的本质是针对境内的资本金投资于国际资本市场进行总额度的管理。国内的资本投资于国际资本市场其本质便是国际资本的流动。资产组合理论是国际资本流动微观分析的代表性理论。1952 年，诺贝尔奖获得者、美国著名经济学家马科维茨(Markowitz Harry)发表了《资产组合选择》一文，提出了资产组合理论，此文的发表是“现代资产组合理论”诞生的标志。马科维茨认为，持有资产者的效用取决在预期报酬率和风险之间的组合，并且在这样的基础上建立了均值-方差模型(均值代表报酬的高低，方差代表了风险值的大小)。这个理论告诉我们，如果投资者可以选择的各种资产之间的相关性降低，投资者便可以利用这种条件创造出在既定报酬率水平上风险更小或者在同样风险水平上报酬率更高的资产组合；也就是说，通过证券的投资组合可以有效降低证券市场的非系统风险。在马科维茨之后，夏普(Sharpe)提出的“资本资产定价模型”(CAPM)，以及罗丝(Ross)建立的“资本资产套利定价模型”(APT)，共同更进一步地对资产组合的理论做出了说明。布雷克(Black)、斯塔兹(Stulz)和索尼克(Solnik)也分别建构了不同的理论针对国际资产定价的问题。现代有价证券的投资组合理论也都指出了几乎任何资产都有风险和报酬两种特性，也提出了降低整体投资风险的方法可以投资组合的方式来处理，进一步从资本追求利润的特性与分散风险的角度来说明包括 QDII 在内国际之间资金流动的主要原因。

20 世纪 60 年代的后半期到 80 年代的前半期，学术界出现了一系列经典论文论述关于资产组合规模与风险的关联性，成为当时研究投资组合理论的潮流。他们分析了一个国家有价证券投资组合的规模以及风险之间的相关联性，并且在这样的研究基础上了解跨国境后的关联性。研究跨国有价证券投资组合的报酬以及风险的学者主要还包括了雷萨德(Lessard，1973)、索尼科(Solnik，1974)、麦唐纳(MeDonald，1973)等。他们的研究注意到跨国境有价证券的投资组合可以很有效率地降低整体投资的风险。而且并不是投资组合成分的数目越多就是越好，优化的数目大约是 20 种有价证券。中国 QDII 的系统允许授权的合格境内机构投资者投资于国际资本市场，其效果是使投资者更广泛地超过国家边界选择有价证券投资目标与投资机会，从而提高投资效率。

整体来说，允许合格的境内机构投资者利用集中散户的资本金用于投资海外在资产，可以更进一步地降低投资组合的非系统性风险，因为可以降低资产的相关系数，从而改良投资组合的效率。这在微观的角度上说明了 QDII 制度施行的动因。然而，因为增加国际有价证券投资组合，国际金融危机可能会通过 QDII 制度的施行而传递。

另外，跨国境有价证券投资组合只能降低非系统性的风险，系统性风险并无法降低或排除。中国的金融市场还不健全，机构投资者尚不成熟，也没有健全的制度，所以仍不该全面放宽外国证券投资，这从另一个角度说明了 QDII 的制度成因及其风险。

三、本章小结

本章首先介绍了 QDII 制度的运作原理，其是在目前金融的监管框架并没有做太大变化的情况下，且在没有违背外汇管制的原则下安排的一个特别通道，可以解决在外汇管制下国内投资者投资海外资本市场的问题。QDII 制度的本质是针对国内投资者到境外资本市场进行额度的管理。其中积极因素主要集中在有利于优化国内市场的投资路径，降低投机行为发生率，有利于国内证券市场与国际证券市场的接轨和为我国金融机构及个人投资者带来全方位的投资机会方面，有鉴于我国目前的外汇管制政策，为金融机构和个人投资者带来的海外投资机会具有一定的实践意义。同时参考过往的业绩表现，本章也提出了有助于培养国际级投资者队伍，推动投资理念与模式的逐步成熟的建议。而 QDII 制度的消极因素笔者将重点论证国际游资跨境频繁流动、引起市场交易量的萎靡和资金分流等方面，而依据笔者实际的工作经验和体会，其并不是特别地突出，影响相对有限，所以在此也做出分析和说明。

第二部分对 QDII 制度的理论基础进行了阐述：一是国际资本流动理论，QDII 制度与证券市场开放实际上是指资本金以有价证券作为媒介在跨国境上交互流动。证券资本的跨国流动乃是属于国际资本流动的范畴，可以借国际资本流动理论的工具来进行分析。国际间资本会流动的主要原因是各国在利率与预期报酬之间存在着差异，当各国的市场处在完全竞争的条件下，资本较富裕的国家的资本会向资本比较缺乏的国家流动。国际之间资本的流动将使各国的资本边际生产力趋于一致，进而增加全世界总产量并提高资本流动国双方的利益。二是资产组合理论，资产组合理论是国际资本流动微观分析的代表性理论。1952年，诺贝尔奖获得者、美国著名经济学家马科维茨发表了《资产组合选择》一文，提出了资产组合理论。马科维茨认为，持有资产者的效用取决在预期报酬率和风险之间的组合，并且在这样的基础上建立了均值-方差模型。也就是说，通过证券的投资组合可以有效降低证券市场的非系统风险，允许合格的境内机构投资者利用集中散户的资本金用于投资海外在资产，可以更进一步降低投资组合的非系统性风险因为可以降低资产的相关系数，进而改良投资组合的效率。三是克鲁格曼的三元悖论，美国经济学家克鲁格曼经过再三推导蒙代尔-弗莱明模型，得到了“三元悖论”的理论，这是指一个国家开放经济条件下的三个宏观经济目标(包括维持独立的货币政策，维持固定汇率制度，保持自由流动的跨国资本)三者之间只能同时得到其中两个，不可能三者同时兼顾。四是金融深化理论，金融深化理论是20世纪70年代初期肖和麦金农针对发展中国家的金融工具单调、货币化程度低、机构低效、市场残缺、经济落后，与普遍存在着经常性通货膨胀以及金融资产萎缩的“金融浅滩”的现象特别提出的。该观点认为，一个国家有价证券市场的发展是本国金融自由化改革所推动，而且各国开放本国证券市场是证券市场深化发展的结果，其背景是全球范围内有价证券市场的深化，全球有价证券市场的一体化的潮流是全球证券市场深化机制发生作用下产生的结果。

第三章　QDII 发展现状及存在的问题

本章详细地梳理 QDII 政策在我国出台前后的过程和基金公司 QDII 从准备到发行的前期发展历程，引出筹划、扩大试点和加速发展三个发展阶段，介绍不同国家和地区的 QDII 经验，并围绕 QDII 的投资风格、失败原因和治理措施提出看法和建议。

一、QDII 的发展历程

从 2003 年我国开始筹办 QDII 制度以来，其发展过程历经了三个主要的阶段，即筹划阶段、试点扩大阶段与加速发展阶段。

(一) 筹划阶段

在这一阶段里，我国政府了解到实施 QDII 制度的必要性，也开始对实施 QDII 制度的几个关键性的问题，例如投资主体的选择以及如何认定资格、可以投资市场的选择、进出国境的资金在监控上以及投资种类的投资比例限制等，花了很多资源进行了相当深入的研究，之后也制定出了一些规则。在试点运行的问题上，金融监管部门采行的是审慎的态度。

2003 年 6 月 17 日，中国保监会在其官方的网站上挂出《关于保险外汇资金投资境外股票有关问题的通知》表示，保险的外汇资金可以投资境外比较成熟的资本市场中证券交易所上市的股票，其中也包括了参与境外上市配售、定向配售等不同的方式，但投资种类仅限制在中国企业于境外发行的股票。这通知也指出了我国保险业针对放宽投资的管道有相当迫切的需求，是我国要准备开始启动 QDII 的一个直接信号。2003 年 8 月 7 日，中国保监会以及人民银行正式颁布《保险外汇资金境外运用管理暂行办法》，第一次准许保险公司在核准制度下在境外运用其外汇资金针对银行存款、票据、债券等金融工具以进行投资。在实行了 4 个月之后，即 2005 年 1 月，外汇管制局批准了第一批保险公司的外汇资金到境外运用的额度，批给了中国平安人寿保险 17.5 亿美元。2004 年 7 月，在 200 亿港元的香港政府债券发行当中，内地的社保基金通过其在香港的代理机构参与了该债券的认购。根据消息透露，社保基金与中国人民银行皆同时认购了总金额一共 10 亿港元左右的美元及港元计价的债券，这是我国 QDII 制度所迈出的实验性的第一步。

2005 年 9 月 11 日，中国保监会正式颁布《保险外汇资金境外运用管理暂行办法实施细则》，保险外汇资金在境外运用的管道进一步开放。其最主要的内容包括了：保险外汇资金可以到投资境外股票，不过限制只可以投资于中国企业在纽约、新加坡、法兰克福、香港证券交易所、伦敦或东京上市的股票；投资总额限制为付汇额度的 10%，单一股票可以投资最高比例可达该股票发行总额的 5%。中国保监会在这个实施细则当中，第一次把股票纳入 QDII 的投资范围，尽管只限制于在境外上市的国企股票。

2006 年 5 月《全国社会保障基金境外投资管理暂行规定》也开始正式实施，这也代表了拥有 2000 多亿元人民币资产的中国社会保障基金也正式启动了海外投资。除了社保基金、保险公司以外，其他金融机构也开始逐步涉足 QDII 的领域。2006 年 3 月底，国家外汇管理局副局长魏本华表示，中国国际金融公司作为当下唯一有资格进行受托外汇资产管理的证券公司，其中第一笔受托管理的资产 300 万美元已经获准审批汇出境外，在海外的资本市场进行了投资。

(二)试点扩大阶段

2006年一季度之后，QDII制度的推进工作明显加快，针对证券公司、银行、基金公司开办QDII业务的暂行管理条例陆续推出。2006年4月13日，中国人民银行宣布有条件放宽有关境内资本金到境外资本市场进行理财投资的外汇管制，符合条件的银行、券商、保险、基金等金融机构均可申请成立QDII到海外资本市场进行投资，QDII的制度正式启动。2006年4月18日，中国人民银行、中国银监会及国家外汇管理局共同发布施行了《商业银行开办代客境外理财业务管理暂行办法》。2006年7月，中国工商银行推出第一个银行系QDII产品。2006年9月6日，中国第一个QDII外币计价基金——华安国际配置基金获得国家外汇管理局批准，得到5亿美元QDII投资额度。

这是由于国内股权分置的问题已经大致解决。以深圳市为例，截至2006年3月底，股改家数占比也达到了58%，股改市值占比已经达到72.9%，所以以前针对资金流失因而导致国内证券市场失血的担心已经大幅减弱。国际收支不平衡的状况更加剧烈。这个时候，结合外汇改革，同时开放QDII进行资本金对外输出，一方面可以减少人民币升值的压力，可以使外汇储备有秩序地流出，另一方面也可以分散美元可能贬值所带来的汇率风险；可以提高投资效率不高的需求。根据央行的统计，2012年12月末，我国城乡人民的储蓄金额已经接近40万亿元人民币。同期，根据中国保监会所提供的资料，全国保险总管理资产规模已经超过6万亿元人民币，如果按5%的投资比例计算，中国保险业可以投资到海外资本市场的资金大约有3000亿元人民币的总数。由此可见，开放国外资本市场对于提高投资的报酬率、分散投资的风险以及降低整个系统性的风险有着相当重要的意义。

2006年4月17日，中国人民银行、国家外汇管理局、中国银行业监督管理委员会共同颁布施行《商业银行开办代客境外理财业务管理暂行办法》，这也表示 QDII 完成了从试点运行到整体制度执行的转变。

2006 年 6 月 22 日，中国证监会召集了 QDII 产品的评审会议，华安基金管理公司所提出的 QDII 产品的提案顺利通过了评审，这也是第一家获得正式 QDII 资格的基金公司。2 个月之后的 8 月 21 日，中国证监会发出了公告通知，批准华安基金管理公司可以正式启动合格境内机构投资者的试点计划执行。9 月 13 日，国内第一支 QDII 的基金产品——华安国际配置基金正式启动向中国内地投资者公开发行。该基金一共募集到的总认购金额大约为 1.97 亿美元，也顺利在 11 月 2 日正式成立。

2006 年 6 月 30 日中国银监会也正式批准首批商业银行的代客境外理财资格，中国银行、东亚银行、汇丰银行、建设银行、工商银行、交通银行获得了第一批拿到 QDII 牌照的商业银行。7 月 21 日，国家外汇管理局给中国银行、东亚银行、工商银行批下了第一批 QDII 可购汇兑额度，分别为 25 亿美元、3 亿美元以及 20 亿美元。6 天之后，外汇管理局再度分别批准建设银行(0939. HK)及交通银行(3328. HK)以 20 亿美元和 15 亿美元的代客境外理财(即 QDII)规定下可以投资认购汇兑额度。7 月 31 日，工商银行也推出第一款代客境外理财的金融产品。截至 10 月 27 日，外汇管理局在人民银行 5 号公告发布公告之后已经累计一共批准出 QDII 投资总额度 126 亿美元。

(三)加速发展阶段

2007 年 5 月 10 日，中国银监会颁布了《关于调整商业银行代客境外理财业务境外投资范围的通知》(银监办发〔2007〕114 号)，针对商业银行开办代客境外理财业务于境外资本市场投资范围的相关规定做出以下调整：把原来“不得直接投资于股票及其结构性产品、商品类衍生产品，以及 BBB 级以下证券”的规则调整为“不得投资于商品类衍生产品，对冲基金以及国际公认评级机构评级 BBB 级以下的证券”，放宽了针对商业银行 QDII 产品的投资限制，允许它们的投资组合中不超过 50% 的资金可以投资股票。

2007年6月28日，中国保监会连同中国人民银行以及国家外汇管理局制定的《保险资金境外投资管理暂行办法》正式开始实施。该办法明确地允许国内的保险机构运用不超过上一年度末总资产15%的资金投资到境外资本市场，并且将境外投资的范围从单纯的固定收益类别放宽到股票、股权等权益类别的产品，同时也支持保险机构自主配置、积极提高收益，并控制抵御人民币升值的风险。2012年年底，保险业总资产超过6万亿元，如按照15%的投资比例来计算，一共有9000亿元保险资金可以到境外寻找投资机会。

2007年7月5日，中国证监会颁布施行的《合格境内机构投资者境外证券投资管理试行办法》以及《关于实施有关问题的通知》也正式开始实施。该《办法》及《通知》对于QDII准入条件、资金募集、产品设计、境外投资顾问、投资运作、信息披露、资产托管等方面的内容及其实施做法都有详尽的规定，共同构成了基金公司、证券公司QDII的完整业务规则体系，打开了合格的内地证券公司以及基金公司可以公开募集资本金以投资到境外证券市场的闸门。重要的是，可以投资于境外的股票市场没有比例上的限制，而且可以选择投资的国家或区域也非常之多。依据证监会披露的信息，现在与中国证监会签署双边监管合作谅解备忘录的国家或地区共有33个，涵盖了全球五大洲，其中也包括了中国香港、印度、越南、新加坡等亚洲新兴市场，也包括英国美国等比较成熟的资本市场。

至此，我国QDII也正式进入全面加速发展的阶段。2007年9月12日，首支股票型QDII基金成立，由南方全球精选发售，当天认购491亿元人民币，远超其150亿元人民币的预定规模。2007年10月15日，上投摩根亚太优势发行，当日有效认购申请金额1162.6亿元人民币，成为中国基金史上第1支以认购金额突破千亿元的新基金。2007年12月21日，第二批QDII基金发行启动。工银瑞信中国机会全球配置股票型基金于2008年1月3日起发售，是国内第5支获准发行的基金系QDII基金。

2008年1月，南方、华夏与上投摩根分别披露了旗下QDII基金2007

年四季报。报告显示，南方全球精选与华夏全球精选期内净值分别跌去 6.39%和 10.70%，上投摩根亚太优势净值大幅亏损。

2008 年 2 月，第 5 支基金系 QDII 工银全球结束发行，首发规模仅 31.56 亿元人民币，相比前一支 QDII 基金首发规模骤降近九成。2008 年 3 月 17 日，基金系 QDII 创下了中国基金业 10 年来最低单位净值纪录。嘉实海外单位净值单日大跌 6%，仅为 0.627 元。上投亚太净值单日下跌 4.87%，为 0.644 元。2008 年 4 月底，5 支基金系 QDII 中，4 支净值仍在面值之下，而工银全球 QDII 净值一度突破 1 元，达到 1.017 元。至此，QDII 基金业绩连续 3 个月超越 A 股基金，其分散单一市场风险功能显现。2008 年 5 月，银华 QDII 结束募集，净认购额为 4.17 亿元人民币，创 QDII 产品发行以来募集规模新低。而在此之前，华宝兴业 QDII 的有效认购金额为 4.62 亿元人民币。2008 年 9 月，部分基金净值已“腰斩”，截至 9 月 19 日，嘉实海外中国股票和上投摩根亚太优势单位净值分别仅有 0.477 元和 0.488 元。华夏全球精选也仅有 0.6 元，濒临“腰斩”边缘。

中国的资本项目走向自由化是一个不可逆转的潮流，而 QDII 制度正呼应了这样的潮流。QDII 的实行可以当作中国金融改革历史上一座“重要的里程碑”，这是我国资本市场改革进程上的一项重要措施。当我们引进境外机构投资者的同时，我们也已经开始同步实施让国内机构投资者走出去的策略。然而，QDII 政策的实施一定会对我国国内资本市场，尤其是股票市场，还有其主要的参与主体或多或少带来各式各样的影响。唯有充分地了解到 QDII 所带来的各式各样的影响，才有办法趋利避害，造就资本市场的发展与繁荣。

笔者认为，积极推进 QDII 在我国金融市场的发展，在全世界范围内的国际金融市场寻求更大的投资空间、更大程度地分散风险以及更多的投资机会，可以让国人充分分享全球化所带来不同国家与不同地区的经济成长动能。QDII 打开了资本市场的大门，使大陆的投资人加入了全球资产的配置，也参与了国际金融市场上的竞争，以及全球化的国际资本共享利益，也可以说这是一个既利国又利民，必定会产生长远深刻的积极结果。

二、QDII 的发展状况

2006 年，在多方面的期待中，QDII 制度隆重登场。自 QDII 制度推出，共有三批 QDII 产品相继出台，而在这期间，国家政策整体来看有逐渐慢慢取消投资限制的趋势。第一批发行的 QDII 基金因为国内股市的持续高涨以及人民币升值的环境下而遭到冷落，甚至中国银行的第一款 QDII 的产品才运作不到 5 个月，便因为遭遇到巨额且大量的赎回，基金规模连续 20 日小于最低的规模限制而被迫停止运作。招商银行的第一款 QDII 基金产品也才运行了 3 个多月，实际绩效一共亏损了 0. 18%。因为该募集的资金可以被允许投资的范围非常有限，只能投资在报酬率有限的固定收益产品。再加上人民币那个时候正处在高速升值期间，固定收益产品所能提供的报酬率并不足以弥补人民币升值时所造成的损失，在这些情况之下，QDII 发展缓慢。

2007 年年初，各个银行开始很积极地寻求放宽投资管道的方法，之后便生了第二批 QDII 基金产品，如中国银行，和其第一款 QDII 基金产品不同的是，第二款 QDII 基金，也就是中银稳健增长，更加在意于提高报酬水平，其主要投资于香港 H 股、红筹股及以香港上市股票为主要投资项目的其他股票型基金。随着 A 股市场的价格大幅上升，A 股股价已经明显高过 H 股股价。一方面，通过投资这一个产品，投资者有机会以比 A 股市场更低的价格间接投资在内地的一些大型蓝筹股，而且有机会投资在那些还没有在 A 股市场上市的国内优质企业以及香港本地企业，以进一步降低风险提高收益。另一方面，通过投资该产品，投资人还有机会分享美元债券市场的报酬。然而与外资的银行相比较，因为产品与投资研发能力上的差距，中资银行在研发的技术和跨领域、跨银行业的金融商品类别的结构设计方面仍存在比较大的弱势，其后发行基金产品的销售情况也一样遭遇到了冷场。而外资银行 QDII 在这一时段里所推出的基金产品通常都是与投资挂钩标的资产衍生性工具，以求可以谋取更高的收益，也收到了比较好的效果。

2007 年 7 月 5 日开始，QDII 再增加新的参与者，证券公司的基金也进入了 QDII 的领域。这次的变革为基金券商额外带来了新的优势业务以及每年数十亿元的管理费收入，不过更为重要的还是由于基金券商 QDII 基金产品的出台，增强了 QDII 业务的竞争力。尽管中国政府对于海外投资的产品还没有真的放开限制，然而全面性地与国际金融市场接轨肯定是未来资产管理发展的重点趋势，这次 QDII 基金业务的开放，无疑会促使国内资产管理水平与技术更加成熟和国际化。

中国目前的 QDII 产品主要可以分为基金系和银行系。晨星已统计范围的银行系 QDII 基金产品大约有 360 支。从基金产品的形式来看，10 支基金系 QDII 产品都采取开放式基金的模式，其中只有华安国际配置为保本型基金，银行系的 QDII 产品则相对比较多样化，主要的模式采取个人理财计划的形式，存续期限都不一样，其中 2 年到期的种类最多，超过总数量的 1/3。产品类型上较多以非保本且收益浮动为主，在 360 个产品中有 281 个产品为非保本且浮动收益，77 个产品为保本但收益浮动，只有 2 个为保证报酬。

从受委托的币种来看，基金系 QDII 产品都是以人民币作为投资计价币别。而银行系 QDII 产品的委托货币则相对来说比较多元化，单一美元计价或单一人民币计价的各占样本的 1/3，其次则是人民币/美元。QDII 业务发展的现状可以总归结为以下几点：

(一) 发行量呈倒“V”形

2006 年 4 月 13 日中国人民银行发布的五号公告代表着我国商业银行 QDII 业务的开启，其间完整的 QDII 管理办法以及放宽投资范围的政策也不断推出。依据 2007 年 5 月 10 日中国银监会所颁布的新政策允许银行可以扩大代客操作境外理财投资的范围，也可以梳理出第一批和新版政策两个不同层次的代客操作境外理财产品。至 2008 年 8 月，新版的银行 QDII 产品共计 349 个。第一批银行 QDII 产品有 32 个。第一批银行 QDII 因为投资范围受到限制、人民币急速升值以及 A 股行情火爆等种种因素的影响，发行的状况较为疲弱，平均每月发行的数量不到 4 个。新政策下的银行 QDII 投资范围可以扩大到规定范围内的境外股票，它的发行量从 2007 年 8 月开始快速提升，当月份环比增长了 62.5%。2007 年年底以来整个国际金融市场大幅度的震荡以及人民币持续升值，使得商业银行放慢了推动代客操作境外理财业务的脚步，12 月的发行量比上个月度减少了 54%，2008 年 8 月的发行量更是跌回两年前刚开始启航的时候，只有渣打银行以及汇丰银行推出的 6 种产品。

(二)多数产品跌破净值

2007 年下半年开始，随着美国"次贷"风暴的引发，全球的资本市场都出现了剧烈的震荡，这也导致了一部分银行的 QDII 产品价值严重缩水。施行初期银行推出的 QDII 产品大多是和海外基金挂钩的，过度集中在同一个资本市场的结果是，银行 QDII 产品的风险系数成倍增加。少数产品因为进入的时间比较适当，报酬的情况比较良好。但是 2007 年 10 月以后推出的产品，因为进入的价位比较高，目前大多仍处于负收益的状态。根据由西南财经大学信托与理财产品研究所发布的最新数据统计，截至 2012 年 12 月底，仍在运行的 228 款银行 QDII 产品中，只有仅仅 18 款产品收益为正，其余 210 款产品全都跌破净值，九成银行 QDII 的产品处在亏损状态。具体来说，中资银行有 38 款 QDII 产品中，收益为正的有 5 款，剩下的 33 款都为负报酬，亏损比率超过 20%的有 17 款。而外资银行的 190 款 QDII 产品中，收益为正的有 13 款，负报酬的有 177 款。2009 年 3 月，部分基金的净值甚至已经"腰斩"。

(三)海内外夹缝中难发展

在海内外两个截然不同的金融市场分散投资风险是设计 QDII 产品的本意，但现实的运作上，QDII 却陷入了国内外的夹缝中难以得到发展。

第一批银行的 QDII 只有挂钩型(联结汇率及股票指数)与固定收益型(美国政府公债，结构性票据等)两大投资对象，统计的数据显示，2006 年 7 月—2007 年 7 月，QDII 产品的报酬率大多维持在 3%~9%，然而此时国内的股市正在大幅上涨，QDII 的回报率对投资者缺乏有效的吸引力，成立一年以后发行量惨淡。2007 年 5 月银行的 QDII 被允许按规定可以投资境外股票，同时 5 月 30 日之后，A 股股价步入调整阶段，而海外资本市场则相对稳定，不少投资者可以通过 QDII 产品以分散风险，银行的 QDII 发行量开始快速攀升。然而好景不长，2007 年底发生的美国“次贷”风暴，使银行的 QDII 遭受到了相当猛烈的冲击，陷入跌破净值的泥淖之中不能自拔。由近期银行发行的理财产品的种类来看，中资银行对 QDII 的热情已经慢慢消退，外资银行因其境外投资的连结优势依旧在发行 QDII 产品，但这些产品已经开始试图回避传统的金融资产比如股票与债券，投资的趋势上倾向往黄金、农产品、原油等商品挂钩，以期对抗通货膨胀。

(四)销售海外基金成主流

银行系 QDII 产品在实际的操作中主要采取了直接投资和 FOF (Fund of Fund，基金中的基金)的模式，投资到海外比较成熟的基金中，在其中赚取一定的管理费收入，这样的模式让不少商业银行转变成为了其他海外基金的销售通路。2007 年银行的 QDII 产品之中，有 109 支直接投资在 39 支在香港注册的海外基金。2009 年 4 月 3 日银监会下达了一则公告通知并且要求：“商业银行在展开综合财富管理服务项目的时候，应该通过自主设计研发的理财产品，协助代理客户来进行投资以及资产管理，不可以用发售理财产品的名义变相代理销售境外基金或是违反法律及法规的其他境外投资的理财商品”。现行 QDII 操作模式会致使银行在投资决策上失去其主动性，也没有办法培养与积累相对应的海外投资经验与知识。

(五)QDII 产品发行规模与现存规模情况

截至 2013 年 2 月 26 日，市场上共发行了 78 支 QDII 产品，总发行份额合计 1857 亿份。从发行分布情况看，2011 年发行的数量最多，为 24 支。2007 年的发行总规模最大，当年发行的 4 支产品合计规模超过千亿份。这 4 只产品分别是华夏全球精选、南方全球精选、嘉实海外中国股票以及上投摩根亚太优势(见图 3-1～图 3-2)。

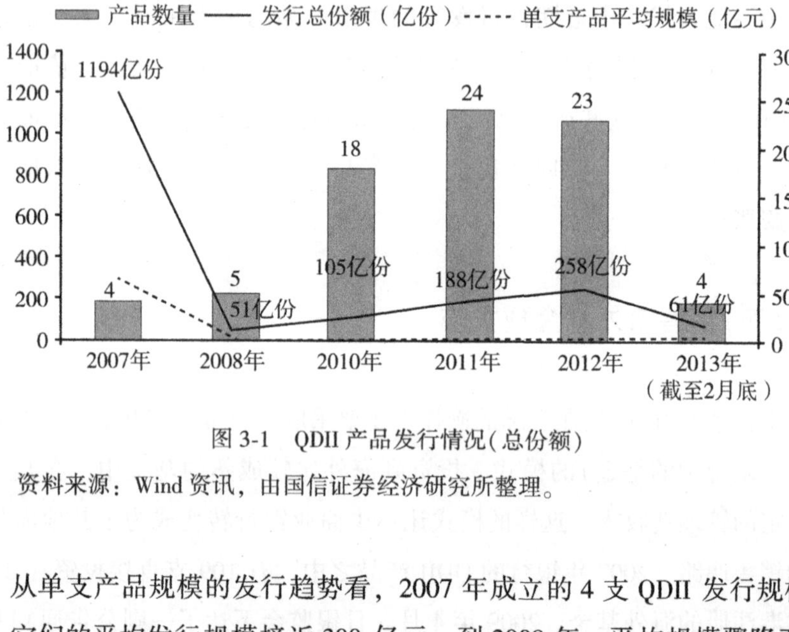

图 3-1 QDII 产品发行情况(总份额)

资料来源：Wind 资讯，由国信证券经济研究所整理。

从单支产品规模的发行趋势看，2007 年成立的 4 支 QDII 发行规模最大，它们的平均发行规模接近 300 亿元。到 2008 年，平均规模骤降至 10 亿元，到 2010 年平均规模进一步降低至 6 亿元。之后虽然平均规模有所上升，但仍然不超过 15 亿元(见图 3-3)。

截至 2012 年 12 月 31 日，市场现存 QDII 规模总计 668 亿元，平均单支规模 8.57 亿元。华夏全球精选在 QDII 中规模最大，为 114 亿元，成立于 2007 年 10 月 9 日，发行规模超 300 亿元，是迄今为止发行规模最大的

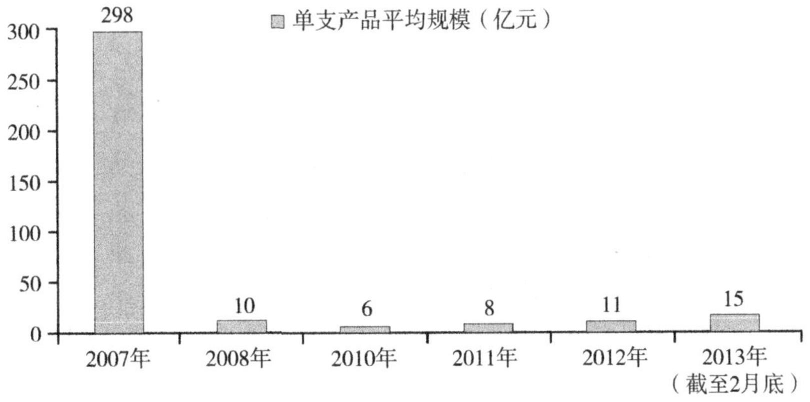

图 3-2　QDII 产品发行情况(平均单支产品规模)

资料来源：Wind 资讯，由国信证券经济研究所整理。

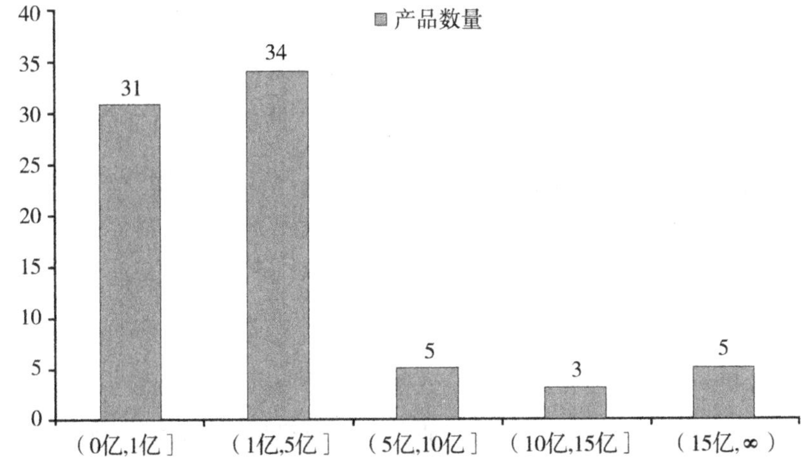

图 3-3　QDII 产品现存规模情况

资料来源：Wind 资讯，由国信证券经济研究所整理，数据基于基金产品 2012 年年报。

QDII。现存规模最小的 QDII 产品规模仅 0.34 亿元。

根据区间规模统计，有 31 支产品规模低于 1 亿元，约占全部 QDII 产品的 40%。有 34 支产品的规模大于 1 亿元且小于 5 亿元，约占全部 QDII

产品的44%。有4支产品的规模大于100亿元，它们均是在2007年成立的第一批QDII产品。

三、QDII投资风格分析

(一)分类以股票型基金为主

我国QDII的投资对象在资产大类、风格、行业、区域上都有所不同，由此在风险与收益的特征上也有很大的差异。我们依据招募说明书以及投资组合的规定，也依照晨星(Morning Star)全球基金分类的标准，对10支基金系QDII和78支银行系QDII进行了归类。在大类资产配置上，64支属于股票型的基金，占了73.56%，配置型和保本型分别为10支与7支。而债券型及货币市场型基金占的比例比较小，共7支。由细分类别来看，有比较高比例的产品集中在除日本以外的亚太地区、中国相关的股票、新兴市场的股票、保本型基金等几种类别之中，以上列出之基金数量的比例分别占了14.94%、12.64%、8.05%、8.05%。同步分析来看，也出现了银行系产品比较集中投资在如工业材料、贵重金属、亚洲房地产、农业以及能源等单一行业的基金挂钩。追究其背后的原因，上面提到的在过去几年绩效的表现很明显高过其他的行业，比方说晨星行业能源、工业材料以及贵重金属基金平均1年、3年和5年的报酬率都超过两位数字，这也是2008年以来少见可以维持正收益或跌幅最小的3种行业。

根据2012年年报(见图4)，QDII产品的重仓证券所属行业主要分布在金融、信息技术、非必需消费品、材料、能源等。其中，金融行业被28支QDII产品重仓，重仓投资市值合计113亿元，重仓产品支数和市值总和均居首，并且处于绝对优势地位。非必需消费品的重仓投资市值居第二位，重仓市值总和为27亿元。信息技术、材料、能源的重仓市值总计分别为 3 亿元、2 亿元和 2 亿元(见图 3-4)。

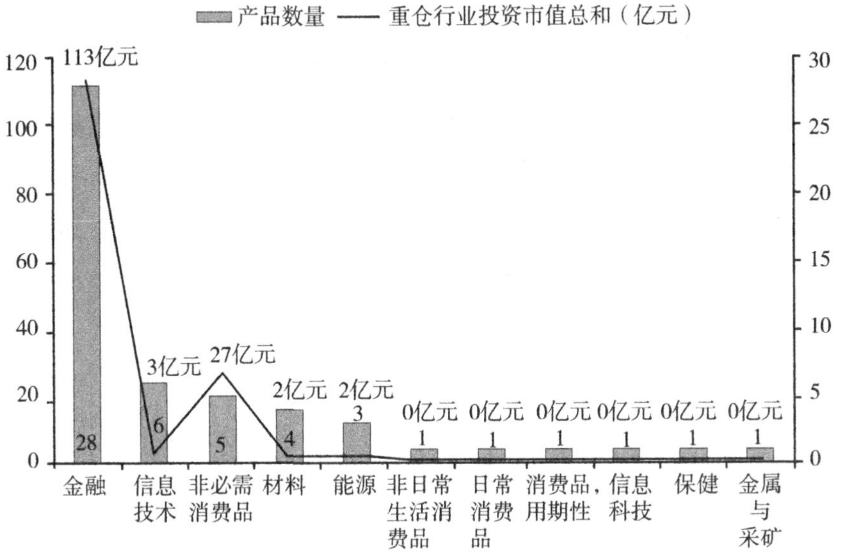

图 3-4　QDII 产品 2012 年年末重仓行业分布情况

资料来源:Wind 资讯,由国信证券经济研究所整理。

说明:0 亿元说明重仓行业市值总和小于 1 亿元。数据基于基金产品 2012 年年报。

(二)基金系 QDII 重仓港股且偏好金融

目前基金系 QDII 中,规模较大的前四位基金公司南方全球精选、嘉实海外、上投摩根亚太优势和华夏全球精选公布了投资组合,因此我们对其投资风格进行了分析。在大类资产的配置方面,嘉实海外和上投摩根亚太优势股票占比较高的比例,均属于股票型的基金。南方全球精选虽然是以基金投资为主,但因为考虑到其持有的基金与投资组合最终在股票类型资产上的分布比较高,也将其归入股票型的基金。而华夏全球精选基金在 2013 年第一季度末除投资了 57.89%的股票及 5.15%的基金外，其他绝大部分资产以银行存款现金的形式持有，我们将其分类为配置型基金。

在股票投资的区域上，我们根据其投资组合中的股票的投资来进行统计，投资于基金上的暂没有包含在内。除此之外，我们也采用了比较完整的投资组合的数据，根据基金的信息必须披露的特点，一般是每年底或者是半年末的数据。根据 2012 年第四季度投资组合，基金系 QDII 都倾向于投资在新兴的市场，投资占比 71%；成熟的市场则为 29%。由地理的区域分类来看，亚洲市场仍然是比较主要的投资区域，其他地区依次为美洲以及欧洲。由细分的区域看来，亚洲新兴市场占比较大，占 66%；尽管亚洲的成熟市场及北美市场紧随在后，但相差甚远；欧洲及其他市场占比最少。

从细分国家或地区看，市场投资集中度较高，绝大部分资产主要集中在 10 个国家或地区，其中香港平均比例达 45%。在行业配置上，金融服务行业配置最高，能源、商业服务、通信和工业材料紧跟随后。而传统的非周期性行业，如软件、传媒、医疗保健、公用事业及消费品等比例较小(见表 3-1)。

(三)银行系 QDII 投向以成熟市场为主

从银行系 QDII 的 78 支样本产品看，其有别于基金系 QDII 直接投资境外股票、债券以及基金的方式，更多采用与单个海外基金挂钩的形式，其中就有 64 支为挂钩产品。换言之，银行系 QDII 更倾向于为投资者提供直接投资海外基金的平台。同时，有 5 支银行系 QDII 把数支海外基金结合成新的组合即基金中基金(FOF)。此外，也有个别 QDII 在投资中将股票、基金和债券相结合。我们发现，直接投资股票和债券等形式的 QDII 产品较少。

表 3-1 QDII 产品重仓证券情况(部分)

投资区域	ODII 基金简称	重仓证券名称(2012 年度第 1 名)	重仓证券名称(2012 年度第 1 名)	重仓证券所属国家(2012 年度第 1 名)	基金近一年累计单位净值增长率%
大中华	海富通大中华精选	金融	晨星	—	3.1553
大中华地区	华安大中华升级	金融	凌耀科技股份有限公司	—	12.4287
	景顺长城大中华	消费品、周期性	中国神华能源股份有限公司	中国	6.6850
金砖四国	南方金蜂四国	金融	中国建设银行股份有限公司	中国	-6.3922
	信诚金曦四国	信息技术	MARKET ECTORS RUSSIA ETF	—	-4.0404
	招商标普金砖四国	金融	中国建设银行股份有限公司	中国	-8.1986
美国	大成标普 500 等权重	金融	纽约泛欧交易所集团	—	11.272
	华宝兴业标普油气	能源	CVR Energy lnc	—	-5.7674
	鹏华美国房地产	金融	SIMON PROPERTY GROUP ING	美国	9.2629
	长信标普 100 等权重	信息技术	新浪	中国	9.0020
全球	博时标普 500	信息科技	S&P500 EMINI FUT Mar13	—	—
	博时大中华亚太精选	金融	华电国际电力股份	中国	16.5570
	富国全球顶级消费品	非必需消费品	苹果公司	美国	3.7536
	工银瑞信全球精选	保健	三星电子有限公司	韩国	5.1417
	工银瑞信全球配置	金融	建设银行	中国	8.7527
	广友标普全球农业	材料	孟山都	美国	4.9041

续表

投资区域	ODII 基金简称	重仓证券名称（2012 年度第 1 名）	重仓证券名称（2012 年度第 1 名）	重仓证券所属国家（2012 年度第 1 名）	基金近一年累计单位净值增长率%
	广发纳斯达克 100	信息技术	苹果公司	美国	—
	国泰纳斯达克 100	信息技术	苹果公司	美国	4.7386
	国投瑞银新兴市场	金融	华润置地	中国	1.8924
	海富通海外精选	金融	中国工商银行股份有限公司	中国	3.0515
	华安标普全球石油	能源	艾克森美孚石油	美国	—
	华宝兴业中国成长	金融	舜宇光学科技	—	21.0583
	华夏全球精选	非必需消费品	中国移动有限公司	中国	−1.9560
	嘉实海外中国股票	金融	中国移动	中国	3.5533
中国	南方中国中小盘	非必需消费品	新奥能源控股有限公司	中国	3.6359
香港	华安香港精选	金融	中国生物制药有限公司	中国	10.7948
	嘉实恒生中国企业	金融	中国银行	中国	−1.2108
	富国中国中小盘	非必需消费品	海信科龙	中国	—
	华夏恒生 ETF	金融	HANG SENG IDX FUT Jan13	—	—
	易方达恒生 H 股 ETF	金融	中国银行股份有限公司	中国	—

资料来源：Wind 资讯，由国信证券经济研究所整理。

说明：数据基于基金产品 2012 年年报。近一年数据时间窗口为 2012 年 2 月 25 日—2013 年 2 月 26 日。

基于部分银行系 QDII 未披露投资组合数据，我们在此仅对具备相关数据的 58 支挂钩产品进行投资风格分析。其中，由于部分产品以不同货币形式出售或挂钩相同产品，因此按照同一投资组合统计的样本实际上只有 44 个。

在大类资产配置方面，挂钩海外股票基金产品的持股比例平均高达 89.89%，其中最高(包括卖空部分的股票投资)达到 100.14%，最低的也接近 70%，债券投资不到 1%。仅此与基金系 QDII 整体相比，银行挂钩产品的投资相对激进。在债券基金挂钩产品中，除了大比例持有现金外，债券投资平均达 60.76%。

在投资区域方面，银行系 QDII 投向成熟市场的比例较新兴市场高出两倍多，这恰恰与基金系 QDII 相反。其中相当部分集中投资于亚洲市场，而在基金系 QDII 里占比最小的欧洲市场却是银行系挂钩基金的第二大投资区域，美洲市场则排在第三。

从细分市场看，亚洲新兴市场是银行挂钩基金的主要投资区域，平均比例达 23.57%。紧跟随后的是欧洲、北美和亚洲等发达区域市场，超过 14%。其中，欧洲成熟市场接近 20%。投资区域分布比较均匀，并不像基金系 QDII 的亚洲新兴市场比例占绝对优势。

从单个国家或地区看，银行系 QDII 多选择偏好香港市场的挂钩基金，投资比例占净资产的 22.01%，明显低于基金系 QDII 45.03%的水平。此外，银行系 QDII 投向欧洲发达国家市场的比例也较基金系 QDII 高，如投向英国、法国和德国的比例均在 4%~6%。但是，银行系 QDII 所投资的前十大投资国家或地区比例合计较基金系 QDII 低，相对较为分散。

在分析行业配置时，为避免在比较中出现较大偏差，我们把挂钩行业基金的 6 个产品剔除。银行系 QDII 的行业配置虽然与基金系略有不同，但金融服务、商业服务、工业材料、能源和通信仍占相对较大的投资比例，防御性行业如医疗保健、公用事业和消费品比例较小(见表 3-2)。

表 3-2 QDII 产品投资区域说明(部分)

QDII 产品简称	业绩比较基准	投资区域	主要投资区域说明
华宝兴业成熟市场	MISCI 金球指数 * 50%+花旗全球政府货券指数 * 50%	成熟市场	本基金的投资范围为具有良好流动性的金融工具，包括已与中国证监会签署双边监管合作谅解备忘录的国家或地区证券监管机构登记注册的交易型开放式基金(ETF)债券、货币市场工具以及中国证监会允许本基金投资的共他金融工具。其中，ETF 的标的市场是美洲、欧洲、及亚太地区的发达国家和地区，具体为澳大利亚、奥地利、比利时、加拿大、丹麦、芬兰、法国、德国、布腊、香港特别行政区、爱尔兰、意大利、日本、荷兰、新西兰、挪威、葡萄牙、新加坡、西班牙、瑞典、瑞士、英国和美国
海富通大中华精选	MSCI 金龙净总收益指数(MSCI Golden Dragon Net Total Return Index)	大中华	本基金以全球除内地股票市场以外的具有“大中华概念”上市公司为主要投资对象。“大中华概念”的股票需满足以下三个条件之一：①上市公司注册在大中华区域(中国内地、中国香港、中国台湾、中国澳门；②上市公司中最少百分之三十股权(占总股本)由大中华区域的股东排有；③公司最近一个会计年度至少百分之五十之营业额来自大中华区域
华安大中华升级	MSCI 金龙净总收益指数	大中华地区	本基金投资范国为大中华地区企业，包括中国大陆、香港特别行政区、澳门特别行政区和台湾地区企业在境外几个主要证券市场(如香港、台湾、新加坡、美国、英国等证券市场)发行的股票。存托凭证及其他衍生产品等；同时为更好地实现投资目标，本基金也可少量投资于东亞及东盟区域市场，包括韩国、印尼、马来西亚、菲律宾、泰国等证券市场交易的普通股、优先股、存托凭证及共他衍生产品等；投资范国亦包括债券，货币市场工具和中国证监会允许基金投资的其他金融工具

续表

QDII 产品简称	业绩比较基准	投资区城	主要投资区域说明
景顺长城大中华	摩根士丹利金龙净总收益指数(MSCI Golden Dragon Net Total Return Index)	大中华地区	本基金主要投资于除中国内地以外的大中华地区证券市场以及在其他证券市场交易的“大中华企业”。“除中国内地以外的大中华地区证券市场”为中国证监会允许投资的香港和台湾证券市场等。所谓“大中华全业”是指满足以下三个条件之一的上市公司：①上市公司注册在大中华地区(中国内地、香港、台湾、澳门)；②上市公司中最少 50%之营业额、盈利、资产、或制造活动来自大中华地区；③控股公司，其子公司的注册办公室在大中华地区，且主要业务活动亦在大中华地区
信诚金砖四国	标准普尔金砖四国(含香港)市场指数(总回报)	金砖四国	本基金可投资于下列金融产品或工具：交易型开放式指数基金(以下简称“ETF”)；普通股、优先股、全球存托凭证和美国存托凭证、房地产信托凭证；政府债券、公司债券、可转换债券、住房按揭支持证券、资产支持证券等及经中国证监会认可的国际金融组织发行的证券；银行存款、可转让存单、银行承兑汇票、银行票据、商业票据、回购协议、短期政府债券等货币市场工具；金融衍生产品、结构性投资产品以及中国证监会允许基金投资的其他金融工具
南方金砖四国	人民币计价的金砖四国指数收益率 * 95%+人民币活期存款收益率 * 5%(税后)	金砖四国	金砖四国中的巴西、印度、俄罗斯和中国目前均属于新兴市场，面临新兴市场投资的一般性风险，同时 由于金砖四国政治体制、经济发展模式和速度差异使各国上市公司盈利和收益出现差异，从而存在使标的指数和成份股的风险收益特征发生品著变化的风险

续表

QDII 产品简称	业绩比较基准	投资区城	主要投资区域说明
招商标普金砖四国	标准普尔金砖四国 40 总收益指数(S&P BRIC 40 Index (Net TR))收益率	金砖四国	本基金通过对标准普尔金砖四国 40 指数的跟踪，寻求标的指数所代表的四个新兴市场(巴西、俄罗斯、印度和中国)的平均收益，给投资者提供参与金砖四国新兴经济体经济快速增长过程中产生的投资机会，实现资产的长期增值
大成标普 500 等权重	标普 500 等权重指数(全收益指数)	美国	本基金主要投资于标普 500 等权重指数成份股、备选成份股，与标普 500 等权重指数相关的公募基金、上市交易型基金、结构性产品等，固定收益类证券、银行存款、现金等货币市场工具以及中国证监会允许本基金投资的其他产品或金融工具
鹏华美国房地产	人民币计价的 MSCI 美国 REIT 净总收益指数（MSCIUS REIT Net Daily Total Return Index)	美国	本基金投资范围为具有良好流动性的金融工具，包括已与中国证监会签署双边监管合作谅解备忘录的国家或地区证券市场挂牌交易的房地产信托凭证(简称“REITs”)、投资于房地产信托凭证的交易型开放式指数基金(简称“REIT ETF”)和房地产行业上市公司股票，以及货币市场工具和法律法规，中国证监会允许本基金投资的其他金融工具
长信标普 100 等权重	标准普尔 100 等权重指数收益率	美国	本基金主要投资于标普 100 等权重指数成份股，同时也可主动投资于下列金融产品或工具：权益类品种(包括在美国证券市场挂牌交易的普通股、优先股、美国存托凭证、交易型开放式指数基金等)；固定收益类品种(包括美国政府债券、美国市场公开发行的公司债券及可转换债券等债券资产)回购协议、美国或中国短期政府债券、现金等价物、货币市场基金等货币市场工具；经中国证监会认可的境外交易所(美国)挂牌交易的金融衍生品(包括期权期货)；以及法律、法规或中国证监会允许基金投资的其他金融工具

资料来源：Wind 资讯，由信证券经济研究所整理。

四、QDII 基金失败的原因分析

(一)海内外投资文化和体制的相互包容性差

作为成立时间刚满一年的 QDII 基金，各项管理体制、运作模式、投资文化等均需要在较长的时期内进行磨合。中西文化的碰撞，必然会导致两者在投资决策品种选择、市场运作、对当地市场环境及经济运作规律理解等方面的偏差。但不应忽略的是，基金管理人对市场风险认识不够、经验不足、盲目乐观，低估“次贷”风波对整个全球金融市场特别是亚太市场前景的影响等也是 QDII 基金备受诟病的原因之一。

(二)投资过于集中，不能有效地分散风险

QDII 基金被积极推行的重要意义在于它能够提供一个进行资产全球配置的渠道，从而使得 QDII 基金可以通过国际范围内的分散化投资大大降低投资收益的波动程度，并起到分散市场、投资工具相对单一而带来的投资风险。然而，从 QDII 基金一推出，偏重中国概念倾向十分明显，反映在 2012 年四季度报表来看，南方全球、华夏全球、嘉实海外、上投亚太和工银全球这五支 QDII 基金仍旧十分偏重投资于中国概念股。例如，5 支 QDII 基金最为青睐的是建设银行、中国海洋石油、中国移动以及中国人寿等金融、能源类大型国有公司，布局于其基金的十大重仓股中。此外，在行业配置中，在二季度中，金融行业依旧是 QDII 基金投资的重仓行业，另外受全球通货膨胀的影响以及对于资源愈发稀缺的强烈预期，能源行业也成为 QDII 基金受青睐最多的另一重点配置行业。而且，国内的 QDII 基金往往“做熟不做生”，在 QDII 股票配置中，港股投资比例较高，使得投资港股尤其是 H 股投资比例过高的上投亚太和嘉实海外净值亏损严重，而全球投资的南方和华夏 QDII 则较好地分散了风险。

表 3-3 QDII 产品近三年收益表现情况汇总（按部分产品）

QDII 产品简称	业绩比较基准	近一年累计增长率%	近两年累计增长率%	近三年累计增长率%	近一年超基准收益率%	近两年超基准收益率%	近三年超基准收益率%	管理费托管费之和%	投资区域
工银瑞信全球配置 *	MSCI 全球股票指数收益率 * 60% + MSCI 中国指数收益率 * 40%摩根士丹利世界指数	8.75	3.43	13.99	7.33	6.94	9.03	2.1	全球
鹏华环球发现	（MSCI Word index RMB） * 50% +摩根士丹利新兴市场指数	7.98	3.56	—	—	—	—	1.9	全球
诺安全球收益不动产	（MSCI Emerging Markets Index RMB） * 50% FTSE EPRA / NAREIT Developed REITS Total Return Index	6.48	—	—	—	—	—	1.9	全球
交银环球精选	标准普尔全球大中盘指数（S&P Global Large MidCap Index） * 70%+恒生指数 * 30%	6.39	−5.67	0.13	—	—	—	2.2	全球
建信全球机遇	标准普尔全球 BMI 市场指数总收益率（S&P Global BMI） * 70%+标准普尔 BMI 中国（除 A、B 股）指数总收益率（S&P BMI China ex-A-B-Shares） * 30%	5.29	−3.21	—	5.29	−6.79	—	2.2	全球

续表

QDII 产品简称	业绩比较基准	近一年累计增长率%	近两年累计增长率%	近三年累计增长率%	近一年超基准收益率%	近两年超基准收益率%	近三年超基准收益率%	管理费托管费之和%	投资区域
工银瑞信全球精选	MSCI All Country World Indexsm（MSCI 世界指数）总收益	5.14	-1.96	—	-2.50	-6.79	—	2.2	全球
广发标普全球农业	人民币计价的标普全球农业指数收益率	4.9	—	—	—	—	—	1.1	全球
国泰纳斯达克 100	纳斯达克 100 指数（Nasdag - 100 Index）收益率（总收益指数收益率）	4.74	10.52	—	2.96	2.53	—	1.1	全球
南方全球精选	MSCI 世界指数（MSCI World Index）* 60% + MSCI 新兴市场指数（MSCI Emerging Markets Index）* 40%	4.52	-0.42	4.37	3.09	3.09	-0.59	2.2	全球
富国全球顶级消费品	道琼斯奢侈品指数（Dow Jones Luxury Index）	3.75	—	—	—	—	—	2.2	全球
上投摩根新兴市场	摩根士丹利新兴市场股票指数（总回报）	3.75	-5.81	—	4.57	-2.53	—	2.2	全球
嘉实海外中国股票	MSCI 中国指数	3.55	-2.08	-3.92	10.45	7.94	6.17	2.1	全球

续表

QDII产品简称	业绩比较基准	近一年累计增长率%	近两年累计增长率%	近三年累计增长率%	近一年超基准收益率%	近两年超基准收益率%	近三年超基准收益率%	管理费托管费之和%	投资区域
长盛环球景气行业	摩根士丹利世界大盘胶指数(MSCI world Large Cap Index)	3.35	-9.38	—	-2.44	-10.29	—	2.1	全球
富国全球债券	Barclay Global Aggregate Index	2.15	-0.50	—	—	—	—	1.1	全球
国投瑞银新兴市场	摩根士丹利资本国际新兴市场指数 MSCI Emerging Markets Index (Net Total Return)	1.89	1.19	—	3.04	5.06	—	2.2	全球
建信新兴市场优选	摩根士丹利资本国际新兴市场指数 MSCI Emerging Markets Index (Net Total Return)	1.33	—	—	2.47	—	—	2.2	全球
华夏全球精选	摩根士丹利资本国际全球指数(MSCI All Country World Index)	-1.96	-9.58	4.70	-6.71	-8.92	-3.19	2.2	全球
诺安油气能源	标音能源行业指数(净收益) S&P 500 Energy Sector Index(NTR)	-2.50	—	—	-0.91	—	—	1.9	全球

续表

QDII 产品简称	业绩比较基准	近一年累计增长率%	近两年累计增长率%	近三年累计增长率%	近一年超基准收益率%	近两年超基准收益率%	近三年超基准收益率%	管理费托管费之和%	投资区域
泰达宏利全球新格局	摩根士丹利资本国际全球 GDP 加权指数（MSCI All Country World Index GDP）总收益	-4.86	—	—	-11.48	—	—	2.2	全球
银华全球核心优选	标准普尔全球市场指数（S&P Global BMI）＊60%＋香港恒生指数（Hang Seng Index）＊40%	-5.88	-13.06	-6.31	-6.14	-10.99	-6.86	2.2	全球
中银全球策略	MSCI 所有国家世界指数（MSCI All Country World Index）＊60%＋美国 3 月政府债券（US 3-Month T-Bills）收益率＊40%	-7.53	—	—	—	—	—	2.2	全球
银华抗通胀主题	标普高盛商品总指数收益率（S&P GSCI Commodity Total Return Index）	-9.49	-17.18	—	—	—	—	2.2	全球

续表

QDII 产品简称	业绩比较基准	近一年累计增长率%	近两年累计增长率%	近三年累计增长率%	近一年超基准收益率%	近两年超基准收益率%	近三年超基准收益率%	管理费托管费之和%	投资区域
博时抗通胀	标普高盛农产品总收益指数（S&P GSCI Agricultural Total Return Index）收益率＊30%+巴克莱美国通胀保护债券指数（Barclays Capital U. S. Treasury Inflation protected Securities（TPS）Index（Series－L）收益率＊30%+标普高盛贵金属类总收益指数（S&P GSCI Precious Metal Total Return Index）收益率＊20%+标普高盛能源类总收益指数（S&P GSCI Energy Total Return Index）收益率＊20%	－10.20		—	—	—	—	1.9	全球
诺安全球黄金	伦敦金价格折成人民币后的收益率	－11.06	4.42	—	—	—	—	1.3	全球
嘉实黄金	伦敦金价格（汇率调整后）	－12.62	—	—	—	—	—	1.3	全球
汇添富黄金及贵金属	伦敦金价格收益率（折成人民币后）	－12.72	—	—	—	—	—	1.3	全球

资料来源：Wind 资讯，由国信证券经济研究所整理。

说明：近一年数据时间窗口为 2012 年 2 月 25 日—2013 年 2 月 26 日。

近两年数据时间窗口为 2011 年 2 月 25 日—2013 年 2 月 26 日。

近三年数据时间窗口为 2010 年 2 月 25 日—2013 年 2 月 26 日。

（三）“次贷”危机导致全球性的经济疲软

对于出海的 QDII 基金，不仅应当看到国内经济的发展及国内面临的市场环境，还应当从全球经济，尤其是美国经济发展等视野中去把握机会和回避风险。美联储前任主席格林斯潘曾经表示，从次级抵押贷款市场崩溃开始的金融危机会导致更多大型金融机构“倒下”并引发经济衰退。他预计危机可能仍将持续相当长时间并诱发全球一系列经济动荡（见表 3-3）。

五、QDII 制度实践的比较

2001 年 10 月，香港证监会主席沈联涛表示，香港有些中资银行及中资投资银行其实已经认可本地机构投资者，而这是市场发展的趋势。此后，QDII 不断成为市场的焦点话题。韩国、印度、巴西、智利、中国台湾等国家和地区在 20 世纪 90 年代的初期就已经设立与施行过 QFII 和 QDII 的双 Q 制度，也积累了非常丰富的经验，同时也获得了许多很好的成果。

（一）韩国 QDII 制度的实践

1981 年韩国政府颁布制定了一项“长期资本市场国际化计划”。此计划的第二阶段，也就是有限度地直接开放国内外的证券市场（1985—1990 年），同时开始施行 QFII 制度。该计划的第三阶段，便是完全的开放证券市场（1990 年后）。逐渐取消对国际资本流动的限制，也同步允许外国的有价证券在韩国的证券市场上市，相对的也使得韩国的有价证券在国外上市。

韩国在 1986—1989 年出现了其历史上并不常见的经常账户的巨额盈余，因此而产生的货币升值压力下，当时的韩国政府在很大比例上放松了对资本流到境外的管制，也通过实行 QDII 在资本账户全面开放的路上迈出了新的一步。1988 年以后，韩国允许国内投资者可以透过基金的方式，经由财政部核准在国外的证券市场发行股票筹资，也同时间允许经认可的韩国机构投资人投资到海外的资本市场，换句话说正式开始实施 QDII 制度。1988 年 12 月，韩国政府颁布施行了《资本市场自由化执行方案》，这是一个预备全面实现自由化资本市场以及证券市场开放的中期计划，遗憾最终因故停摆搁浅。1991 年 7 月，韩国公告了新的外汇管制法案，正式开始实行新的外汇对境外市场开放的政策。1992 年 7 月开始，投资到韩国国内证券市场的国外金融机构开始在韩国享受国民的待遇。1994 年，韩国也放开了对资本金流出的管制与限制，允许国内的机构投资者可以投资到国外有价证券市场，韩国人民可以开办设立海外的存款账户，资本账户基本上实现了自由化。至此，韩国机构投资者到海外证券市场投资的所有限制都正式被取消，一般个人到海外投资的上限也是逐步提高。1998 年 4 月，韩国政府同意外国人到韩国国内设立外国证券公司并享有国民的待遇。从韩国的证券市场以及其开放的进程来看，初期的步骤是渐进而非激进式的。然而在 1992 年以后开放的速度开始加快，表现得更为积极。同一时间，以利率市场化为中心思想的金融自由化的改革相对于证券市场开放是相对来说停滞延迟的，况且汇率的市场化也并没有完成。这样的较为激进开放做法也是造成 1997 年亚洲金融危机时对韩国的金融市场造成非常大的冲击的最重要的原因之一。

经济学家熊彼特认为，经济发展是一个创造性破坏的过程。韩国的金融改革历程印证了这一点。伴随经济的崛起，“二战”后数十年间韩国的金融发展看似风光无限，实则弊端重重，危机四伏，金融改革并未契合经济发展基本面的舞步。金融体制的深层矛盾在 1997 年的亚洲金融危机中以夸张放大的形式彻底暴露出来，幸运的是，韩国的金融体制在变成废墟前实现了。反观中国如今的金融体制，看起来与韩国 20 年前的情形颇为相似。中国需要的是韩国金融体制创造性变迁的成果，并避免经历“破坏”。这是我们迫切需要了解这个近邻金融改革路径的原因。

金融改革路径无疑根植于整个经济体制变迁之中。总体而言，与韩国相比，中国金融体制改革进展较为迟缓。顺承中国的渐进式改革，中国的金融部门改革也力求在稳健的前提下推进，在一定意义上承担了整个经济体制改革的断后支撑力量。纵观中韩两国的金融改革路径，韩国主要是在“华盛顿共识”框架下推进的，国际组织对照成熟国际主流成熟金融体制，制定一步到位式的改革策略，以期在较短的时间里让整个金融体制走上较为规范的轨道。显然，这个策略是并不能在所有国家获得成功。俄罗斯和拉丁美洲部分国家并不成功的实践证明了这一点。鉴于中国计划金融体制的长期积弱以及整个经济社会系统的错综复杂，我们也不可能跑步进入成熟金融体制国家之列。迄今为止，渐进式的改革在经济领域是成功的，在金融领域也是如此。

1960 年，韩国还是当时世界上最贫困的国家之一，人均国民生产总值低于非洲撒哈拉地区的一些国家。如今，韩国已经成为亚太经合组织(OECD)这一富国俱乐部的成员，首都首尔可以比肩繁华的世界一流大都市。发达的国际贸易是韩国经济的一个重要特征，其 1/3 的经济与出口有关，国外流入韩国的资本增长了 20 多倍，达到每年 100 多亿美元。而 1960 年，索马里的人均国民收入比韩国要高出 10%。但是，在后来的 45 年的时间里，索马里的人均收入下降了 33%，而韩国的人均收入增长了 10 倍多，前者的人均收入下降到不足后者的 10%。如此强烈的国家对比之后，韩国的成功可以归结为全球化，而将索马里令人吃惊的失败归结于不参与全球化的结果。

(二)中国台湾 QDII 制度的实践

20 世纪 80 年代，台湾地区的有价证券市场走上了对外实质开放的途径。到今日为止，台湾地区的证券市场已经成功发展成为一个国际化程度相当高的金融市场。今日看来，相关法律法规的制定与颁行毋庸置疑是台湾地区QDII制度成功执行的先决条件。

台湾地区的有价证券市场对境外开放的过程大致上经过了三个主要的阶段：第一阶段(1983—1991年)，开放台湾地区可以成立投资信托公司以募集海外基金投资台湾地区的股市；1988年开始允许境外证券经纪公司在台湾地区设立他们的分公司。第二阶段(1991—1996年)，实施QDII制度，对QDII投资者开放了对境外有价证券投资的渠道，并同时规定了单一机构投资人持有同一家公司股权的上限为5%，加总所有机构投资人持有单一一家公司股权的总和不得超过其总量的10%。第三阶段(1996—2003年)，进一步初步实现了有价证券市场对跨国境内与境外法人以及自然人的完全自由开放。为了更进一步促进金融行业的发展，在2001年，公告实行了金融控股公司相关的法规，为银行、保险与证券公司进行混业经营的改革提供了法源。

与韩国证券市场比较偏激进的方式对外开放相互比较，台湾地区的证券市场对外开放速度比较稳扎稳打，主要透过QFII和QDII制度的安排，分不同阶段循序渐进地实现证券市场的对外自由开放。也正因为坚持了稳定循序开放的最高原则，使台湾地区承受住了亚洲金融风暴的考验，也获得了比较好的开放结果。

中国台湾，因与大陆的海峡相隔而诞生了相对独特的社会与民生形态。但千年以来的历史与传统也使其与大陆在血缘、文化、经济方面存在着不可分割的联系。台湾地区的基金行业在很大程度上与大陆基金行业类似，被称为"台湾样本"。20世纪80年代初是传统向新技术经济的转型阶段，很多企业需要资金进行技术改进和创新，因此扩大证券市场规模成为台湾地区推动基金转型的重要策略。在这种大的背景下，1983年台湾地区"财政部证券期货管理委员会"相继颁布了《证券投资信托管理办法》《证券投资信托事业管理规则》及《华侨和外国人投资证券及结汇办法》，为基金业发展奠定基础，同年10月，台湾地区第一家基金公司国际证券投资信托公司成立，并在欧洲发行了第一支产品。在当时，中国台湾与并称为“亚洲四小龙”的韩国，以及处于资本主义经济发展巅峰时期的日本在经济形态和资本市场方面具有诸多共同性，中国台湾的基金业出现伊始，在很多方面均借鉴了日本和韩国的发展经验。比如主管当局要求每家信托公司的股东要有境外知名基金管理公司加入，并且需到欧美募集成立一支基金，投资于台湾地区。这种方式与韩国基金在 20 世纪 80 年代初发展国际基金的轨迹如出一辙。

随后台湾地区又陆续批准成立了光华、建弘、中华等投资信托公司，1986 年，以出口为导向的经济政策的实施使得其国际收支经营账户盈余不断增长。1987 年，主管部门核准国际、光华、建弘和中华四家信托公司发行、投资岛内的开放式基金，1988 年，又批准了封闭式基金的发行和上市交易。同年，上述四家投资信托公司分别推出了面向境外证券市场的国际基金，标志着台湾地区基金业基本框架的形成。1986—1988 年，台湾地区基金行业取得了飞速发展，到 1992 年 9 月，四家公司共计募集发行基金 28 支，其中境外基金(境外募集投资于境内)6 支、QDII 基金 4 支、境内基金 18 支、基金净资产达到 824 亿元新台币。不过，1992 年前，台湾地区的基金行业处于发展的初级阶段，四家投信公司垄断着岛内的整个基金行业。由于市场化运作程度不高，虽然四家投信公司经历了台湾地区股市历史上最大的一轮暴涨，但资产规模扩张却远远不如股市。“证管会”于 1996 年解除了投信公司发行的第一档基金必须为封闭式基金的规定，1997 年又在多方压力下再次放宽了“封转开”的限制，甚至规定自基金成立日起第 10 年自动转为开放式基金。

1994—1997 年封闭式基金转为开放式基金，QFII 成为这波“封转开”浪潮的最大获利者。在政策助推之下，QFII 大手笔介入封闭式基金。经历了一轮暴风骤雨般的“封转开”事件后，台湾地区基金行业步入稳步上升期。在此期间，对外资实现全面开放以及积极鼓励岛内资金境外投资是台湾地区基金行业的主要特点。

两岸金融监理合作备忘录(MOU)签订后，各种投资法规与限制正逐步开放，而当中最热门的就是大陆合格的境外机构投资者(QDII)来台投资。

证交所公布的大陆 QDII 禁止投资 10 大类上市股票，包括民用航空运输业、航空货运承揽业、证券期货集中交易及结算业、保全业、建筑开发业、营造业、不动产经纪业、广播电视业、广播电视节目供应事业、电信业等。禁止投资的公司为 74 家，其中营建相关行业占 58 家，比例最高。金融业部分单一限额不得超过 5%、整体不得超过 10%。

此外，目前大陆 QDII 多是全球型基金，仅部分为亚太型，台股在亚太市场中的权重并不高，因此也较难期待全数资金注入亚洲股市或台股。大陆 QDII 进入台湾后，所面对的市场环境已和 QDII 在大陆刚出现时大不一样了。台股占全球市场的比重很低，在全球配置投资的 QDII 产品中所占的比例也不高，股价变动对 QDII 产品的净值影响有限。虽然 QDII 能带给台股的影响有限，但却给外资弹性运用的空间，从此上市公司将出现大陆资金身份的股东。但从市场运作的角度来看，对提升台湾地区金融市场的国际化、扩大金融业务范围有相当大的帮助。

大陆在 2007 年开放 QDII 成立，对于与大陆签署 MOU 的资本市场，大陆开放 QDII 投资金额可达净值的 10%，因此，大陆 QDII 原本可来台投资台股的规模应有 370 亿元左右。

开放 QDII 首日，QDII 相关概念股就下跌，台股一周内跌了 363 点，累计跌幅 4.37%。QDII 开始投入台股以来，部分 QDII 基金经理人反映相关投资规定不够明确，引发外界争议，未来除了必须明确修订说明投资相关规定外，也应同时注意金融监理，并提升服务质量与效率，才能让金融业更健全地发展。

短时间还很难断定开放大陆 QDII 来台投资后对两岸投资人有多大的影响，因为钱会自己找到出路，哪里有利润就往哪里跑。但可以确认两点，一是台湾地区金融自由化的程度已大大提升，二是两岸合作往前迈进。尽管执行上有些许争议，但这些都是小问题，只要方向正确，都是值得进行的工作。不论大陆资金如何影响股市，台湾的金融投资机构在面对 QDII 开放投资时，将面临更强烈的竞争关系，持续的创新与坚持高质量的服务是必须调整的方向。未来需要加快调整脚步，提升软硬件的服务，特别是法规的修正与监理措施，让大陆资金，也让各地的资金都愿意来台投资，让台湾地区的金融市场更蓬勃发展。

(三)智利 QDII 制度的实践

智利在 1985 年以后，因为采取了一系列鼓励外资资本流入智利的措施，资本金稳定增长的注入，到了 1990 年，资本账户的盈余已经超过当年 GDP 的 9.9%。为了能够减少实际汇率升值的压力，智利政府也开始实行 QDII 制度，对资本金的流出采取谨慎的开放政策。1992 年，智利容许很小比例(起先为 1.5%，后改为 3%，又改为 4%)的养老基金投资到外国的金融市场。1994 年，智利政府开始同意人寿保险公司、银行和互助基金、养老基金等机构投资人资金透过官方外汇市将更大比例的资本金投资到海外的资本市场，这样的措施都很大程度地鼓励了智利国内证券投资资金的流出；在 1995—1999 年，智利政府又进一步取消了对资本流出大部分的管制。

从智利、韩国等的经验来看，金融自由开放的顺序应该是“先建立健全的金融监控管理体系——再针对外资开放国内金融市场——准许境内投资人进入国外资本市场”，然而各国实行 QDII 的主要原因大多是为了舒缓本国货币升值的压力以及阶段性开放本国资本市场。在双 Q 机制之下，各国减少了资本流入对汇率产生的压力，很大程度上方便了人民进行海外资本投资，也逐步开放了本国的资本市场。

我国的外汇储备已突破 32000 亿美元，虽然中国外汇储备增加有利于吸引国外投资，有利于到国外发债，从而促进国内经济的发展，但是大量的外汇储备也意味着中国资本输出存在很大压力和潜力，有必要开辟一种积极的投资管道来引导这部分外汇。而 QDII 在此方面有一定的积极意义。

六、QDII 监管法律制度的现状与缺陷

(一) QDII 监管法律制度的现状

目前我国金融业采取的是分业经营模式，对应的是分业监管体制，在这种监管体制下，商业银行、信托投资公司发行的 QDII 产品分别归为银行类、信托类理财产品，均由银监会监管；证券公司、基金公司发行的 QDII 产品统一归为券商基金系理财产品，由证监会监管；保险公司发行的 QDII 产品归为保险类理财产品，由保险公司监管；外管局审批所有取得资格的 QDII 投资额度并对其外汇净余额进行监督管理。

伴随 QDII 制度的出台及发展，我国按照审慎原则颁布了一系列行政法规、部门规章等规范性文件。具体如表 3-4 所示：

表 3-4 我国 QDII 机制监管的系列规范性文件

类型	规范文件	颁布单位	实施时间
银行系 QDII	《商业银行开办代客境外理财业务管理暂行办法》	中国银行业监督管理委员会、中国人民银行、国家外汇管理局	2006 年 4 月 17 日
	《中国银监会办公厅关于调整商业银行代客境外理财业务境外投资范围的通知》	中国银行业监督管理委员会	2007 年 5 月 10 日
	《中国银监会办公厅关于进一步调整商业银行代客境外理财业务境外投资有关规定的通知》	中国银行业监督管理委员会	2007 年 9 月 3 日

续表

类型	规范文件	颁布单位	实施时间
信托类 QDII	《信托公司受托境外理财业务管理暂行办法》	中国银行业监督管理委员会、国家外汇管理局	2007 年 3 月 12 日
	《中国银监会办公厅关于调整信托公司受托境外理财业务境外投资范围的通知》	中国银行业监督管理委员会	2007 年 7 月 19 日
基金券商系 QDII	《合格境内机构投资者境外证券投资管理试行办法》	中国证券监督管理委员会	2007 年 7 月 5 日
	《关于实施〈合格境内机构投资者境外证券投资管理试行办法〉有关问题的通知》	中国证券监督管理委员会	2007 年 7 月 5 日
保险系 QDII	N/A	N/A	N/A

以上列出的规范性文件对代客投资于海外证券市场的境内金融机构的准入条件、投资购汇额度管理、投资范围及限制、境内托管人和境外托管人的选择、产品运作过程中的信息披露制度以及违反规定时应受到的惩罚措施进行了规定，在《合格境内机构投资者境外证券投资管理试行办法》中还增加了对"境外投资顾问"的规定。

(1) 对投资主体的认定。《信托公司受托境外理财业务管理暂行办法》《合格境内机构投资者境外证券投资管理试行办法》中对境内机构投资者申请 QDII 资格应具备的条件规定得最为详细，除了对公司治理结构、境外投资能力、风险控制能力等资质的一般规定，还明确地指出机构投资者的注册资本或净资产规模、连续盈利时间、最近未收到过行政处罚、有经验的专业从业人员人数。《商业银行开办代客境外理财业务管理暂行办法》对注册资本、连续盈利等没有作出规定。

(2)投资购汇额度管理。所有申请 QDII 资格的机构投资者需要向外汇局申请购汇额度。一旦申请得到批准，之后进行境外投资的净购汇额，不得超过此额度。

(3)境内托管人和境外托管人的选择及其职责。QDII 实行的是双托管制度，由机构投资者确立境内托管人和境外托管人，境内托管人负责托管境内资产、开办境外外汇资金运用结算账户、监督机构投资者的资金流动情况，境外托管人负责境外资产的托管和证券的结算。

(4)境外投资顾问。这是证监会针对券商基金系 QDII 产品单独规定的一个法律关系当事人。证监会对境外投资顾问的资质进行了明确规定，指出境外投资顾问如果被授权进行投资决策，应当在境外投资顾问协议中明确规定过错时应当承担的责任。

(5)投资范围和投资限制。证监会规定证券公司和基金公司 QDII 产品限制投资于海外股票、债券、存托凭证、房地产投资信托基金、公共基金、结构性产品以及其他金融衍生工具；银监会规定商业银行 QDII 产品限制投资于境外固定收益类产品(如债券、票据等)，结构化和衍生产品和某些股票产品，信托公司 QDII 产品限制投资于海外货币市场产品(如银行存款、存款收据)、债券及其他金融衍生产品。

(6)信息披露制度。规定机构投资者在发行前须向投资者告知投资计划的主要内容、特征及相应的风险，发行后向投资者定期报送投资状况，境内托管人、境外托管人根据监管部门的要求及时报告机构投资者的投资情况。

(7)行政处罚。违反 QDII 监管相关法律规定的境内机构投资者将被监管机构取消 QDII 资格或投资购汇额度，境内托管人将被限制托管业务，境外托管人则是会被监管机构强制更换。

(二)QDII 监管法律制度的缺陷

1. 监管立法亟待完善

我国 QDII 监管法立法亟待完善主要表现在以下几个方面：

一是从表 3-4 所归纳的我国 QDII 监管的规范性文件可以看出，监管法律依据存在缺陷，专为 QDII 监管提供法律依据的规范性文件仅有监管机构颁布的暂行办法和通知，而它们只是部门性规章，效力级别低，强制性和规范稳定性不够。例如认定合同无效的时候，合同法规定违法法律、行政法规时是无效的，违反部门性规章的部分不作无效处理。在中国 QDII 第一大案——“华安”诉“雷曼兄弟”案件中，安基金与雷曼欧洲约定雷曼欧洲安排向华安基金管理的国际配置基金出售，在协议第 7.1 款约定“除本协议明确规定的向基金管理人承担的义务或责任，以及尽到合理的注意并运用合理技能外，无须向基金管理人承担任何义务，也无须承担合同责任、侵权责任或者其他责任。雷曼兄弟破产后华安国际配置基金受其影响损失惨重。华安提出由于雷曼兄弟的产品设计和安排存在瑕疵导致华安购买了潜在风险巨大的产品并受到雷曼兄弟的破产影响而损失巨大。雷曼兄弟则凭借第 7.1 款约定反驳华安基要求赔偿的请求。实际上，《合格境内机构投资者境外证券投资管理试行办法》对投资顾问协议中就投资顾问的职责如何进行约定的问题作出了明确规定，“境内机构投资者授权投资顾问负责投资决策的，应当在协议中明确投资顾问由于本身差错、疏忽、未履行职责等原因而导致财产受损时应当承担相应责任”。按照此条款，雷曼兄弟作为华安的境外投资顾问，负责其投资决策，需要在合同中明确约定承担过错责任。但在该协议中雷曼兄弟并未遵照《合格境内机构投资者境外证券投资管理试行办法》的规定，而此行为仅仅违反了部门规章，依据合同法该免责条款是有效的。

二是很多重要问题存在法律空白，缺乏配套性的法律法规。如法律责任制度，对于机构投资者、托管人侵害投资者的行为只规定了诸如取消代客境外理财业务资格、限制托管业务等行政处罚措施，惩罚力度不大。作为较高层次的《证券法》和《证券投资基金法》中关于投资者及其权益保护的规范也不足。这两部法律都只是提出要保护投资者的合法权益，至于通过何种措施进行保护并没有确切的规定。此外，《证券法》在法律责任的设计上表现为重刑轻民，36 个规定证券违法犯罪行为法律责任的条文里仅有 2 条涉及民事责任，这导致其他违法行为给投资者造成损失的情况没有法律依据去追究民事责任。《证券投资基金法》中虽然设置了较多的民事责任条款，却又过于模糊，虽规定了违反《证券投资基金法》给投资者造成损失的应进行赔偿，但是对如何认定损失及赔偿的比例却未进行详细规定。

又如诉讼制度的配套完善。QDII 产品的投资者多是分散的个体，在专业知识的掌握、信息的获取和资金的数量上不占优势，而 QDII 投资于海外市场，资金托管和资金运作都是在国外进行的，QDII 产品的投资者的利益更容易受到侵害。他们受到侵害后，限制于经济能力、举证能力和时间，很难通过法律途径去得到救济。"华安"诉"雷曼兄弟"案件轰动一时，最后和解华安收到赔偿金约 4700 万美元，亏损达 6000 万美元，然而承担这些亏损的 QDII 产品投资者如何通过法律手段得到救济，却鲜见媒体提及。QDII 制度的顺利发展和成熟离不开投资者的参与，没有投资者参与就没有 QDII 制度更谈不上资本市场自由化，因此，保护投资者的利益至关重要。

再如外汇管理制度的配套完善。完善的外汇管理制度是实施 QDII 制度成功的前提和基础。目前我国还没有完善的外汇管理制度，没有对 QDII 资金流向进行监管的法律法规，外汇管理局大多是进行事前审核，对投资购汇额度进行批准或者不批准的决定，而对如何防范机构投资者利用 QDII 规避有关法律规定、如何防范资金异动风险及相关处理措施，没有作出规定。在 QDII 制度的深化发展过程中，有关跨境投资方面的新问题将不断出现，因此，制定完善的配套法律制度才能建立完善的 QDII 监管法律体系，保证 QDII 制度顺利发展、资本市场稳步开放。

2. 现有监管模式存在局限

在监管资源和监管经验有限的情况下，我国实行"一行三会"(即中国人民银行、证监会、银监会、保监会)分业监管模式，监管者通过专业分工于各个明确的金融领域。然而随着金融业的发展，金融机构的业务内容大多已经超越其机构类别的名称，商业银行、信托公司发行 QDII 产品的行为事实上已经拉开了混业经营的序幕。

各金融子行业中 QDII 的性质都是相同的，都是受投资者的委托、筹集者的资金兑换成外汇投资于海外证券市场，不管是商业银行、证券公司、基金公司还是证券公司，都只是被委托人。然而银监会、证监会、保监会针对 QDII 出台的文件却不是统一的，并且由于各文件对市场准入、经营运作的规定不够详细具体，在操作方面多依靠监管部门的主管综合判定，种种因素人为地制造了 QDII 进入门槛、投资范围和限制等方面的差异。事实上，券商基金系、信托系 QDII 进入的门槛较银行系 QDII 低，券商基金系 QDII 的投资范围比银行系、信托系 QDII 大，相应风险也更高。并且，同样的产品运作原理，只有证监会在规定中引进了“投资顾问”这一法律关系当事人，其他监管机构并未对“投资顾问”这一角色作出界定。相同性质的理财产品因监管部门不同而有不同风格的监管，监管真空、监管漏洞的存在不可避免，造成了现在 QDII 市场上基金系 QDII 数量占比最大，银行类、信托类 QDII 较少，保险类 QDII 甚至是没有，并且由于可以投资更高风险的金融衍生工具，券商基金系 QDII 亏损更多的局面。既然 QDII 制度更是推动我国资本市场开放的一种措施，应该是平等地推进各行业机构投资者顺利平稳地进入国际证券市场，而不是出现这种一“行”独“大”的现象。此外，银监会同 45 个国家和地区的金融监管当局签署了监管合作谅解备忘录或监管合作协议，证监会同 49 个国家和地区的证券期货监管机构签署了 53 个监管合作谅解备忘录。QDII 产品类别不同，但是投向的市场和选择的境外托管人是相同的，多是世界主流证券市场和国际评级高的商业银行，每一个金融子行业推出本行业 QDII 产品就要单独与投资产品所在国家签订监管合作协议，未尝不是对监管资源的浪费。

要实现同等性质金融工具的统一功能性监管必然涉及现有监管模式的改革。然而，我国分业经营分业监管的模式形成已久，“一行三会”的地位也牢不可破，缺少契机去进行监管体制的彻底变革。2004 年银监会、证监会、保监会联合出台《金融监管分工合作备忘录》，希望各监管机构协调合作，建立“经常联系机制”，实现监管信息交流共享，避免监管真空。《金融监管分工合作备忘录》的出发点是正确的，但因其性质不是法律，只是一种协定，不具有强制性，因此实施效果并不理想，从银监会、证监会2007年陆续颁布的办法和通知可见，三大监管机构如果有对实施QDII制度中的重大监管事项、复杂跨境监管问题进行磋商，那么至少颁布的规范性文件对合格境内机构投资者的定义应是一致的，而不是银监会将其定义为“代客境外理财业务”，证监会在其后又称呼其为“合格境内机构投资者”，对其的资质要求也不一样，不必说对机构投资者资本规模的要求不同，因为这是必然不同的，只说是否收到行政处罚的要求，银监会对银行的要求是“理财业务活动在申请前一年内没有受到中国银监会的处罚”，对信托公司的要求是“最近2年没有受到监管部门的行政处罚”，证监会对证券公司、基金公司的要求是“最近3年没有受到监管机构的重大处罚，没有重大事项正在接受司法部门、监管机构的立案调查”，这样的规定没有逻辑性，只体现出同一法律体系中相同层次规范性文件的凌乱。还有对托管人的资质要求、信息披露程度和频率的要求也各不相同，有的规定严格有的规定草草带过，保监会甚至没有出台有关保险公司代客境外理财业务的规定。签订的境外监管合作谅解备忘录也本应当是共享的，目前却是各个监管机构与国外金融机构单独进行协商谈判。我国目前分业监管模式下三大监管更注重单个或者系统内部的金融机构风险管理，而不是整个金融体系的稳定，推动资本市场自由化的步调不一致。

因此，建立一个行之有效的三大监管机构监管协调机制对于完善QDII监管法律制度有着关键性作用。

3. 信息披露制度和双托管制度不健全

双托管制度是QDII所特有的信息披露制度是保障QDII产品投资者利益所必备的，它们都是QDII监管法律制度里不可或缺的部分。然而现有的QDII监管法律制度中对信息披露制度和双托管制度的规定并不全面。

一是信息披露制度不健全。《商业银行开办代客境外理财业务管理暂行办法》《信托公司受托境外理财业务管理暂行办法》中对信息披露制度作出了规定，要求机构投资者向投资者说明所投资产品的设计及风险程度，定期将投资产品的投资状况、投资表现和投资风险发送给投资者或将其记录汇总后待投资者要求查阅，定期向监管机构披露产品财产价值的相关信息，然而所披露的信息具体是哪些，只是用“参见有关法律法规的规定”一笔带过。《证券基金法》详细规定了机构投资者、托管人及其他具有披露义务的人所应当披露的信息种类，《证券基金管理办法》中对于临时信息披露更是规定了 28 项之多，十分详尽，但缺乏操作性。比如对重大关联事项的披露，如何判断一个关联事项的重大性取决于机构投资者，而机构投资者往往会因为自己的利益选择不披露，这导致关联交易的信息披露不准确。再如定期向投资者披露相关信息，这个“定期”是多长时限法律上也没有明确规定，全由机构投资者自己决定，在实际中经常会发生披露滞后的情况。从对信息披露的规定也可以看出对于 QDII 产品的信息披露更注重于交易前披露，忽略交易后披露，信息披露不具有持续性。对投资者而言，在购买 QDII 产品后，后期持续性披露的信息(定期的年度报告、中期报表)以及临时性披露信息(重大事件)更为重要。需要注意的是，QDII 产品投资的是海外证券市场，即使信息全部及时披露，也会因为语言文字的差异造成投资者的阅读困难甚至理解困难。证监会关于实施《合格境内机构投资者境外证券投资管理试行办法》有关问题的通知规定，“基金信息披露可同时采用中、英文，并以中文为准”。然而，现实中有的 QDII 产品没有将其所投资的股票及其相关信息翻译成英文，也有关键名词如“累计买入卖出基金资产净值 2%或前 20 股票”“ETF”“开放式基金”等没有被翻译成中文，造成国内投资者阅读困难。此外，法律规定机构投资者将投资状况和资金运作状况季报送给监管机构，当监管机构认为有需要的时候，实施现场监管。这种监管方式使监管机构脱离了 QDII 产品的实际运作过程，每季报送投资运作信息使监管机构不能及时获取相关资料，不能第一时间发现存在的问题并采取措施。再加上缺乏追责制度和诉讼制度配套措施，在既缺乏可操作性又缺乏保障措施的情况下，QDII 监管法律制度中最为关键环节之一的信息披露制度没有起到其应有的限制机构投资者、保护中小投资者权益的作用。

二是双托管制度尚待完善。双托管制度是 QDII 制度所特有的，境内机构投资者作为被委托人代客理财，将资产交由境内托管人进行安全托管，由其负责处理保管、清算、交割等事宜，并对投资状况、资金运作过程进行监督管理，又因为 QDII 产品涉及境外投资，境内托管人能力有限，对于境外市场的运作和相关法律规定不甚了解，不能很好地执行境外资产的保管职能，因此境内托管人将境外资产的托管、清算、交割等事宜转委托给境外托管人。双托管制度的设立从根本上是为了隔离境内机构投资者和 QDII 产品投资者的财产从而保障 QDII 产品投资者财产的独立性和安全性。但目前现有法律对于双托管制度的规定不具有可操作性，使双托管制度形同虚设。第一是对境内资产托管人赋予监管职能却未保障其独立地位。以《商业银行开办代客境外理财业务管理暂行办法》为例，其规定境内资产托管人“受商业银行委托”“作为托管人托管其在境外的资产”，除了托管职能外，境内资产托管人还兼负“监督商业银行的投资运作，发现其投资指令违法、违规的，及时向外汇局报告”的监管职能，商业银行变更其境内资产托管人只需要提前向银监会和外汇管理局备案。国务院发展研究中心金融研究所副所长巴曙松认为，基金管理人有权决定基金托管人的选聘，还有权撤换基金托管人。换言之，基金管理人往往决定着基金托管人的去留，托管人的地位缺乏独立性必然导致其监督的软弱性。并且，从利益分配机制看，托管人除了收取相对固定的托管费外不可能再获取其他收益，这样很难使其有足够的动力约束基金管理公司。对于 QDII 产品的境内资产托管人来说亦是如此，它的去留由商业银行决定，薪酬也由商业银行支付，独立性得不到保障，让它对商业银行的投资运作进行监督势必导致它面临利益冲突。要么境内托管人严格监督商业银行的投资运作，发现商业银行违法违规行为向银监会和外汇管理局报告，最后失去商业银行的信任被更换掉从而失去托管利益，要么境内托管人不认真履行监督职责，损害了众多投资人的利益，一旦被监管机构发现，便会被强制更换，甚至失去托管资格。因此，资产托管人基于其地位的尴尬性无法依照规定充分行使监督权。第二是对境外托管人的规定不多并且都不清晰明确。在《合格境内机构投资者境外证券投资管理试行办法》中规定境外托管人因本身错误、疏忽导致所托管资产损失才承担相应责任。何为本身错误、疏忽，各国的认识想必各不相同，如果产生纠纷后发现在我国法律中并没有对此作出详细的定义和处理程序，将会面临着选择适用法律的条款毫无用处的尴尬境地。其次，境外托管人也承担着监督机构投资则会运作并向相关监管机构汇报的职责，这又涉及我国法律规定不明确而致其无用的局面，当境外托管人选择适用我国法律的时候却没有相关的法律规定能够作为其行事依据。因此，无论是在托管过程中还是涉及对投资者资金运作的监管，只要境外托管人举证其按照本国法律或者国际惯例尽到了职责，便免于承担责任，这不利于对我国尚未成熟的机构投资者的保护。

4. 监管国际合作不充分

QDII 制度的本质是跨境的对外证券投资，涉及国内法律和外国法律的冲突问题、监管信息的共享与交流、司法合作与协助，因此必然比其他金融工具更强烈要求国内监管机构与相关国际组织及境外证券监管机构的联系与合作。然而，我国法律一般不具有域外效力，在对 QDII 的监管中，针对“境外资产托管人”“境外投资顾问”的追责条款除非得到国家或者国际条约的认可，才对境外机构具有直接约束力。

我国为了促进监管国际合作已经采取了一些措施，诸如证监会于 1995 年成为国际证券事务监察委员会组织的正式成员，我国对外缔结 104 项双边司法协助类条约，包括 49 项刑事司法协助条约，31 项引渡条约等，还参加了 28 项含有司法协助的多边公约，证监会与 43 个国家和地区的证券期货监管机构签署了 47 个《证券期货监管谅解备忘录》，银监会与 39 个国家和地区的金融监管当局签署了监管合作谅解备忘录，其中包括美国、英国、法国、德国等世界主要证券市场国家。

然而，在 QDII 监管中我国与境外市场所在国家的国际合作并不充分，一是因为监管谅解备忘录仅仅是各个国家和新兴地区证券期货监管机构或金融监管当局针对国际金融监管合作范围、信息共享及保密、磋商及定期联络等内容发表的意向性声明。例如 1993 年我国内地与香港地区签署的《监管合作备忘录》，从备忘录的范围、监管合作的基本原则、协助交流所遵循的法律法规、提供或索取信息的要求、主动提供信息、磋商及定期联系六个方面进行了约定。但是这些约定不属于国际法，不具有法律强制力，在实施时缺乏有力的法律保障。并且，这些规定都是一些抽象的或者原则性的内容，缺乏对具体操作程序的规定，对于信息共享、监管协助、保密性要求之类的重要规定均是采取个案方式处理，一旦发生纠纷，仍需监管合作谅解备忘录的双方按照备忘录的相关要求进行协商。二是因为虽然中国加入了国际证券事务监察委员会组织，但国际证券事务监察委员会属于非政府间国际组织，其制定的多项决议只有道义上的约束力，并且其颁布的金融监管标准往往是针对拥有成熟金融市场的发达国家和地区制定的，目前中国的有关法律制定和监管水平达不到现行监管标准。

因此，积极推进 QDII 监管国际合作，才能真正、全面地保护国内投资者的利益。

七、本章小结

本章首先完整详细地梳理了 QDII 政策在我国出台前后的过程和基金公司 QDII 从准备到发行的前期发展阶段。随后从筹划阶段、扩大试点阶段和加速发展阶段三个方面介绍了 QDII 在我国的发展历程。QDII 的发展现状，由于前期准备的相关条件并不成熟和市场周期性调整的原因，在开始发行的阶段不论是发行规模和发行的渠道都不理想，产品在初期都处于跌破净值的状态。接下来分析 QDII 的主要投资风格，按照发行规模，重点以基金公司和银行 QDII 为例，基金系 QDII 重仓港股且偏好金融，市场投资集中度较高，绝大部分资产集中在 10 个国家或地区，其中我国香港平均比例达 45%；银行系 QDII 投向以成熟市场为主，区域相对分散，在投资区域方面，银行系 QDII 投向成熟市场的比例较新兴市场高出两倍多，这与基金系 QDII 相反。从细分市场看，亚洲新兴市场是银行挂钩基金的主要投资区域，紧跟随后的是欧洲、北美和亚洲等发达区域市场。在此基础上，分析 QDII 基金失败的原因，包括海内外投资文化和体制的相互包容性差，缺乏 QDII 投资的经验和风险意识，以及投资过分集中，不能有效分散风险，难以实现全球投资的初衷等。同时海外市场"次贷"危机引致全球性的经济疲软，股市普遍性的下跌也是不能忽视的重要外因。本章随后提出了三方面的治理措施及建议，这三方面在实际的工作体会中尤其重要，特别是分散投资、降低风险、注重新兴市场的潜力和加强基本面分析，回归到研究公司未来增长的预期，是 QDII 面向投资于包含诸多未知风险的海外市场的不二法门。最后，本章介绍了 QDII 制度在韩国、中国台湾地区和南美智利的实践情况，目的在于提供其他国家和地区已经积累的丰富经验，成为我国 QDII 制度实施借鉴和参考。

第四章　QDII 海外投资的案例分析

在对 QDII 制度的整体情况有了较为全面的认识以后，通过个案的分析将有助于对 QDII 机制的运行情况、存在问题和对策研究进行更深入的剖析和理解。本章选取了具有代表性的银行系 QDII 和基金系 QDII 中四个有典型性特征的 QDII 产品案例进行分析，其中银行系的两个 QDII 产品分别由一家中资银行和一家外资银行发行，基金系的两个 QDII 产品分别则体现了试点阶段和正式推行后两个阶段的特点。在案例分析的基础上，也提出具有针对性的优化方案，这将推进 QDII 制度在中国发展的问题分析及对策研究。

一、民生银行 QDII 产品突然清盘引起重大社会影响

(一)民生银行 QDII 产品的成立背景和基本情况

中国民生银行于 2007 年 10 月 16 日—10 月 29 日发售非凡理财“港基直通车”QDII 产品，该产品为非保本浮动收益理财产品，个人客户投资起点为 10 万元人民币，共募集 1 亿元人民币。根据中国民生银行金融市场部发布的《投资价值分析报告》，这款 QDII 产品是该行在广泛了解市场需求的基础上，在合理控制风险的前提下，于国内率先推出的新型代客境外理财 QDII 产品。与基金系 QDII 产品相比，该产品的最大特点是通过“港基直通车”产品投资于在香港注册的优质基金，使客户能够分享大中华区经济

增长成果以及全球最知名基金公司高资产管理水平所带来的超额利润，同时，通过对大陆、台湾和香港三地市场绩优股票的灵活配置有效分散市场风险。

该产品由瑞士银行发行，使投资者直接参与投资霸菱香港中国(欧元)基金。当产品收益达到 118%，或者亏损达到 50%时，会引起产品的自动终止，即清盘。从产品风险分析进行分析，主要包括以下 6 大风险：①市场风险，即霸菱香港中国(欧元)基金的管理水平及所投资标的的走势和波动直接影响到该产品的收益；②流动性风险，即该产品不允许在非可赎回日终止交易；③本金风险，即银行不保障客户本金不受损失也不保障客户预期收益，客户资产可能发生贬值甚至严重亏损；④操作风险：客户在决定赎回时为“未知价交易”，因而无法准确判断赎回引起的损失和收益；⑤地区风险，该产品的资产价值与大中华股票风险联系紧密，若相关地区发生金融危机或重大不利情势，该产品的资产价值会大幅度下降；⑥汇率风险，该产品须兑换成外币投资，客户承担汇率波动的风险，在不同币种间进行兑换时可能会产生亏损。

(二)民生银行 QDII 产品冲击波的产生及存在问题

2008 年 3 月 19 日，中国民生银行于 2007 年 10 月 30 日起息的“港基直通车” QDII 产品因亏损达 50%而清盘，成为首支由于亏损而提前退市的 QDII 产品，4 个月内投资者 50%的虚亏变实亏。按照起息日后第一个工作日确定的基金净值为 984. 38 元。2008 年 3 月 18 日净值盘中跌至 491. 08 元的历史低位，“港基直通车”QDII 产品净值也降至最初的 49. 89%。按照合同规定，如果产品净值等于、大于 118%的触发水平上限，或者等于、小于 50%的触发水平下限，则在该日之后的第一个工作日为触发终止日。民生银行 QDII 产品由于亏损超过 50%而突然清盘，在市场上引起了巨大冲击，对 QDII 产品以及民生银行的质疑此起彼伏。从这款 QDII 产品本身来看，存在的问题主要包括以下几个方面：

第一，注重营销、忽略风险。该产品在《投资价值分析报告》中提示了7种风险，即市场风险、流动性风险、本金风险、操作风险、地区风险、汇率风险、其他风险。但或许是出于营销的考虑，该产品对于每种风险都进行了说明，弱化了投资者对风险的意识。对于市场风险，它表示该产品由具有丰富投资管理经验的著名国际资产管理公司霸菱资产管理公司管理，其完善的投资决策制度和风险控制能力能在最大程度上减少市场波动带来的风险。对于本金风险，它表示霸菱资产管理公司管理完善的投资决策制度和风险控制能力能在最大程度上减少本金损失的风险。对于流动性风险，它表示该产品提供了每月赎回的机会，流动性较强。对于地区风险，它表示目前在大陆经济持续增长的基础上，香港和台湾地区或受到国际经济冲击时能得到大陆经济一定的支持。对于汇率风险，它表示目前从一年 NDF 的报价上看，人民币升值空间正在缩小。从上述表述可见，产品管理人自身对风险意识也存在明显不足，更误导了投资者对投资风险的认识。根据相关报道，许多民生银行的员工对于“清盘事件”也表现出很大的意外，可以说无论对民生银行，还是对于该产品的投资人而言，亏损 50%的现实是他们都没有预料到的风险。然而，风险往往就是在对于目标的盲目而乐观而产生的，亏损的现实对市场造成了巨大的冲击，使得国内投资者对于风险的认知敲响了警钟。

第二，产品设计存在问题。该产品在收益与风险的匹配问题上存在一定问题。《投资价值分析报告》中对产品特点进行了列举，表示该产品结构科学，超额回报与风险控制相结合，该产品设置了自动终止机制，一旦达到一定收益或出现一定风险，产品自动终止。既能锁定收益，又可适时止损。但从实际情况来看，该产品的预期最高收益率约为 118%，最大损失约为 50%，风险和收益的匹配不甚合理，无法体现“超额回报与风险控制相结合”，也无法真正做到“既能锁定收益，又可适时止损”。另外，该产品的投资标的单一，也难以做到分散风险。该 QDII 产品的投资标的为霸菱香港中国基金，通过大陆、台湾和香港三个地区来有效的分散风险。但从实际情况来看，根据公开信息，霸菱基金由于台湾股份 2007 年表现落后，已于2007年就3月全部沽售。也就是说，台湾地区已经不是基金投资的目标市场，无法起到分散风险的作用，同时，香港和内地的经济关系非常密切，市场的相关性也较高，同时投资于内地和香港市场并不足以分散投资风险。因而，该产品投资标的的单一设计就为风险的产生埋下了伏笔。

第三，市场时机的把握问题。民生银行发行这款QDII产品的时间是2007年10月16日至10月29日，正是美国“次贷”危机第二次大面积爆发的时候。面对这样的宏观局势，产品发行人没有对市场和产品的表现做到科学、充分的评估，在购买霸菱基金时，买在了一个历史的相对最高位，使得产品成立之后受到全球金融市场下跌的重大影响，最终导致产品清盘的结局。

二、东亚银行“利财通”投资产品系列1浮亏过半引起强烈反响

(一)东亚银行QDII产品的成立背景和基本情况

东亚银行在QDII产品的发行方面，在外资银行中属于先行者。2007年9月10日—9月27日，东亚银行发行了一款名为“利财通”投资产品系列1的QDII理财产品，该产品为最长3年期的结构性票据，投资货币包括人民币和美元，投资产品的货币为美元。东亚银行以自己的名义把东亚代客境外理财计划——“利财通”投资产品系列1下的所有资金投资于瑞银优秀香港股票挂钩可转换结构性票据(简称“主票据”)。主票据以美元计价，若投资产品符合到期既定“可转换”条件，主票据将于到期日自动转为同样以美元计价的瑞银单一股票挂钩结构性票据(简称“子票据”)，子票据的表现与主票据结算日最逊色股票的后续表现挂钩，而该QDII产品的投资期将延长一年半至子票据到期日，并根据子票据的条款操作。否则，投资产品将仅依据主票据的条款运作及终止。也就是说，“利财通1期”在前一年半

投资期限内，主要与 4 支港股挂钩(见表 4-1)。支要在观察日或结算日时，4 支股票中最逊色者的表现不低于-8%，投资者将收回本金并获得收益。若到一年半投资期限结束时，最逊色的股票下跌超过 8%，但所有股票跌幅不超过 30%，投资者的本金将获得保障。但是其并非到期时保本式的产品，到期时投资者可能面临本金亏损的风险。

表 4-1　东亚银行“利财通”投资产品系列

东亚银行“利财通”投资产品系列 1 挂钩篮子股票	
股票	股票代码
复星国际	0656HK
大唐发电	0991HK
中国人寿	2628HK
招商银行	3968HK

数据来源：东亚银行。

(二)东亚银行 QDII 产品投资运作情况及存在问题

根据该产品设计，若结算日最逊色股票的官方收市价小于开始价格的 92%，及整个投资期曾有一日其中一支或多支股票的官方收市价小于开始价格的 70%，即“触及生效事件”发生。从目前的投资情况来看，“触及生效事件”已发生，因此投资期延长 1. 5 年，原先连结主票据转为连结子票据，即与表现最差的一支股票紧密相关。根据信息披露的内容，该产品挂钩的 4 支港股已经产生了不同程度的亏损，复星国际亏损最多，达到-56. 01%，招商银行亏损最少，为-16. 69%(见表 4-2)。从表面来看，4 支挂钩股票的平均亏损并不超过 50%。但是，由于该产品投资的是结构性票据，还可能投资了其他衍生品种，由于信息披露的内容有限，并不能直观地反应产品的实际收益或亏损情况。根据向东亚银行的了解，该产品目前浮亏已超过60%，这在投资者中造成了相当大的影响。

表4-2　东亚银行“利财通”投资情况一览

东亚银行“利财通”投资产品系列1投资情况一览						
股票	开始价格（港币）	红利触发点（港币）	2008年7月31日收市价	相对开始价格参考表现	触及到触及生效点(是/否)	触发事件(是/否)
复星国际	12. 3200	11. 3344	5. 4200	-56. 01%	是	否
大唐发电	8. 9300	8. 2156	4. 6400	-48. 04%		
中国人寿	44. 6500	41. 0780	29. 7500	-33. 37%		
招商银行	34. 1500	34. 1500	28. 4500	-16. 69%		

数据来源：东亚银行。

东亚银行“利财通”投资产品系列1成立后的1年内，国际国内形势发生了重大改变，为我们更加审慎客观地分析过往QDII产品的问题提供了参考。从东亚银行该款QDII产品的情况来看，主要包括以下几方面的问题。

第一，产品设计问题。目前，挂钩股票的结构性票据理财产品并不少见，但作为一家专业的财富管理机构，东亚银行并没有充分利用外资银行的优势为国内投资者提供理财服务，只是在港股已经上涨到高点的时期向国内投资者销售挂钩香港股票的QDII产品，而且选取的4支股均为中国概念股。从当时的情形来看，只是满足了部分投资者借道投资香港市场的愿望，却并没有从风险控制的角度考虑4支挂钩股票具有较高的相关性，产品的投资风险大大提高。

第二，营销宣传中将产品复杂化。在东亚银行“利财通”投资产品系列1的宣传资料上，普通投资者能够醒目地看到“首月固定年收益率30%”和“红利收益年收益率15%”的表述，却很难从产品介绍中切实了解到产品的投资风格和风险。产品设计上的复杂性也完全体现在宣传材料中，并且宣传材料的风格采用香港的表达方式，内地投资者更加难以理解。

第三，信息披露尚不完善。由于对银行理财产品的信息披露没有明确的要求，在产品的投资业绩信息披露上，投资者只能被动地了解银行不定期公布的相关信息。从产品成立以来，能够查阅到的投资表现资料仅 1 份，且并未说明产品的亏损情况，只是介绍了挂钩股票的业绩表现，而这些业绩表现都是公开披露的信息。可见，银行并没有提供投资者真正关心的产品盈亏情况，只是形式化进行了投资情况的信息披露。

三、华安国际配置基金的业务现状、存在问题及对策研究

2006 年 11 月 2 日成立的华安国际配置基金是基金系 QDII 的试点产品，通过对该产品的分析研究能够有助于全面了解基金系 QDII 的发展路径。此外由于当时国际金融局势的动荡，尤其是雷曼兄弟的倒闭，对华安国际配置基金的运作造成了较大的影响。因而，以宏观局势为切入点对 QDII 产品进行分析，能够更加贴近现实情况，发现问题并提出对策。

（一）华安国际配置基金的成立背景和基本情况

在银行系 QDII 试点之后，作为中国基金系 QDII 的探路者，华安基金获得了 5 亿美元的 QDII 额度，华安国际配置基金作为首支基金系 QDII 于 2006 年 11 月正式浮出水面，共募集资金 1.97 亿美元。该基金的投资目标是通过全球化的资产配置和组合管理，寻求组合资产稳定的绝对收益，在降低组合波动性的同时，实现基金资产的最大增值。华安国际配置基金为混合型基金，该基金的业绩比较基准是摩根士丹利资本国际全球指数×35% +雷曼兄弟全球综合指数×45%+美国房地产信托凭证行业协会指数×10%+道琼斯-美国国际集团商品指数×10%。从华安国际配置基金的产品设计来看，该结构性票据的保本资产投资于零息票据工具等。收益资产主要包括四大类，股票、固定收益、房地产信托凭证、商品基金。实质上，该基金仅投资结构性保本票据这一项资产。该结构性票据的保本资产——零

息票据的发行人是雷曼兄弟特殊金融公司，由保本人雷曼兄弟金融公司在保本周期内提供100%本金保证，并由雷曼兄弟国际公司(欧洲)为该结构性保本票据提供每月一次的交易，但并不表示存在针对该结构性保本票据的活跃交易市场。可见，该结构性保本票据属于流通受限制不能自由转让的基金资产，对于华安基金试点QDII产品来说，体现出了更多地依靠外方投资顾问的典型特点。

(二)华安国际配置基金的运作情况及面临问题

华安国际配置基金投资的是结构性保本票据，成立近2年来业绩波动比例较小。所谓结构性票据，是一种结合“固定收益型产品”及“衍生性金融产品”的投资工具，通过发行机构将大部分的本金投资于固定收益产品，利用剩余少数的本金从事衍生性金融产品的操作，达到保障本金与资产增值的目的。根据华安基金披露的华安国际配置基金2008年半年报的相关信息，其投资表现情况可见表4-3和图4-1。

表4-3　基金净值增长率和基金业绩比较基准收益率情况

阶段	净值增长率①	净值增长率标准差②	业绩比较基准收益率③(＊注)	业绩比较基准收益率标准差④(＊注)	①—③	②—④
过去六个月	-3.59%	1.03%	-0.33%	1.76%	-3.26%	-0.73%
过去一年	-6.84%	1.23%	3.26%	1.87%	-10.10%	-0.64%
自基金合同生效起至今	-3.30%	1.28%	7.96%	1.62%	-11.26%	-0.34%

数据来源：由于数据来源限制，托管人无法取得雷曼债券指数相关信息，因此对于同期业绩比较基准，托管人无法进行复核。

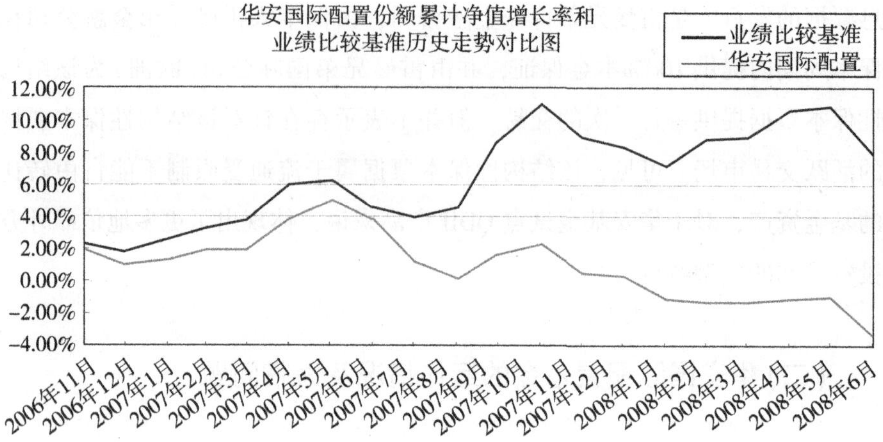

图 4-1 基金净值增长率和基金业绩比较基准历史走势比较图

数据来源：华安基金。

可见，华安国际配置基金的投资表现与业绩比较基准相比，差距逐步增大，已经达到-11.26%。从标准差的比较来看，华安国际配置基金的波动率小于业绩比较基准的波动率，波动范围相对比较稳定。然而，随着当时美国次贷危机影响的深化，影响全球的金融海啸正式爆发。2008 年 9 月 16 日，华安国际配置基金的境外投资顾问雷曼兄弟国际公司(欧洲)宣布破产，这对华安国际配置基金产生了重大影响，也暴露出一些产品存在的问题。

第一，过度依赖境外投资顾问。按照该基金的产品说明书，基金收益资产的投资管理可分为 5 个阶段：资产配置阶段、组合构建阶段、交易执行阶段、业绩评价阶段和风险管理阶段。其中，最为关键的组合构建阶段和交易执行阶段均由雷曼资产管理负责，华安基金并不直接参与。这样的投资管理造就了华安基金对于境外投资顾问的过度依赖，从而丧失了主动管理的地位。从产品设计上来说，也完全依托雷曼兄弟提供的结构性票据，没有做到分散风险，也为实际风险的产生埋下了伏笔。

第二，没有考虑系统性风险引起小概率事件的发生。在华安国际配置基金在公开信息披露资料中表示，雷曼兄弟控股集团公司及其附属机构为一家全球领先的金融集团，因此发生违约风险发生的可能性较小。然而，恰恰是可能性较小的事件却已经发生，并且给华安国际配置基金的投资带来了巨大的冲击。保本人雷曼兄弟金融公司提供100%本金保证，雷曼兄弟国际公司(欧洲)无条件按保本票据净值扣除回购费用后的价格回购等承诺是否能兑现已经打上了一个大问号。

四、南方全球精选配置基金的业务现状、存在问题及对策研究

2007年9月19日，南方全球精选配置基金正式成立，成为试点之后正式发行的首支基金系QDII产品。同年10月，华夏、嘉实、上投摩根三家基金公司又发行了3支QDII产品，4支QDII基金的集中发行成为了2007年基金业内备受瞩目的焦点。本书之前已针对基金系QDII产品的投资目标进行了比较分析。其中，南方全球精选配置基金投资目标范围更广，考虑其成立时间较早，运作时间较长，因而作为案例进行深入分析。

(一)南方全球精选配置基金的成立背景和基本情况

2007年6月，中国证监会发布《合格境内机构投资者境外证券投资管理试行办法》，为基金系QDII铺平了发展道路。同时，面对国内A股市场流动性过剩的情况，中国证监会对公募基金的发行进行了严格的控制。此时，基金系QDII产品面临着难得的发展机遇。在这样的背景下，南方全球精选配置基金呼之欲出。

南方全球精选配置基金的投资目标是通过基金全球化的资产配置和组合管理，实现组合资产的分散化投资，在降低组合波动性的同时，实现基金资产的最大增值。投资范围包括在已经与中国证监会签署双边监管合作谅解备忘录的国家或地区证券监管机构登记注册的境外交易型开放式指数基金(ETF)，主动管理的股票型公募基金，在香港证券市场公开发行、上市的股票，货币市场工具以及中国证监会允许投资的其他金融工具。基金

投资组合为：对基金和股票投资占基金资产的目标比例为95%，可能比例为60%~100%，其中投资于基金的部分不低于基金资产的60%，投资于股票的部分(仅限于香港证券市场公开发行、上市的股票)不高于基金资产的40%；货币市场工具及其他金融工具占基金资产的0%~40%。基金资产将投资于全球主要证券市场，投资于与中国证监会签订了双边监管合作谅解备忘录的35个国家或地区的比例不低于90%。业绩比较基准是60%×MSCI世界指数(MSCI World Index) + 40%×MSCI新兴市场指数(MSCI Emerging Markets Index)。

(二)南方全球精选配置基金的运作情况及投资绩效分析

1. 南方全球精选配置基金的运作情况

从南方全球精选配置基金的投资业绩来看，只有在2008年上半年超过了比较基准收益0.25%，从整体收益情况来看，业绩基本都低于业绩比较基准。从标准差的比较情况来看，在每个披露期间的波动性都大于业绩比较基准。可见，该基金在投资业绩方面的表现不甚理想(见表4-4和图4-2)。

表4-4 基金净值增长率和基金业绩比较基准收益率情况

阶段	净值增长率(1)	净值增长率标准差(2)	业绩比较基准收益率(3)	业绩比较基准收益率标准差(4)	(1)-(3)	(2)-(4)
自基金成立起至2007年12月31日	-6.30%	1.15%	0.11%	0.87%	-6.41%	0.28%
2008年上半年	-16.22%	1.34%	-16.47%	1.29%	0.25%	0.05%
自基金成立起至2008年6月30日	-21.50%	1.38%	-16.38%	1.26%	-5.12%	0.12%

数据来源：南方基金。

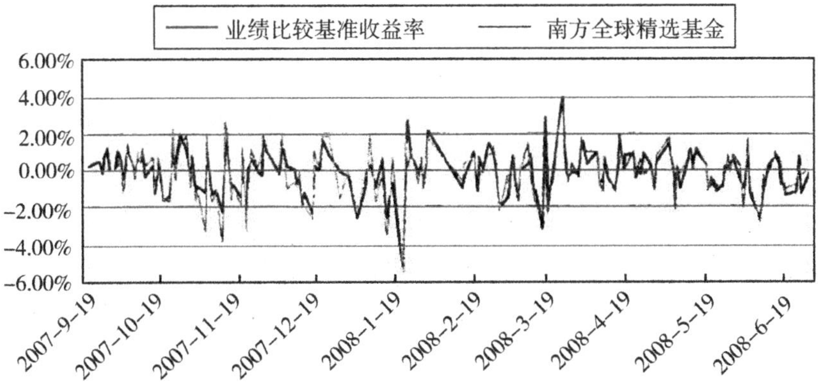

图 4-2　基金净值增长率和基金业绩比较基准历史走势比较图

数据来源：南方基金。

从南方全球精选配置基金的资产配置情况来看，在基金的建仓期(2007 年 9 月~12 月)，股票和基金的持仓比例都较高，而货币市场工具的比例相对较低。自 2008 年以来，股票持仓和基金持仓比 2007 年年底分别下降 18.40%和 13.14%，而货币市场工具的配置则增加了 64.59%。可见，在完成建仓之后，基金管理人较大幅度地调整了整体投资策略，在半年时间内，分别降低了股票和基金等高风险资产的配置比例，提高了货币市场工具等低风险资产配置的比例(见表 4-5)。

表 4-5　基金资产组合情况

阶段	股票	基金	货币市场工具	其他资产
自基金成立起至 2007 年 12 月 31 日	31.04%	63.41%	4.01%	1.54%
2008 年第一季度末	21.44%	67.08%	8.19%	3.29%
2008 年第二季度末	25.33%	55.08%	18.63%	0.96%

数据来源：南方基金。

在了解了基金投资运作的基本情况以后，通过对基金份额变化情况的研究，可以进一步了解到投资者对南方全球精选配置基金认同程度。由于受到信息披露时间的影响，我们能够得到的基金份额情况的4个时点分别是成立时、2007年年末、2008年1季度末和2季度末的数据（见图4-3）。但从4个时点的数据来看，已基本能够说明该基金的份额变化趋势。从成立之初的299.98亿份到2008年6月30日的271.57亿份，份额降低幅度为9.50%。可见，接近10%的份额下降比例可以说明投资者对基金的整体运作并不满意，呈现加速赎回的趋势。

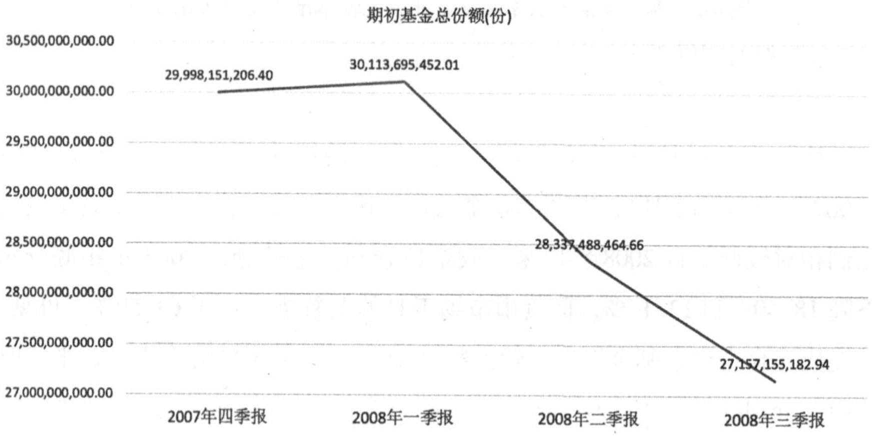

图4-3　南方全球精选配置基金份额变化图

数据来源：南方基金。

2. 南方全球精选配置基金投资绩效分析

在以往的国际证券投资理论的研究基础上，对南方全球精选配置基金的投资绩效进行实证分析。对于南方全球精选配置基金的样本选取，从成立之初开始起算，评价期为2007年9月19日—2008年6月30日，对基金的收益率采用以净值计算的每日收益率。根据《基金合同》的约定，南方全球精选配置基金的业绩比较基准为：60% ×MSCI世界指数（MSCI World

Index)+ 40%×MSCI 新兴市场指数（MSCI Emerging Markets Index），MSCI 世界指数和 MSCI 新兴市场指数均采用每日收益率。

根据南方基金和 Bloomberg 分别提供的净值数据和 MSCI 相关指数，对南方全球精选配置基金的投资绩效进行了实证分析。根据统计，南方全球精选配置基金的收益率均值为-0.0061，方差为 0.0007；其收益率均值为-0.0050，方差为 0.0005。从上述数据可见，南方全球精选配置基金的收益率低于其基准组合；同时，风险也高于其基准组合。在无风险收益率的选择上，国际上通常采用短期国债利率进行分析。但考虑到我国债券市场不发达，债券品种不丰富等原因，本书采用 SHIBOR 作为无风险利率。经过计算，南方全球精选配置基金的 Sharpe 指数为-0.3879，指数为负，表明基金经风险调整后的表现并不理想。Treynor 指数为-0.5611，指数为负，表明基金组合每单位系统风险资产并没有获得超额收益。经过回归计算，南方全球精选配置基金的 Jensen 指数为-0.0868，指数为负，表明基金投资组合收益率低于市场平均水平。在计算詹森指数的过程中，可以得到回归方程的决定系数 R，计算得 0.62340 该数值偏大，表明基金净值增长率受市场指数变动的影响较大，基金净值增长率的变化与市场变化之间的关系较为密切。

(三) 南方全球精选配置基金存在的问题

南方全球精选配置基金自 2007 年 9 月 19 日基金合同生效以来，截至 2013 年 8 月 29 日，其份额净值为 0.69 元，业绩比较基准收益率为-31%，收益率低于业绩比较基准-5.12%。不难发现，无论是在投资运作方面，还是在营销服务方面，都存在一定的问题。

第一，投资管理能力问题。从投资时点的选择来看，在美国次贷危机已经爆发的 2007 年，香港股票市场又处于历史高位置，投资管理人在基金成立之初就完成了快速建仓，并没有全面和充分地考虑世界宏观经济对 QDII 产品的投资影响。另外，从绩效评估的数据来看，南方全球精选配置基金的投资管理能力亟待提高。面对 2008 年全球经济与股市的风云变幻，基金管理团队必须加强研究，努力提高投资管理水平。基金的主要策略是注重稳健风格，精选不同区域、行业，布局具较大潜力的市场，并将在严格控制风险下提前采取主动配置，为基金持有人争取投资回报。第二，营销服务的问题。以 2007 年 9 月至 10 月同期成立的 4 支 QDII 基金进行比较，从净值走势情况来看，南方全球精选基金的业绩表现还是处在上游水平，与华夏基金的投资业绩较为相近(见图 4-4)。

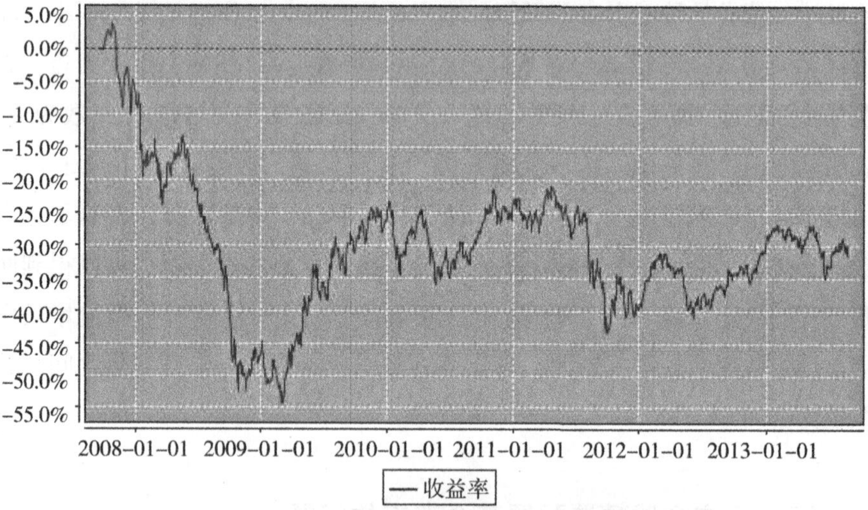

图 4-4　南方全球精选收益率走势图

数据来源：南方基金。

然而，从份额变动情况来看，南方全球精选基金的份额减少幅度最大，上投摩根亚太优势的份额减少幅度最小(见图 4-5)。

从净值和份额的情况来看，上投摩根亚太优势基金的净值走势并不理想，但份额减少的比例却是最低的。根据现实情况分析，面临同样净值下跌的局面，上投摩根亚太优势基金的投资管理团队在对投资者教育方面做了大量的工作，无论从公司网站还是投资者教育活动，都以积极的态度向

图 4-5　上投摩根亚太优势收益率走势图

数据来源：上投摩根基金管理有限公司。

投资者传递投资理念和投资策略。南方全球精选基金在营销服务方面显得相对弱势，是出现净值下跌幅度最小，但赎回份额最多的主要因素。

五、本章小结

本章通过对 4 个具有代表性的个案分析，对 QDII 机制的运作情况、存在的问题和对策研究进行更加深入的解剖和理解。其中选取民生银行和东亚银行的案例，存在的问题主要集中在产品设计存在风险，对海外市场的风险认识不足和营销宣传不够全面的问题，同时由此提出的建议和对策，也是围绕提供产品设计能力，加强风险教育和投资能力所展开。

基于对民生银行 QDII 产品存在问题的分析，可以考虑在以下几个方面进行改进，从而优化产品设计，降低投资风险。

第一，注重产品设计，降低投资风险。首先，在产品标的的选择上，可以构建 FOF(基金中的基金)模式，选取全球市场不同风格的基金产品作为基本配置，在降低管理成本的同时，充分考虑分散风险。其次，在风险与收益问题上，应设置合理区间，并发挥银行理财的稳健优势，注重本金的安全性，适当进行套期保值的操作。

第二，提高投资管理能力。虽然这款 QDII 产品对管理人的要求不是直接投资全球股票市场，但依然对管理人在基金品种的选择和投资时机的选择上提出了更高的要求，需要管理人变被动投资为主动投资，紧跟市场发展的步伐。

第三，加强对投资者的风险教育。从这一产品案例可以看到，产品发行人或管理人可能会出于营销的考虑而弱化对投资者的风险教育。从短期来看，或许能够提高产品的销售业绩；但从长期来看，投资的结果仍将由投资者承担，一旦风险爆发，将会对产品发行人或管理人造成非常负面的影响。虽然从法律角度来说，投资人已经提示了风险，但投资人依然会由于产品发行人或管理人的“粉饰风险”而引发信任危机。银行作为最重要的信用机构之一，如果发生信任缺失的情况，将严重阻碍其市场形象和长远发展。

通过对东亚银行“利财通”投资产品系列 1 的问题进行分析，可以有针对性地提出完善产品的一些建议和对策，也为更多外资银行推出 QDII 产品提供参考。

第一，加强产品设计和风险控制。从民生银行和东亚银行的两个案例都可以发现，银行系 QDII 在产品设计上往往只注重短期的市场需求，而忽略了投资者长远的投资需求。尤其在风险控制方面，东亚银行该款 QDII 产品选取了相关性很大的 4 支中国概念股票，有“把鸡蛋放在一个篮子里”之嫌。当然，他们也建议投资者进行长期投资，避免目前赎回造成的重大损失。但从投资者的角度而言，他们更希望获得稳健的投资回报。

第二，注重营销宣传的清晰性和风险提示。许多投资者在购买了理财产品之后还并不清楚该产品的投资风格等基本信息，东亚银行这款 QDII 产品就是一个典型的代表。主票据和子票据的转换，触发事件的发生，根据子票据条款运作等生涩的表述，使得投资者难以理解产品的实质。只有将表达方式转换为投资者最易于理解的形式，才能真正让投资者了解自己所购买的金融产品，以及所面临的风险，避免在风险发生以后将过错转嫁给投资管理人。

第三，注重信息披露。虽然还没有对银行理财产品的投资业绩披露有明确要求，但作为投资管理人，应当充分考虑投资者希望了解投资产品业绩的需求，在可能的情况下，更加全面和清晰地披露产品的投资运作情况，避免在最后触发投资者的不满，产生更大的不良后果。

而对于华安国际和南方基金案例的选取，考虑了基金公司相对银行具有较强的投资能力，但依然出现投资亏损的思路所展开。华安基金和南方基金存在的共性问题是，当真正面临全球的投资市场时候，对于金融危机等系统性风险的认知能力不足，当出现问题时，又较为依赖境外投资顾问。

对于华安基金和南方基金存在的问题，笔者建议如下：

面对雷曼兄弟的倒闭，华安基金在第一时间作出了反应，发布《风险提示》对于雷曼兄弟对结构性票据的保本责任和基金的存续问题向投资者进行说明。应该说，这表明华安基金对于该事件的反应还是相当及时的。此外，华安基金随后发布的《关于华安国际配置基金所持有的结构性保本票据保本责任的公告》，以基金管理人的自有资金确保实现向投资者承诺的保本责任。这一举措固然能够保护投资者的权益，但对于基金管理人来说，自身的权益必然受到影响。因此，必须从理念上和制度上来考虑解决问题的方案，而不仅仅以牺牲自身利益来维护暂时的稳定。

首先，应当注重依靠自身能力设计和管理基金。诚然，由于华安国际配置基金是我国基金系的第一支 QDII 产品，并具有试点作用，因而在产品设计和管理方面更多依靠外方的力量。但恰恰因为缺乏自身的主导能力，致使风险发生后难以维护投资人的权益。因此，在学习借鉴国际金融机构的基础上，增强自身的产品设计能力和投资管理能力，应该成为华安基金深入思考的问题。其次，必须加强投资者风险教育，真正实现市场化管理。对于此次发生的信用风险，是在华安国际配置基金相关法律文件中有过说明的，该风险应由投资者自行承担。但考虑到国内 QDII 投资者对于 QDII 产品的了解并不全面，以及风险承担能力的欠缺等因素，华安基金决定以自有资产承担对客户的保本承诺。这样的行为可以保护这一批投资者的利益，但不足以为今后的 QDII 发展提供参考。

通过对南方全球精选配置基金进行绩效评估，并对其存在问题进行分析的基础上，可以考虑在以下几个方面进行改进：

第一，在借助境外投资顾问的前提下努力提高自身投资管理水平。南方全球精选配置基金主要投资全球基金资产和直接投资香港地区股票市场。它的境外投资顾问是纽约银行梅隆资产管理国际有限公司（BNY Mellon Asset Management International Limited）。在基金资产的投资方面，需要基金管理人具备全球视野，在基金品种和投资时机的选择上提出了很高的要求。因而，基金管理人在依托境外投资顾问的基础上，必须不断提高自身投资研究能力，应对市场发展的需要。在香港地区股票投资方面，由于香港处于亚太地区金融中心地位，其国际化程度很高，这也对基金管理人深入研究国际市场提出了更高的要求。

第二，提高营销服务管理水平。从市场营销的角度来看，南方基金在基金业内的营销力度还是非常大的。无论是品牌建设，还是产品推介，都具有鲜明的特色，南方基金的品牌也具有一定的号召力。但就南方全球精选配置基金的营销服务来看，并没有贯彻南方基金一贯的营销策略，而是相对被动地接受市场的压力。因此，加强营销服务和投资者教育是南方全球精选基金保持份额稳定的重要因素。

综合而言，不论是银行系还是基金系的 QDII，对于海外市场都存在着风险的认知能力不足和管理水平相对有限的问题，同时对专业人才的需求缺失，也是 QDII 出海出现困境的重要原因。

第五章　QDII 海外投资风险的识别与评估

QDII 投资于海外市场，必然面临着更加复杂的海外环境，首先我们应该识别海外投资所面临的风险，其次才是应用恰当的数量化手段来衡量风险暴露。

一、QDII 制度的一般风险

（一）市场风险

1. 区域市场风险

区域市场风险是指境外投资受到所投资国家或地区的宏观经济状况、财政货币及税收政策、经济社会法律法规等多种因素的影响，从而使得境外投资基金收益面临着不确定性。

境外所投资的国家或地区宏观经济良好发展是其证券市场发展的基础和依据，投资这一类的区域能够分享其发展的成果，但是区域经济发展也存在一定的周期性和波动性，这种不确定性给境外投资带来了风险。区域货币财政及税收政策对该区域的宏观经济导向有很大作用，在较大程度上影响海外资金的流向，从而给境外投资基金业绩带来不稳定因素。同样，各国的法律法规存在着一定程度的差别，对境外资金的进出使用等方面的管理措施也会给投资基金的收益造成一些影响。

QDII 基金投资会涉及海外新兴市场的证券投资，由于新兴市场的市场行为和运行状况可能具有一定程度的不稳定，以及市场监管体制的不稳定，包括市场管制、市场准入等情况，投资新兴市场国家和地区可能会给 QDII 基金业绩带来相应的不确定性。境外证券市场的运行规律和波动特征与国内证券市场也存在较大的差异，比如各市场在证券品种结构上的差别；有些市场中已经具有较成熟的卖空操作机制了，而有的市场仍然不能有效进行卖空操作；在交易规则上已经有较多的市场放开了证券的日涨跌幅度限制。这些因素综合起来可能加剧市场的波动，使得境外投资的风险控制比国内市场风险控制有更大的难度。

2. 行业与公司风险

行业风险是指由于各国的经济周期、产业政策、财政货币政策等因素对行业发展存在着重要的影响，基金管理人对不同行业的资产配置比例的设置而给基金的投资组合业绩带来的不确定性和风险。世界经济发展过程中，在各个不同时期，每个行业的发展机遇和风险都是不同的，包括行业的盛衰变化以及行业的轮动效应，这些变动过程给海外投资相应地也带来了风险，对 QDII 投资业绩有重要的影响。

公司风险是指上市公司的经营状况及对其预期的不确定性而造成的风险。如果基金投资的上市公司经营不善或者出现业绩预期不利现象的话，其股票价格会相应下滑或波动，甚至发生上市公司出现重大问题而退市的情形，对基金投资净值会产生较大影响。分散化投资可以降低基金投资所面临的公司风险，但是可供海外投资的上市公司数量巨大，分散化投资可在一定程度上降低公司风险。

3. 利率风险

利率风险是指由于各国金融市场利率波动而导致的证券收益率的损

失。利率调整是各国中央银行调控宏观经济的重要手段之一，一方面，金融市场利率的波动会影响投资者对未来市场变化的预期，比如加息会通常会引致资金从证券市场流向银行储蓄等方向，也影响国际资本的往来流通。利率风险也是债券投资所面临的主要风险，息票利率、期限和到期收益率水平都将影响债券的风险收益水平。另一方面，利率变化对实体经济产生重要，直接影响企业的融资成本和利润水平，企业的盈利收益水平等金融投资指标也会相应改变，进而影响上市公司股票价格，基金投资于股票和债券，其收益水平会受到利率变化的影响，从而产生风险。由于 QDII 在投资海外市场时将会考虑各国的固定收益产品，而发达国家利率已基本市场化，虽然美国利率变化仍然主导全球利率走势，但美国、欧元区、日本等发达国家的利率变化并未趋于一致。尤其是目前国内利率的市场化仍然较为遥远，国内外利率尚未市场化，国内外利率走势之间的联动并不明显。因此，与投资国内债券相比投资海外将面临着更加复杂的利率风险。

(二)汇率风险

汇率风险是指在经济活动的一定时间内，外汇在相互兑换或折算中，因汇率发生变动，使得经济主体的实际收益与预期收益或实际成本与预期成本发生偏差，而遭受损失的可能性。投资者在全球范围内进行组合投资，其最后取得的投资收益率不仅取决于按当地货币计算的收益率，而且受该外币与本币汇率变化的影响。在当前世界主要地区均实行浮动汇率或自由汇率的条件下，汇率的不确定性常被认为是国际投资的一个潜在风险。随着我国汇率机制的完善和人民币对美元汇率的不断放开，汇率浮动将更加频繁，浮动区间会不断扩大。特别是在当前人民币升值的背景下，汇率风险将更加突出。QDII 制度在人民币升值的背景下推出，因此符合条件的机构投资者确实面临着的较大的风险，机构投资者也把汇率风险作为海外投资的最重要的风险之一，需要采取必要的措施来防范汇率风险。QDII 投资所面临的汇率风险主要表现在两个阶段：第一阶段，发生在国内机构投资者把人民币兑换成外汇到海外投资的过程中，即购汇后人民币升值所发生的损失；第二阶段，发生在投资者把在境外投资所获得的收益转换成人民币的过程中，即人民币升值导致本币投资收益率降低而发生的损失。毫无疑问，QDII 在投资海外时会面临这两个阶段的风险。当机构投资者风险意识不够或者规避汇率风险的工具应用不当或不足时，可能会面临很大的汇率风险，也就可能遭受很大的汇率损失。20 世纪日本经济破灭的时候，汇率因素也是危机的一个重要因素，当时由于长期受到国内利差收益的压力，日本的很多保险公司和投资机构普遍参与股票等高收益高风险金融投资，并大量投资于海外市场，却没有使用对冲工具进行避险，结果在一年左右的时间里，日元兑美元的汇率大幅升值，海外投资在汇率风险上惨重的损失，一些机构甚至走向破产。因此，我国海外投资机构在投资过程中，对汇率风险的准确度量以及合理避险工具的采用具有重要意义。

(三) 主权风险

1. 主权风险的概念

主权风险(Sovereign Risk)，也称为国家风险，关于主权风险的概念主要有两种定义，一种定义认为主权风险是指一个国家政府未能履行其债务而产生的风险，此风险有三个特征，首先主权风险往往是由于主权国家没有偿付意愿而不是偿付能力，通常情况下私人部门债务往往主要因能力问题而违约，但对于一个国家来说，能力问题一般不是主要的问题，在很多情况下，违约是偿付意愿的问题，甚至会由于政治原因而违约。二是主权政府如果不履行债务，债权人可能得不到任何补偿，或者只是有限的法律意义上的赔偿。三是主权政府的债务往往缺乏外来的有效担保，因为主权本身通常就是最终担保人。另一种定义是把它当成由国家干预所造成的风险。例如标准普尔把主权风险定义为主权国家采取干预措施以直接或间接影响债务人履行其义务的能力，穆迪公司则强调主权评级并不仅仅是一个政府的信用价值的直接评估，而是对公共部门和私人部门的债务偿还能力的评估。后一种定义比第一种定义更加宽泛，既包含了由于政府偿还债务的能力和意愿而造成的风险，又包含了由国家政府行为直接和间接造成的对私人部门债务的影响。

如果对主权风险进行一些细分的话，主要从政治、经济、金融三个方面进行风险因素的划分。

政治风险：包括政权与政治领导集团、内部与外部冲突、种族与宗教、立法、阶层与利益集团、国家信用等。如 1998 年俄罗斯债券违约事件，在基本没有事先预警的情况下，给国外的投资者带来巨大损失，甚至导致了长期资本管理公司的破产。

经济因素：包括经济发展与增长，收入和经济结构、债务、通货膨胀、国际收支等。如 2001 年由于阿根廷经济持续衰退，税收下降，政府财政赤字居高不下，面临丧失对外支付能力的危险，酝酿已久的债务危机终于一触即发，短短一个星期内证券市场连续大幅下挫，梅尔瓦指数与国债价格屡创新低。

金融因素：外汇控制、金融储备等。如泰国实行的外汇管制措施。在经历主权危机之后，国际上对于主权风险的预测与防范意识大大加强，同时积极寻找主权风险评估方法。

2. 主权风险评估

最著名的风险评级机构如穆迪投资者服务公司 Moody's Investor Services）、标准普尔信用评级集团（Standard and Poor's Rating Group）都进行对主权风险的评估，并定期公布结果，为国际投资提供确定投资的风险价值以及相应的风险溢价。

在主权风险评级方面，标准普尔采取了定性检验和定量检验相结合的方法。政治发展和政策演变构成了定性评估的核心，经济和金融绩效的各种测量值则是定量评估的核心。标准普尔将它们的分析分为八个类别：政治风险、收入和经济结构、经济增长展望、财政的机动性、公共债务负担、价格稳定性、国际收支平衡、外部债务和流动性。此外，标准普尔还突出了在评级中考虑的其他因素，如私人部门的债务，因为它可能成为国家的或有债务；金融部门的实力和它的国际债务的程度；国际流通手段，它是偿债能力的重要指标，通常用相对于进口的外汇储备加持有的黄金来测量，尽管它也用资本账户和债务来评估，其功能是国际收支平衡陷入困境时的时间缓冲器。在每个评估类别中，主权国家获得的是一个在 1(最好) 到 5 分(最差)之间的得分。其评级的符号或者说评级级别方面，主要是从长期信用评级、短期信用评级、评级展望、信用观察四个角度进行评级，具体为：

(1)长期信用评级(见表 5-1)。

表 5-1 长期信用评级

AAA	偿还债务能力极强，为标准普尔给予的最高评级
AA	偿还债务能力很强，与最高评级差别很小
A	偿还债务能力较强，但相对于较高评级的债务人或发债人，其偿债能力较易受外在环境及经济状况变动的不利因素的影响
BBB	目前有足够偿债能力，但若在恶劣的经济条件或外在环境下其偿债能力可能较脆弱
BB	相对于其他投机级评级，违约的可能性最低。但持续的重大不稳定情况或恶劣的商业、金融、经济条件可能令发债人没有足够能力偿还债务
B	违约可能性较“BB”级高，发债人目前仍有能力偿还债务，但恶劣的商业、金融或经济情况可能削弱发债人偿还债务的能力和意愿
CCC	目前有可能违约，发债人须倚赖良好的商业、金融或经济条件才有能力偿还债务。如果商业、金融、经济条件恶化，发债人可能会违约
CC	目前违约的可能性较高

资料来源：www.standardandpoors.com。

除上表所示外，其他分类级别还包括：

R：由于其财务状况，目前正在受监察。在受监察期内，监管机构有权审定某一债务较其他债务有优先偿付权。

SD/D：当债务到期而发债人未能按期偿还债务时，即便宽限期未满，标准普尔也会给予 D 评级，除非标准普尔相信债款可于宽限期内清还。此外，如正在申请破产或已作出类似行动以致债务的偿付受阻时，标准普尔亦会给予 D 评级。当发债人有选择地对某些或某类债务违约时，标准普尔会给予 SD 评级(选择性违约)。

另外，AA 级至 CCC 级可加上加号和减号，表示评级在各主要评级分类中的相对强度。

(2)短期信用评级(见表 5-2)。

表 5-2　短期信用评级

A-1	偿还债务能力较强，为标普给予的最高评级，此评级可另加“+”号，以表示发债人偿还债务的能力极强
A-2	偿还债务的能力令人满意。不过相对最高评级，其偿债能力较易受外在环境或经济状况变动的不利影响
A-3	目前有足够能力偿还债务。但若经济条件恶化或外在因素改变，其偿债能力可能较脆弱
B	偿还债务能力脆弱且投机成分相当高。发债人目前仍有能力偿还债务，但持续的重大不稳定因素可能会令发债人没有足够能力偿还债务
C	目前有可能违约，发债人须倚赖良好的商业、金融或经济条件才有能力偿还债务
R	由于其财务状况，目前正在受监察。在受监察期内，监管机构有权审定某一债务较其他债务有优先权
SD/D	当债务到期而发债人未能按期偿还债务时，即使宽限期未满，标准普尔亦会给予“D”评级，除非标准普尔相信债务可于宽限期内偿还。此外，如正在申请破产或已作出类似行动以致债务的付款受阻，亦会给予“D”评级。当发债人有选择地对某些或某类债务违约时，会给予“SD”评级(选择性违约)

资料来源：www.standardandpoors.com。

(3)评级展望。

评级展望评估一项长期信用评级中长期信用状况的潜在变化方向。确定评级展望要考虑经济条件或基础商业环境的变化。展望并不是信用评级改变或未来信用观察的先兆。“正面的评级展望”表示评级有上升趋势，“负面的评级展望”表示评级有下降趋势，“稳定的评级展望”表示评级大致不会改变，“待定的评级展望”表示评级的上升或下调仍有待决定，“n.m.”表示不适用评级展望。

(4) 信用观察。

信用观察突出了短期或长期评级的潜在趋势，信用观察着重考虑那些使评级置于分析人员监督下的重大事件和短期变化趋势，主要包括：合并、资本结构调整、股东大会投票、政府管制和预期的业务发展情况。当发生了以上事件或出现了与预期的评级走势偏离的情况时，评级将进入信用观察，并需要进一步的信息对该评级进行重新考察。但这并不表明评级一定会发生变化。信用观察并不考察所有的评级，而且事先进入信用观察也不是评级改变的必要程序。“正面”的信用观察表示评级短期内可能被调高；“负面”的信用观察表示评级短期内可能被调低；而“待定”的信用观察表示评级短期内可能被调高、调低，或维持不变。

(四)信用风险

信用风险是指 QDII 投资境外债券、票据、衍生品等品种时，由于发行主体不能按时全额支付利息和本金而产生的风险。由于债券等产品主体信用等级的变化或者是市场对主体的违约可能有一定预期或感知时，债券的价格也会随之变化，从而也会给境外投资带来信用风险。当 QDII 投资于美国国债时，其信用风险基本可视为零，当投资于美国的公司级债券，比如次级债券时，其信用风险就会高出很多。如次贷风波中的两房事件，房地美和房利美是美国两家住房抵押贷款巨头，因得到了美国政府的支持，两家公司的债券一直被认为是比 AAA 级债券更加安全的债券，但是两房已经成为次贷危机中的又一大风波。标准普尔下调了联邦国民抵押贷款协会(房利美)和联邦住房贷款抵押公司(房地美)部分证券评级，将两家公司优先股和次级债券评级由 AA-下调至 A-，两家公司优先债券评级维持在 AAA 不变。AAA 评级反映出美国政府将不得不在发生危机时对两家公司的优先债券进行支持，对优先股和次级债券持有人提供保护的可能性下降。这时两家公司的债券信用风险已经暴露无遗，中国是房地美与房利美债券的最大外资机构债权人，持有房利美和房地美 3760 亿美元的债券，随着两房信用评级的降低，其市值也必然下跌，从而给我国带来损失。虽然这些数量中 QDII 占比应该很小，但是这无疑给 QDII 投资中信用风险防范又一警示。在 QDII 投资中需要及时观测投资对象的信用风险，并分析风险对投资的影响。

信用风险的衡量与评估方法主要有 VaR 风险价值方法，同时信用评级是也是评估信用风险的重要方法。

VaR 方法是指对债券的信用准备金和权益准备金进行风险管理。信用准备金是指预留于预期信用损失的金额，被定义为：

$$\text{预期信用损失} = \text{预期信用风险} \times \text{违约概率} \times (1-\text{回收率})$$

其中预期信用风险是指某个日期时资产重置的期望值。

权益准备金是指预留于不可预期的信用损失的金额，被定义为：

$$\text{不可预期信用损失} = \text{风险信用} \times \text{违约概率} \times (1-\text{回收率})$$

其中不可预期信用风险是指一定置信水平下的最大信用风险，类似于 VaR 计算。

在计算出信用准备金和权益准备金的基础上，我们可以进一步地采用 VaR 方法，计算出每个时期的 VaR 值，从而为投资风险决策提供指导。

(五)跨国监管风险

传统的金融监管属于国内监管，然而国际资本的自由流动已经使不同国家的金融市场、不同形式金融资本的风险收益相关性日益提高，对资本的单纯国内监管越来越不适应资本全球化经营的现实，跨国监管或者说跨境监管的需求日益强烈。但是由于各国仍是独立的经济主体，金融监管在很长时期内仍表现出很强的相对独立性。因此，合格境内机构投资者的跨国投资活动在一定时期内将面临跨国监管风险。跨国监管风险产生的原因主要有二：一是跨国监管存在信息不对称，监管信息获取成本高。由于尚未存在有效的国际金融监管信息共享机制，海外投资监管中的信息不对称和不完全的程度和范围扩大。二是跨国监管在法律协调上存在摩擦成本。QDII 制度下的国际资本流动，牵涉不同国家投资法律和制度安排，各国监管者适用法律难以避免摩擦和协调成本。此外，各国管辖与司法权限的差异性和局限性也使监管者调查和实施的执法成本增加。

因此，跨国监管风险主要表现为监管重复和监管真空。监管重复又称监管交叉，一般是指同一机构投资者同时受到母国和投资国的监管。造成监管重复的原因主要是各国市场规则和对投资者的资格要求不一致。QDII 制度下机构投资者进行跨国投资必然要接受多个国家监管法律的约束，由此可能增加机构投资者的成本，削弱其投资收益。监管真空就是跨国资本流动凭借其复杂性游离于各国监管之外的一种状态。监管真空往往是因为一国金融监管尚未健全，未能及时考虑资本流动的负面影响，从而埋下金融风险隐患。

二、QDII 制度的特殊风险

如前文所述，QDII 制度面临着汇率、利率、跨境监管等风险。但是要在我国顺利推行 QDII 制度，仅仅关注和防范这些一般风险是远远不够的。严格的外汇管理体制、成熟机构投资者的欠缺、金融监管体制的不健全都严重制约着 QDII 制度在我国的发展，形成了我国推行 QDII 制度的特殊风险。

(一) 外汇管理风险

QDII 属于资本市场的外汇管制放松。对于我国而言，长期实行利率、汇率、资本项目三位一体的管制制度，由 QDII 逐步推进的资本项目开放要求外汇管理体制的全面调整。而我国现行的外汇管理体制存在着不少实施 QDII 的阻碍和限制：外汇管理理念仍以鼓励资本流入限制资本流出为主、本外币监管分离的思路尚未转变、对资本项目外汇管理缺乏经验等。这些局限会在 QDII 运行后越来越凸显其不适应性，也难以及时发现和控制资本流动带来的风险。

1. 外汇管理存在鼓励资本流入、限制资本流出的偏颇

为了缓解资本短缺和外汇短缺的“双缺口”，满足发展经济的资金需求，我国在资本流动上长期坚持鼓励资本流入、限制资本流出的原则。鼓励资本流入不仅表现为鼓励外商直接投资，允许并积极推动企业境外上市筹集资金，还表现为鼓励国外的资本进入国内证券市场和资本市场，如推行 QFII 制度。外资进入中国的通道可以说是日渐通畅。与此形成鲜明对比的，则是对资本流出的严格限制或控制。我国对资本流动奉行的“宽进严出”政策，使外资成为我国经济发展强有力的支撑，成功推动我国对外贸易的发展，同时也积累了雄厚的外汇储备，有力抵御了亚洲金融危机的冲击。

但是随着形势的变化，这种资本管制政策的缺陷日益明显。首先是不对称的资本管制成本较高。研究表明，对资本流出的管制水平要比对资本流入管制水平高 5~6 倍。其次是资本外流未能引起足够重视，没有得到有效的疏导和控制，造成金融风险隐患。QDII 制度推行后，资本外流的风险依然存在，QDII 制度的实施可能加剧资金外流的趋势，而且也存在利用 QDII 制度作为洗钱等非法活动“渠道”的可能性。总之，随着资本账户的开放，资本外流渠道逐渐增多，其监管缺位的风险隐患更是不可忽视。

2. 资本项目外汇管理缺乏经验

外汇管理的实质是人民币可兑换性管理。我国外汇体制改革一直是以

有步骤、渐进的方式推进人民币的可自由兑换。因此，我国对资本项目的开放在稳妥可控的原则下，遵循一定的顺序推进：先长期资本后短期资本，先直接投资后间接投资，先资本流入后资本流出。我国于1994年正式启动外汇市场化改革，人民币汇率由严格管制改革为单一的、有管理的浮动汇率制度。我国于1996年12月1日正式接受国际货币基金协定第八条款，取消所有经常项目下汇兑限制，实现人民币经常项目下完全可兑换，但仍对于资本项目进行严格管理。因此，是否有足够的技术手段和方法来应对QDII制度乃至资本项目开放的外汇管理，仍是未知之数。

首先，推行QDII制度后，现行外汇管理方式将受到挑战。我国目前的资本项目外汇管理主要采取事前审批或核准的方式，如对外借债的金融条件审批、外债还本付息和外国直接投资本金结汇的核准等。而且这些审批或核准大部分还依靠人工和纸质单据，管理成本大、效率低。在QDII制度下，证券投资与投资基金等的特点决定了资金流动快、交易数量大且交易频繁，事前审核的难度很大。

其次，外汇管理的对象将大大增加，外汇管理的难度进一步加大。一是需要纳入外汇管理的交易主体增加。在现行的外汇管理制度下，主要的管理对象是银行、外资企业和经批准的部分企业，并且对交易主体采取逐个审批许可的方式准入。QDII制度对境外投资的放松，社保基金、保险公司等涉足外汇领域，将来还有更多的投资主体包括个人投资者在内也将纳入其中，交易主体趋向多样化。现行的外汇交易主体管理将不能满足监管要求。二是需要进行外汇管理的交易内容呈现复杂性。目前我国资本项目的外汇管理还停留在以直接投资、对外借债和证券投资的三个主要板块的“粗线条”管理。QDII制度推行后将增加机构投资者的股票、境外固定收益类产品等证券投资；随着资本项目的逐步开放还有居民的个人对外直接投资和证券投资、机构投资者和个人投资者金融衍生品投资等，过于粗放的外汇管理内容必然存在疏漏和不足。

最后，我国对资本项目开放下国际游资冲击的认识还有待提高。国际资本流动越来越成为决定各国国际收支平衡和汇率走势的主导力量。随着QDII制度的推行，跨国资本流动日益增多，中国融入金融全球化程度加深，其受国际资本流动的影响也日益加深。QDII 产品带来跨境资本尤其是国际短期资本的频繁流动，将会给我国的国际收支平衡和人民币汇率带来更多的不确定性。其中国际游资的冲击若处理不慎，将引发的资本流动风险，冲击一国外汇管理体制的稳定。一旦冲击力大到足以使一国金融体制崩溃，则金融危机将随之而来，后果将不堪设想。我国目前还缺乏对国际游资的识别和防范措施，也未建立相应的汇率风险监测预警机制，在此现状下抵御国际游资冲击要付出的代价可能是巨大的。

3. 本外币监管分离的思路尚未转变

1994 年以前，我国遵循的是“人民银行管人民币、外汇管理局管外汇”的监管思路，本币和外币的监管在很大程度上是分割的。随着汇率制度改革的推进，1998 年，我国重新对外汇管理职能进行了界定，将外汇市场准入和业务风险监管纳入人民银行统一监管，外汇运行监管仍由外汇管理局负责，才初步确立了本外币统一监管的基本框架。由于客观上人民币尚未实现自由兑换，以及人民银行、外汇管理局在监管职权上的相对独立，本外币政策协调和统一监管还难以实现。在证券投资方面，我国长期实行“市场分割、投资者分离”的政策。在严格的外汇管制下，外国投资者只能购买我国境内上市的 B 股和境外上市的 H 股，以及我国在境外发行的其他债券；QFII 制度实施后，获许可的境外机构投资者可以在批准的额度内投资境内资本市场。但境内居民不能购买境外股票，短期资本的流入和流出都比较困难。这一监管思路对有限制的资本流出尚能应对，但是在资本项目进一步开放、人民币实现完全兑换后，人为分割、本外币监管分离的思路将远不能满足监管要求。

QDII 产品的投资者本身是用人民币来投资以外币标价资产，因此，人民币升值必然对投资者以人民币计算的收益有负面影响，必要需要利用相关衍生品来规避汇率变动的风险。中国人民银行公布的《2006 年第二季度中国货币政策执行报告》指出，人民币对美元汇率中间价日均波幅由 2005

年汇改以后的 0.02% 提高到 2006 年以来的 0.04%，单日最大波幅为 0.21%，超过人民币汇率最大日波动区间(3‰)的 2/3(见图 5-1~图 5-2)。

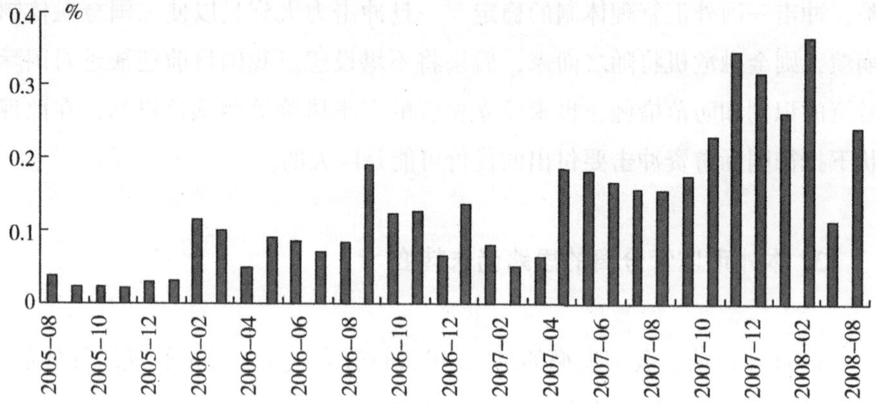

图 5-1　汇率制度改革以来人民币汇率月波动情况

资料来源：国信证券研究所。

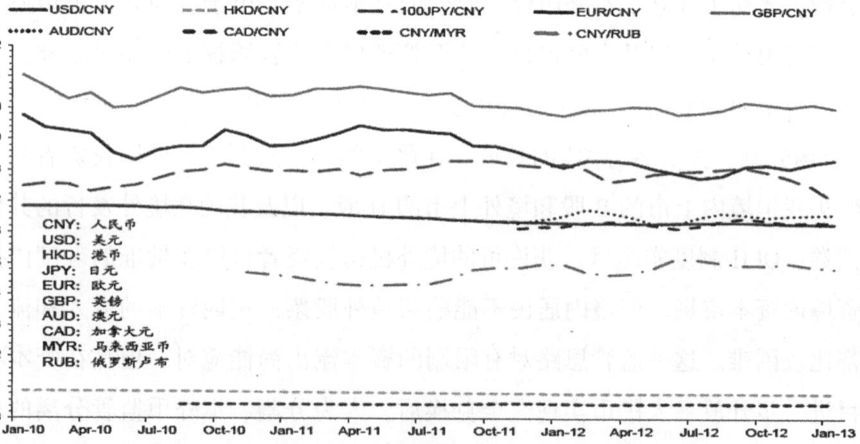

图 5-2　近三年人民币兑主要货币汇率月平均中间价走势

资料来源：Wind 资讯，由国信证券经济研究所整理。

说明：数据时间窗口为 2010 年 1 月至 2013 年 1 月。澳元、加拿大元、马来西亚币、俄罗斯卢布在 2010 年 1 月尚不能和人民币自由兑换，无报价。

由于我国持续增长的出口和外汇储备的快速增加，并且人民币采取了“盯住”美元的汇率制度，而美国国内外环境变化使美元持续走弱，导致欧元、日元、加元和英镑等主要发达国家货币也相对于人民币升值，在这样的一些大背景下，国际社会要求中国升值人民币汇率并逐步迈向市场主导的弹性汇率制度的呼声高涨。我国从 2005 年 7 月 21 日起开始实行人民币汇率形成机制改革，截至 2008 年 6 月 19 日汇率改革以来，人民币对美元累计升值已达 16. 88%，这使得投资以外币标价的海外市场资产的 QDII 面临着相当大的压力，即便能够在海外市场没有经历 A 股市场同样的大跌，但人民币升值带来的汇率风险也给 QDII 净值造成了相当大的压力（见图 5-3）。

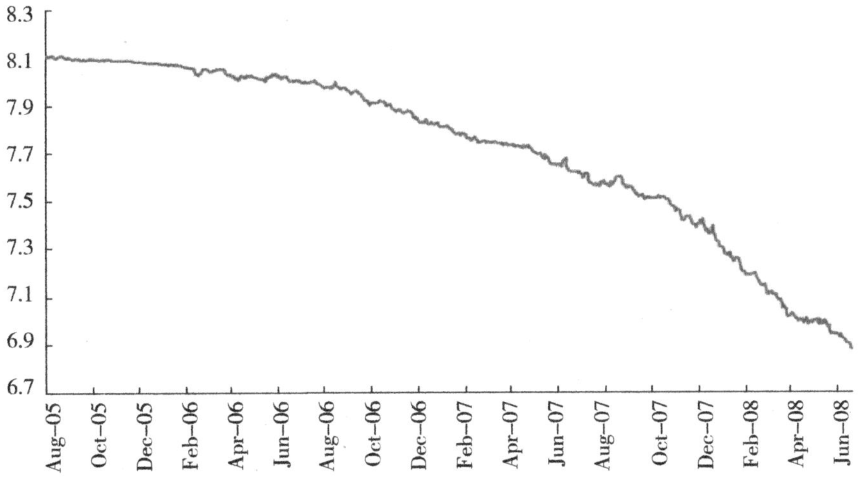

图 5-3 美元/人民币走势图

资料来源：国信证券研究所。

华夏全球精选股票型证券投资基金 2008 年 2 季度报告显示，该基金在过去三个月的净值增长率为 -3. 46%，其业绩比较基准的收益率为 -2. 36%，南方全球精选配置证券投资基金的同期季报显示该基金在过去三个月的净值增长率是-0. 25%，其基准收益率为-3. 56%，而同期人民币升值幅度是-2.28%，而这一时段的人民币汇率波动很大，可见汇率风险对 QDII 净值的影响。从季度报告上可以看到，南方全球精选配置证券投资基金进行了人民币汇率产品投资，其投资与汇率远期(美元对人民币)的市值占基金资产净值的0.77%，这有助于其基金降低汇率风险。

交通银行的首款 QDII 产品“汇聚通”指数系列在半年的产品期内，由于人民币升值幅度达2.78%，所以产品实际年收益率仅有2.44%。外资银行同样没能“幸免”，外资银行首款 QDII 产品“东亚银行保本英镑/美元高息外币挂钩投资产品”虽然实现了6 %的预期最高年收益率，但这是美元收益。产品期内人民币升值幅度达2.61%，相应产品收益也受到了巨大影响。已经到期兑付的产品如此，目前仍在管理的产品的收益同样受到影响。招商银行的“金葵花代客境外理财系列——全球精选货币市场基金”从2006年11月计算收益，根据招商银行网站公布的数据，截至2007年7月17日，产品收益率为4.80%，同期人民币升值幅度高达4.06%。所以截至当日，产品实际收益率只有0.74%。

由以上案例可以看出，人民币汇率改革之后，多种因素促使人民币汇率不断攀升，在产品期初、期末进行汇兑的 QDII 产品，不可避免地受此影响，个别时段的人民币升值较快导致基金管理型产品的巨额赎回，甚至使产品不得不提前终止。

几乎所有人仍保持人民币对美元升值的长期预期，认为人民币还是处于升值背景中，但完全正确的汇率预期是不可能实现的，这种定性预期对测度汇率风险存在较大的局限性，所以我们将引入一些数量方法来度量汇率风险，以期取得较好的效果，主要有波动率方法和 VaR(Value at Risk)方法。

我们以标准差方法来对汇率改革以来的人民币对美元汇率的波动率情况进行分析，其标准差序列如图 5-4 所示：可以看出汇率波动呈现逐步加剧，并且存在波动聚集的特点。汇率改革初期波动很小，汇率风险较小，但是随着汇率改革的不断深化以及汇率波动幅度的放大，汇率波动显然也成逐渐放大趋势。与前面图中显示的人民币升值速度的逐渐加快相呼应，汇率波动程度也在不断加大，特别是 2007 年下半年和 2008 年一季度，波动呈现聚集效应。这段时间内，人民币的快速升值给境外投资带来了较大损失的同时，汇率的大幅波动也给投资带来风险。

假设资产的汇率风险影响只是汇率变化带来的汇兑损失，我们采用 VaR 方法来考评资产的后一交易日的风险水平。我们仍然选取前面截至 2008 年 6 月 19 日的汇率数据，在每日汇率变化率(相当于收益率)基础上，我们计算 6 月 20 日的风险值，在 95%的置信度下，用参数法和历史模拟法得出的 VaR 值分别是 0. 16%与 0. 18%，两种方法计算的数值比较接近，表示在下一交易日，损失超过 0. 16%~0. 18%的概率只有 5%。如果我们下一交易日的最大损失承受度超过了这个范围，则要采取相应的措施，以减小汇率风险。当然，我们可以建立更加复杂的 VaR 管理系统，如对多资产多时期的投资进行 VaR 风险管理(见图 5-4)。

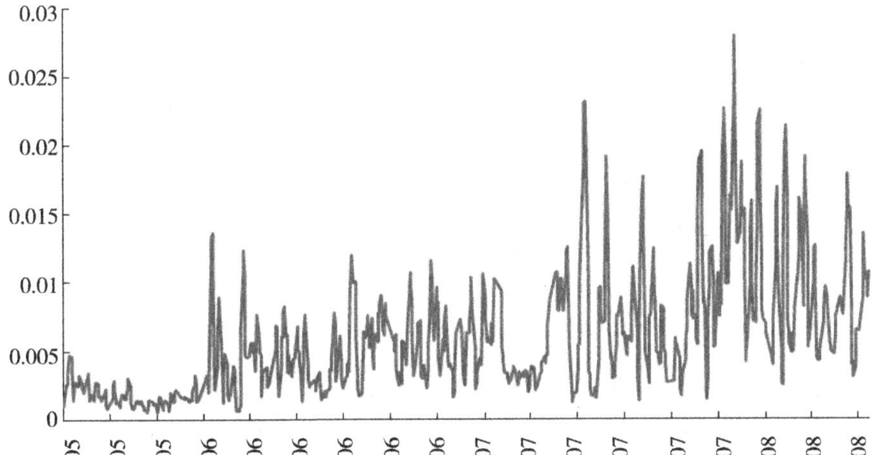

图 5-4　人民币汇率标准差序列

资料来源：联合证券研究所。

针对人民币汇率的不确定性给基金净值带来的风险，QDII 产品确有必要利用人民币汇率衍生品进行避险。因此，要增加产品的吸引力，或投资本身可以参与到外汇衍生品市场中以规避汇率风险，或为客户提供更为完善的汇率保值手段。目前人民币汇率境外衍生品主要有：人民币无本金交割远期(NDF)、人民币无本金交割期权(NDO)、掉期(NDS)、与 NDF 挂钩的存款、人民币结构性票据等多个交易品种。

(1)NDF(Non deliverable Forward)，场外交易的人民币汇率远期，一般是人民币与美元的汇率为标的远期合约，由海外的商业银行提供报价并作为合约交易对手。指远期汇率交易中，双方于到期日时不须交割本金，就到期日的市场汇率价格与合约议定价格的差价进行交割清算。NDF 在概念上类似于直接远期外汇交易。它与远期外汇交易的差别在于：交易双方不用准备本金的收付，只要到期日的市场汇率价格与合约议定价格的差价进行交割清算；本金仅用于汇差之计算，无须实际收支，所以对交易者未来的现金流量不会造成影响。

人民币 NDF 市场始于 1996 年 6 月，是亚洲六种主要 NDF 之一，主要参与者为欧美大银行及投资机构，它们代理的客户主要是跨国公司，也包括一些总部设在香港的内地企业。随着 NDF 市场的发展，投资者的基础也逐渐扩大，活跃在市场的不仅有投机性的企业，比如对冲基金。自 2002 年下半年开始的境外人民币升值压力产生以来，人民币 NDF 交易迅速活跃起来，日平均成交额已超过 10 亿美元。人民币的 NDF 产品在香港交易比较活跃，据汇丰银行在 2003 年中期的统计，人民币 NDF 每日的交易量已经达到了 10 亿美元。目前在香港的 NDF 可以分为两类：第一类，商业银行与特定客户签订的 NDF；第二类，商业银行向零售客户提供的 NDF。这里我们介绍的是后一种 NDF，而前一种 NDF 的具体条款则可以由商业银行根据客户需求具体定制合约。从 2005 年 9 月开始，16 家商业银行开始提供针对零售客户的人民币 NDF 合约，更是促进了该产品的推广与发展。香港的商业银行提供的人民币 NDF 合约服务有如下特点：①以人民币与美元的汇率为标的，最终以美元进行结算；②合约存续期较短，都低于一年；③流动性较好，投资者可以选择在合约到期前任何交易日进行结算，并不一定要持有到期；④信用风险较小：交易对手都是信用等级较高的商业银行；⑤初始保证金比率一般按照合约名义金额的 10%收取。

NDO 则类似于汇率选择权（Deliverable Currency Option），如同 NDF 一样，NDO 交易买卖双方亦无须交付标的物之总价款，系由购买契约权利之一方（简称买方）支付权利金予出售契约权利之一方（简称卖方）取得执行权利后，有权在未来某一特定日期或期间内，要求出售契约权利者依约支付汇率价差。

（2）CME 人民币期货和期权期货。除了场外交易的 NDF 外，芝加哥商品交易所（CME）有人民币期货、期货期权（Option on Futures）产品，目前交易主要是人民币兑美元、日元和欧元三类汇率。CME 的人民币汇率期货跟柜台的 NDF 没有本质区别。当前合约的名义价值为 100 万元人民币，即月及连续 12 个月加 2 个季度月，存续期比当前香港面向零售客户的 NDF 长。而人民币汇率期权期货的标的物为 CME 相应的期货，存续期跟相应的期货合约一致，同时存在 4 份以周为存续期的期货期权。

从交易活跃度来看，NDF 仍然是人民币汇率衍生品的主流形式，特别是商业银行向零售客户提供的 NDF 具有较好的流动性和较小的信用风险，但是从避险成本来看可能较高。采用 CME 的人民币汇率衍生品则面临一定的流动性问题，其优势在于避险成本较低。这就需要投资管理人根据自身特点来选取相应的汇率衍生品。

（二）机构投资者风险

选择合格的机构投资者是决定 QDII 能否顺利运行的关键之一。合格机构投资者的专业投资管理、成熟投资行为和优秀的风险防御能力将推进 QDII 的发展，带动资本理性流动；反之，如果选择的机构投资者自身内部控制不完善、风险管理技术不佳、境外投资经验欠缺，则 QDII 将难以得到发展，甚至引发资本流动风险。欠缺成熟的机构投资者可以说是我国推行 QDII 面临的障碍之一。根据“五号公告”，我国目前允许进入 QDII 行列的有商业银行、证券经营机构、保险公司和社保基金。但是这些金融机构因为种种原因，目前绝大部分都与“合格”机构投资者存在相当距离，允许其开展境外投资甚至有可能暴露、恶化其内在风险。

1. 商业银行

商业银行是我国金融体系的骨干力量。通过金融体制的改革，我国商业银行在资产质量、治理结构等方面已经有了长足发展，但与国际大银行相比，其竞争力差距仍然明显，能胜任合格机构投资者的为数并不多。

首先，国内商业银行普遍存在资本金不足、不良资产偏高的问题。1998 年以前，四大国有商业银行资本充足率不足 8%，经过 1998 年财政部发行特种国债、采取成立资产管理公司剥离部分不良资产、财政注资和股份制改革上市之后，包括中国建设银行、中国工商银行在内的 35 家商业银行的资本充足率已经达到或超过 8%的标准。但是还有许多中小商业银行面临着效益不佳、不良资产消化困难等压力，而我国商业银行在资产规模上和国际大银行仍差距悬殊。

其次，我国商业银行的业务开展限制较多，创新和获利能力不足。在分业经营模式下，我国商业银行的收入主要来源是利息收入。经营的同质化致使银行业始终徘徊在低水平的竞争内。同时由于创新能力不足，作为未来银行业务发展方向的中间业务依然未能摆脱种类少、收入占比低、盈利能力差的状况。因此，我国商业银行大部分仍未具备创造高附加值金融产品的能力，其经营管理水平还有待提高。开展境外代客理财业务，能否具有识别境外资本市场投资风险的能力，是否具备 QDII 产品自主研发能力，这些对于缺乏海外投资经验的商业银行来说都是严峻的考验。

最后，我国商业银行普遍存在风险控制意识薄弱、治理结构不完善、缺少内部制衡等问题。重规模扩张、轻资产质量；重发展速度、轻经济效益；重硬件设备、轻优质服务的现象严重阻碍商业银行的前进步伐。

2. 证券经营机构

我国证券市场起步晚、规模小以及自我封闭等特点，导致证券公司以及基金公司“先天不足”，证券市场也呈现出散户为主的特征，机构投资者未能发挥主导作用。

(1)基金管理公司。证券投资基金作为我国起步比较晚的机构投资者，其发展却十分迅速。但是基金管理公司在发展过程中也出现很多问题，基金业一方面呈现总体实力薄弱，另一方面“贫富”相当悬殊。在没有经过彻底的整顿规范之前，我国基金管理公司并不具备健全的治理结构和足够的风险抵御能力开展 QDII 业务。

(2)证券公司。一开始证券公司并不是 QDII 的主角。央行“五号公告”中仅允许符合条件的银行、基金公司、保险机构采取各自方式，按规定集合境内资金或购汇进行相关境外理财，其中并没有提及证券公司。因此在 QDII 下，券商将丧失“先发优势”。但是长远来看，证券公司在投资渠道和投资经验上有着无可比拟的先天优势，最终必将纳入 QDII。

但证券公司作为中国证券市场较早的机构投资者，其问题也是最多的。阻碍其成为 QDII 主体的因素集中表现为：

首先，数量庞大但规模偏小、资产扩张基础薄弱。据统计美国花旗集团资产达 9000 亿元，而我国注册资本最大的券商银河证券的注册资本仅有 45 亿元，其“窟窿”却高达百亿。资产规模小，缺乏合法、有效的资金筹集渠道严重制约了我国证券公司业务的开展，也成为其引发业务扩张风险的“导火索”。

其次，收入来源结构单一、资产管理业务发展不规范。受限于分业经营体制，我国证券公司的经营范围基本局限于证券经纪、自营和承销三大传统业务，业务结构基本雷同。证券经纪业务收入占比一度高达 70%。2001 年证券市场进入低迷期以后，市场交易量大幅萎缩，经纪业务利润近乎微薄甚至跌入亏损，许多券商无以为继，陷入困境。直到 2006 年股市回暖，券商才重新获得发展。但是这种"靠市吃饭"的状态并未得到根本转变。而纵观国外，以美林为代表的国际证券公司早就将业务重心转移至资产运营和管理、企业收购兼并、战略咨询等业务上来。我国证券公司从1996年开始涉足资产管理业务，但由于其发展初期缺乏法律监管约束，导致过多地关注收益而较少考虑风险，以固定回报型和保底分成型为主。这其实已经是一种变相的融资业务。这种运作模式使券商承担的风险大大增加。2003年以后，监管机构规范券商的资产管理业务中便暴露出诸多问题。违规融资理财与挪用客户交易保证金成为券商的"通病"。

最后，普遍存在公司治理结构缺陷。我国的证券公司多数存在股权过度集中的弊病，难以实现有效制衡和内控。广发证券和国信证券的两项内部研究表明：我国证券公司股权前十大股东的持股比例都接近60%或在60%以上，股权最集中的国信证券，前五大股东持股比例竟占到95.1%。虚弱的公司治理结构，导致风险和收益都有被转移的可能，这种普遍的现象甚至会造成市场系统性风险的放大。

因此，证券公司在规范程度、运作经验、管理机制、市场技术、创新能力方面都和国际券商存在明显的差距，绝大部分还难以担当"合格"机构投资者的重任。在国内券商尚未完成重整和结构性优化，未从根本上提高竞争力前，还需谨慎考虑是否赋予其QDII资格。

(3)保险公司。保险公司是发达国家证券市场的主要机构投资者之一。美国摩根士丹利的保罗曾经说过，投资是保险业的核心业务，没有投资就等于没有保险业。由于市场竞争，保费往往并不能满足保险公司的盈利需求，现代保险公司的利润更多地依靠保险投资。保险资金尤其是人寿保险资金，具有长期资金的性质，适合投资于资本市场。西方发达国家的保险公司或将一定比例资产直接投资于股票市场，或者作为主要发起人，设立专门的保险投资基金，投资于公司债券市场和股票市场。通过资本市场获得盈利，增强竞争力和偿付能力，也将是我国保险公司的发展趋势。因此，保险公司是我国QDII的考虑对象之一。但是现阶段我国保险公司还有很多的缺陷与不足：

首先，保险公司数量过少，导致垄断经营严重，保险市场竞争不充分。据统计，2013 年中国共有保险公司 138 家，而美国早在 20 世纪 80 年代就有 5000 多家保险公司。保险公司数量的差距悬殊，一方面说明了我国保险市场准入尚待开放，另一方面则说明我国保险业的市场集中度较高，垄断经营严重。这也造成了我国保险公司效率低、成本高、创新活力不足等后果，积累了一定的垄断风险。

其次，保险业务结构落后。目前，我国保险业可提供的险种有限，各保险公司推出的险种雷同，个别险种存在“克隆”现象。我国各保险公司险种结构相似系数较高，各保险公司对几个主要险种过度竞争，而其他险种如责任险、信用险发展缓慢，难以适应保险市场多层次全方位的需求，与国际同行实力差距很大。

最后，保险资金运用渠道过于狭窄，缺乏投资管理经验。自 1999 年 10 月保险公司正式被允许投资证券基金以来，保险资金获得以间接方式进入证券市场，其受到的限制还很多。因此中国保险资金的投资主要还是集中在银行存款、同业拆借、债券和证券投资基金等少数低收益的金融品种上。截至 2012 年末，中国保险业可运用资金中有 51.7% 为银行存款，17.3%为国债，7.9%为证券投资基金。严格的投资管制不仅使保险资金的投资收益率难以提高，同时也导致保险公司缺乏在证券市场上进行直接投资管理的经验，投资风险控制能力较差，投资专业人才匮乏。

(三)有效监管风险

QDII 制度涉及银行、基金管理公司、保险公司等各种金融机构，联系外汇市场、资本市场和货币市场，纵横国内和国际市场，从而影响到多个监管领域。QDII 制度的实施，直至资本项目开放，要求较高的金融监管水平，这也是许多国家资本项目开放的经验和教训。在分业经营、分业监管的金融体制下，我国 QDII 产品所涉及的主要监管者包括国家外汇管理局、中国人民银行、证监会、保监会和银监会等。其中全国社保基金同时接受财政部的监管。因此，我国 QDII 制度的监管必定面临着监管机构间的协调成本问题。此外，我国对混业经营监管经验不足、监管技术手段落后等因素也使 QDII 制度的有效监管带有不确定性。

1. 缺乏监管机构相互协调和配合的安排

1995 年金融体制改革后，随着证监会、保监会的分别成立，我国基本确立了金融业的分业经营、分业监管。2004 年 12 月，银监会的正式成立更是巩固了这一监管格局。分业经营、分业监管的格局在隔离证券市场风险、维持商业银行乃至整个金融体系的稳定方面功不可没。但是，这一体制在应对包括 QDII 制度在内的金融创新上就显得捉襟见肘。QDII 制度的运行涉及资本市场、货币市场和外汇市场等，其对分业经营提出了较高的合作协调要求。以银行为例，境外代客理财业务使银行的表外交易增加，削弱了原来以资产负债为核心的财务报表的分析作用，一定程度上影响了银监会传统监管手段的有效性。而银行系 QDII 制度涉及的外汇管理问题，其投资的证券市场，又必然将银行置于外汇管理局、证监会等监管机构的审查下。因此，当前监管部门各负其责、严格分工的分业监管体制远不能实现对 QDII 制度的全面性风险监管。相反，监管机构间的各自为政可能造成监管重叠或监管缺位，不能及时识别和规避 QDII 制度的风险。

此外，我国目前的金融监管水平仍比较低，短期内难以实现对 QDII 制度的有效监管。我国金融监管基础较差、手段落后、行政色彩浓重等弊端屡遭诟病，当前分业监管维持银行业、证券业、保险业稳健运行和持续发展的效果尚未能尽如人意，遑论进行混业监管合作，及时识别 QDII 等金融创新的风险。

2. 跨境监管条件不足导致国际监管困难

当前实现 QDII 国际监管的条件还不具备。目前我国的金融法律法规涉及的多为国内监管，而 QDII 作为全球资金管理的业务，很难纳入某一国家的金融监管范围。QDII 业务启动后，如何对其在境外开户、投资运作等活动进行跨境监管存在一定难度。尤其在其基金托管上，境外业务还牵涉境外托管的问题，这与申购赎回等问题一起，构成一整套 QDII 基金运作的系列问题。现阶段由于我国证券市场的发展状况、金融监管水平和外国不一致，跨境监管面临种种条件限制。此外，由国际监管合作组织推进的统一国际性监管框架进展缓慢。因此 QDII 制度实施后，我国作为合格机构投资者的监管母国，国内监管机构可能无法实现对 QDII 在海外投资业务的有效监管，从而无法及时发现机构投资者开展高风险业务的倾向，保证资金资产安全，有效化解金融风险。

三、QDII 制度风险的衡量

(一)波动率方法

方差、标准差：方差(Variance)或标准差(Standard Deviation)是度量金融风险最常用的指标，已被广泛接受。在 Markowitz 投资组合理论中，就是用方差或标准差来刻画投资风险。比方说，某一金融资产组合的价值为 100 万美元，标准差为 5%，则该组合的风险可能为 5 万美元。由于方差具有良好的统计特性，被广泛运用于度量金融资产组合的风险。

GARCH 族模型也常常被用来刻画金融波动，收益率时间序列一般具有方差时变的特点，表现出波动率聚类、高峰厚尾、长记忆等现象，GARCH 模型对于此类序列具有很好的分析和解释能力。GARCH(1，1) 则是最常用的模型，标准的 GARCH(1，1)方程为：

$$y_t = x_t + \varepsilon_t$$

$$\sigma_{t2}^2 = \omega + \varepsilon_{t2-1}^2 + \beta\, \sigma_{t2-1}^2$$

其中，ε_t是误差项，σ_{t2}是条件方差，是基于前期信息的预测方差，它由三部分组成：均值 ω，均值方程的残差滞后项ε_{t2-1}，前一期的预测方差 σ_{t2-1}。

(二)VaR 方法

VaR，即风险价值(Value at Risk)，指的是在一定的置信度内，由于市场波动而导致资产在未来某个时期内可能出现的最大价值损失。由于 VaR 方法能简单清晰地表示市场风险的大小，又有严谨的概率统计理论作依托，更重要的是，它解决了传统风险度量方法所不能解决的各种问题，因而该方法得到了国际金融界的广泛支持和认可。在 1995 年 4 月，国际银行业监管的权威组织 Basle 委员会在其发布的文件中建议各银行可应用内部模型来计算各自的 VaR，并且将得出的 VaR 与相应因子的乘积作为其资本充足水平向银行提出资本充足性的要求。目前，包括银行在内越来越多的金融机构，如证券机构、保险公司、信托公司和投资基金等纷纷采用 VaR 方法来测量、控制其市场风险，尤其在衍生工具投资领域，VaR 方法的应用更加广泛。金融监管者也使用 VaR 作为管理标准。巴塞尔协议就以银行的 VaR 为基础确定资本充足性要求。在美国，许多评估机构如穆迪(Moody's)、标准普尔(S&P)、金融会计标准委员会以及证券与交易委员会都宣称支持 VaR。

VaR 用数学公式表示为：

$$p(\Delta p \leqslant VaR)=\alpha$$

其中 Δ p 为证券组合在一定持有期内的损失，1-α 为置信度。也就是说，对某个证券组合在给定的时间区间和置信度下，VaR 给出了该证券组合最大可能的预期损失，即以 α 的概率保证损失不会超过 VaR。例如，某公司每天交易的有价证券的日 VaR 值在 95%的置信度下为 100 万美元，即在正常的市场条件下，在今后 24 小时内发生大于 100 万美元亏损的可能性为 5%。这一数据不仅给出了公司市场风险暴露的大小，同时也给出了损失的概率。

VaR 的计算方法较多，现在主要有参数法、历史模拟法、蒙特卡洛模拟法等。

1. 参数法

参数方法假设收益率服从一定的分布，因为在计算过程中往往需要估计参数的值，所以被称为参数方法。通常假设收益率序列服从正态分布，Risk Metrics 指数加权移动平均(Exponentially Weighted Moving Average，简记为 EWMA)预测模型就是建立在正态假设下。Risk Metrics 的标准型 EMWA 方法假设收益率序列服从正态分布。这里我们为简单起见，只介绍单个资产的参数法。假设收益率序列服从均值为 μ，标准差为 σ 的正态分布，那么显著性水平为 α 的 VaR 值为：

$$VaR=\mu+\sigma\varnothing^{-1}(\alpha)$$

其中 $\sigma\varnothing^{-1}(\alpha)\sigma$ 是标准正态分布函数的逆函数，参数 μ 和 σ 可由极大似然估计，在一定的显著水平，得到参数 μ 和 σ 的估计后，就可求出 VaR 值。通常均值很小，μ 可近似看作零，那么 VaR 的计算公式更简单，即：

$$VaR=\sigma\varnothing^{-1}(\alpha)$$

2. 历史模拟法

历史模拟法(Historical Simulation Method)不需要对市场因子的统计分布作出假设，而是直接根据 VaR 的定义进行计算，利用历史数据集，将过去已经实现的回报率分布或市场变量分布应用于目前的投资组合，以模拟下一时期投资组合可能面临的回报率分布，计算风险值。

3. Monte Carlo 模拟法

Monte Carlo 模拟法(Monte Carlo Simulation)的基本思想是反复模拟决

定金融估计价格的随机过程，每次模拟都可以得到组合在持有期末的一个可能值，如果进行大量的模拟，那么组合价值的模拟分布将收敛于组合的真实分布。这样通过模拟分布可以导出真实分布，从而求出 VaR 值。蒙特卡洛模拟法的优点包括：产生的大量情景，比历史模拟法更加精确和可靠；是一种全值估计方法，可以处理大幅波动等问题；可模拟回报的不同行为(如白噪声、自回归和双线性等)和不同分布，能较好地处理非线性问题，且估算精度好，特别是随着计算机软硬件技术的飞速发展，该方法越来越成为计算 VaR 的主流方法。

四、QDII 制度风险管理的手段

(一)规避与预防风险

规避策略是指在市场风险发生之前，风险管理人员或投资人员因发现从事某种经营活动或进行某项交易可能带来市场风险损失，而采取的主动放弃或拒绝承担该风险的策略。

预防策略是指在市场风险发生的事前或市场风险发生时，通过采取一定的方法和手段，以减少风险产生的损失，或者增加风险收益而进行的风险管理策略。风险是现代金融市场的内在特征，QDII 无论是自营还是资产管理运作的方式和环境，都隐含了风险发生的可能性，而且比一般投资基金面临更多的风险暴露因素。因此，要想规避与预防风险，必须完善风险的监控，建立起一整套行之有效的风险动态监控体系，从投资的决策程序、人事、财务制度等各方面形成严格的风险内部控制机制。

(二)分散风险

分散化策略是指通过广度的扩大来降低市场风险水平，通过多样化的投资，即组合管理的方式来分散风险和降低风险的风险管理策略。分散风险即是避免某一次风险的发生对 QDII 投资者造成过大的损害。证券投资基金风险分散是管理公司日常业务中一项重要的工作，通过投资业务分散和内部人事控制分散的方法来实施，所谓投资业务分散，是指基金管理公司在投资决策时充分运用投资组合的原理和在不同的证券类别(股票与债券)、不同风险的同类证券之间进行合理的组合，达到分散风险的目的。内部人事控制分散是指基金管理公司在内部业务人员的使用上，不要过分依赖个别人员，避免由于个别人员变动时带来过大的风险。我们后面介绍的国际资产配置就是一种分散风险的管理手段。

(三)对冲风险

对冲策略是指在市场风险管理的过程中，应用对冲交易的方法通过投资或购买与管理标的资产收益波动负相关或完全负相关的某种资产或衍生金融产品来冲销市场风险的一种风险管理策略。由于现代金融市场充满了各种各样的投资风险，设计和开发有效的对冲投资风险的工具一直是金融机构和金融市场发展过程中的一个重要问题，现在已经发展出许多重要的风险转移市场，主要是各种衍生金融商品的交易，如期权、期货等。当然我们也可以通过利用股指期货、利率期货等手段来对冲市场不利变动对净值的影响，甚至可以利用信用衍生品来回避信用风险等。

五、本章小结

本章介绍了 QDII 投资海外市场存在的市场、汇率、主权和信用等几种主要存在的风险。其中区域市场风险是 QDII 基金投资海外新兴市场面临的主要问题，由于新兴市场的市场行为和运行状况可能具有一些程度的不稳定，投资新兴区域市场可能会给 QDII 基金业绩带来相应的不确定性。在汇率风险中，QDII 主要面临两个阶段的风险，当机构投资者风险意识不够或者规避汇率风险的工具应用不当，可能会遭受比较大的汇率损失，所以对汇率风险的准确度量以及合理避险工具的采用具有重要意义。主权风险主要从政治、经济和金融三个方面进行风险因素的划分。而信用风险是投资债券等产品时主体信用等级变化，对债券的价格产生影响，从而也会给境外投资带来信用风险，从实际工作的角度来看，信用风险和主权风险出现的概率相对不是很大。QDII制度面临着汇率、利率、跨境监管等风险。但是要在我国顺利推行QDII制度，仅仅关注和防范这些一般风险是远远不够的。严格的外汇管理体制、成熟机构投资者的欠缺、金融监管体制的不健全都严重制约着QDII制度在我国的发展，形成我国推行QDII制度的特殊风险。风险的衡量主要是运用方差和VaR的方法，其中VaR的计算方式主要介绍了参数法、历史模拟法和蒙特卡洛模拟法。在风险管理的部分，主要分析规避与预测风险，分散风险和对冲风险。规避风险属于在市场风险发生之前，采取的主动放弃风险的策略。目前机构投资者主要使用的是分散风险的策略，在投资决策时充分运用投资组合的原理和在不同的证券类别(股票和债券)、不同风险的同类证券之间进行合理的组合。对冲风险的方式，参照国内的投资习惯，在QDII成立初期运用较少，现在随着对海外金融市场理解的深入，机构投资者运用得更为频繁和有效。

第六章　QDII 海外资产配置的有效分散风险策略

早在犹太法典《塔木德》中就提到了最早的资产配置思想：“让每个人将他自己的钱分成三个部分，将其中三分之一投资到土地，另外三分之一投资到实业，剩下的三分之一他自己预留着。”因此通过资产配置的分散化投资是很早以前就有的一种思想。可见分散化投资很早就有了雏形，近代的分散化投资则是从 Markowitz 研究开始的。

一、资产配置是一种风险管理手段

资产配置是把不同可投资品种配置给投资目标、风险偏好不同的投资者。市场中各投资品种有不同的预期收益和预期风险，面对较多的可投资品种和投资限制，为获得最大化收益，同时希望最小化风险，投资者需要在收益和风险之间平衡而进行资产配置，以确定投资于各投资品种的资金比例。

资产配置其实也是一种风险管理策略，基于投资者的投资目标、风险偏好或风险承受能力，平衡可投资品种(股票、债券和现金)的收益-风险来减少市场波动对组合的影响。在股票、债券和现金持有等大类资产之间的资金分配，称之为一级(或大类)资产配置；一级资产配置后，再进行二级资产配置，比如债券组合中投资于国债、机构债、公司债、金融债的比例，股票投资于行业或风格板块的比重；需要时，也进行三级(品种)资产配置，即各具体品种的投资比重的确定，比如，金融股票组合中投资于民生银行、招商银行和工商银行的比例。

资产配置是中长期投资获利的决定性因素，做好资产配置规划，是奠定中长期投资组合绩效的关键。随着投资渠道与投资品种的多样化，投资者一方面接受比以前更多的投资理财信息，另一方面也面临前所未有的市场变化，资产配置也从中长期静态配置至短期动态配置。

国际资产配置是从资产配置课题中衍生出的研究方向，在国际金融市场进一步融合后，投资者面临着更多的可投资标的，特别是近年来，新兴市场的崛起使得国际配置显示出了极大的吸引力，因此，许多学者都针对国际资产配置进行了深入的研究，实证表明进行国际资产配置能够显著提高组合的收益，降低组合的风险。不同国家具有不同经济、科技、财政、货币政策，以及文化和社会的差异这些都造成了国际股票市场相关性较低。从资产组合优化的角度来说，配置与原有资产具有低相关性的资产就会起到改进组合预期收益或者降低风险的效果。而不同国家证券市场间具有较低的相关系数，这正是合理进行全球化配置能够起到降低组合风险的理论基础。

二、资产配置理论简介——资产组合理论

(一) Markowitz 方法

在资产配置的相关理论中，最为人所知的不外乎由 Markowitz(1952)所提出的投资组合理论，它主要探讨在可获得合理估计值的情况下应如何投资。投资组合管理理论是指由一种以上的证券或资产所构成的集合，投资人应将数种投资标的集合起来形成投资组合来进行投资，而不只是针对单一资产进行投资。

最基本的一种资产配置模型由 Markowitz 提出均值-方差(Mean-variance)组合理论，该理论被认为是近 50 年来在金融学领域中主要的贡

献，这种组合投资的思路在理论上被广泛认可，同时也是 Sharpe、Lintner 和 Mossin 资本资产定价模型（CAPM）的基石。Markowitz 实证研究发现，将投资报酬率均相同的资产集合起来形成投资组合后，投资组合的投资风险会比单一资产要来得低，且若能将所投资的资产分散相关性越低的资产间，越能够分散投资组合风险，因为越不相关的资产，越能规避掉单一事件所造成的风险。同时，Markowitz 通过关键线算法生产了一条有效前沿（Efficient Frontier），有效前沿是在预定风险下的最大收益组合，或者特定收益下最小风险组合的集合。

计算有效前沿需要三种输入变量：

第一，资产的预期收益；

第二，资产的预期标准差；

第三，资产间的相关关系。

从有效边界的图像是一条向上倾斜的曲线，这反映了分散化的特征。而分散化带来的好处正是由资产间协方差系数所贡献的，协方差系数通过相关系数来计算。相关系数越低，则有越高的分散化优势。按照上述特征可以推导出，位于有效前沿中间的组合应该比两个极端组合具有更大的夏普比率，一般实证结果中标注为 50%位置的组合。

传统 MVO 方法提供了资产配置的工具，在许多方面都十分有用（Michaud，1998）：

第一，实现投资目标及其约束条件；

第二，控制投资组合的风险构成；

第三，实现资产管理者的投资哲学，投资风险及对市场前景的看法；

第四，有效利用积极的收益信息以及方便将新信息加入现有投资组合。

（二）对 Markowitz 方法的改进

由于这些优点，Markowitz 方法相对于其他投资组合的方法，比如平均数/变异数的分析模型，仍然是目前财务领域最强而有力的财务工具，但该模型存在一些瑕疵。运用 MVO 来寻找最优投资组合并非没有严重缺陷，最主要的问题在于 MVO 发生作用的机制是一个混沌投资决策体系，MVO 输出的最优组合对输入由变量非常敏感。

Michaud(1989)指出，虽然 Markowitz 投资组合理论吸引人，但实际上却有许多的问题。其中，最主要问题就是投入要素的假设。MVO 组合是不稳定的，并且在 MVO 过程中过度使用了统计的信息，夸大了估计误差的影响，其结果最大化了估计误差。原因在于具有较高的预期收益、负的相关系数和较小方差的资产将会被分配较大的权重，而恰恰这类资产具有最高的估计误差。但只要对投入要素做适当的修改并加入一些限制式即可大幅改善这个情况。随后他提出了一种经重复抽样(Resample)的有效组合(边界)，通过该方法能够降低或者消除 MVO 的上述缺陷。这也是当前构建稳健组合的主流方法。

Brianton(1998)指出，利用 Markowitz 投资组合理论所求算出的效率前沿完全是根据投入要素——预期报酬率、预期报酬变异数及相关系数来决定，因此，效率前沿对投入要素非常地敏感，只要投入要素有些微小的变动，就很有可能得到差异很大的效率前沿。

因此，在以下研究中，为了避免传统的 Markowitz 方法的缺陷，我们采用了 Michaud 提出的重复抽样方法(Resembled Method)来生成较为稳健的有效前沿，作为资产国际资产配置的依据。

(三)重复抽样

重复抽样是基于随机模拟的过程，其中重复抽样的数据输入是从原有历史数据中随机生成的。随后，将这些随机得到的输入变量代入 MVO 中。该过程被重复多遍后，我们将重复抽样得到的有效前沿资产配置进行平均就可以得到重复抽样的有效组合。重复抽样得到的有效前沿统计上是相关的，因为他们是通过原始数据均值进行衔接，并用于随机模拟的过程。最终的结果是更加稳定、更具现实性和更加有效的 MVO 组合。同时，经过重复抽样的技术一般可以包括统计严格的组合交易和监控原则和显著资产的测试，以避免传统 MVO 资产管理过程中的无效性和成本高昂的再平衡。

通常来说，重复抽样的 MVO 组合可以根据以下步骤进行构建：

第一步，从在 MVO 中运用的原有值(点估计)的分布对收益率均值向量和协方差矩阵进行抽样；

第二步，根据这些抽样得到的风险和收益的估计计算 MV 有效前沿；

第三步，重复第一步和第二步，直到获得足够的观测样本用于第四步的收敛计算；

第四步，第二步从重复抽样中得到的最优组合计算平均权重；

第五步(可选)，对第四步中的权重施加投资约束。

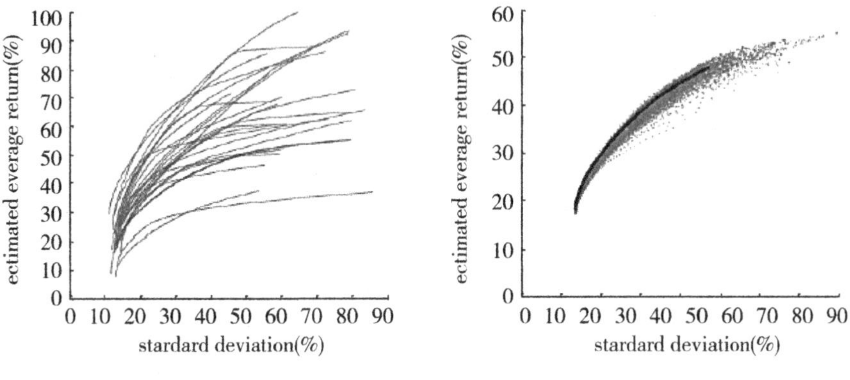

(左) 原始和模拟的MV有限前沿　　　　(右) 重复抽样的有限前沿

图 6-1　原始和模拟有限前沿和重复抽样有效前沿

资料来源：Estimation error and portfolio optimization，JOIM，Michaud (2008)。

从图 6-1 中我们可以看到如何利用重复抽象来产生有效前沿，图中左半幅可见软深线条为原始数据生成有效前沿，而其他线条则为通过第一步和第二步模拟的 MV 有效前沿，其中有些模拟的有效前沿比原始有效前沿短很多，或者一些有效前沿则具有更大的风险。虽然每条有效边界都代表了 MV 组合的最优结果，但左图生动地说明了如果考虑到估计误差，我们得到的结果不可能是唯一最优的，因此，在实际中很少有基金经理完全依赖于 MVO 进行投资决策，要么就是在投资过程中加入一些约束条件。在图中右半幅反映了利用重复抽样技术可以将模拟的 MV 有效前沿转换为唯一的一条前沿（图中较粗的线）——重复抽样的有效前沿（Resembled Efficient Frontier，简称为 REF）。

三、现代投资组合理论的最新进展

从 Markowitz 的均值-方差投资组合选择理论，到 Sharpe、Lintner 和 Mossin 的资本资产定价模型，Fama 的有效市场假说，Ross 的套利定价理论、多期动态资产配置模型，现代投资组合理论（Modern Portfolio Theory）已经发展了近 60 年。在这 60 年里，现代投资组合的理论与应用研究取得了相当丰富的成果，出现了百花齐放、百家争鸣的局面。某种意义上说，现代投资组合理论是现代金融理论研究的起源和动力之一，是现代金融学最主要和最具吸引力的分支之一。关于投资组合理论的发展进程，Campbell 和 Viceira（2002），Brandt（2009），Roman 和 Mitra（2009）、朱书尚（2004）、陈浩武（2007）等学者都给出了较好的综述。但这些学者主要侧重于各种具有代表性意义的理论、模型和方法，甚少对投资组合理论的最新发展进行分类总结，即便提到也仅是讨论其中的某一分支理论，不够全面。因此本节的重点是总结和归纳现代投资组合理论的最新进展，并简要分析各理论之间、各理论与经典模型之间的内在联系。

本节从现代投资组合理论的经典假设入手，沿着逐一放松经典假设这一线索，循序渐进地梳理出现代投资组合理论的发展脉络，对现代投资组合理论的最新发展作一个较为全面的回顾和分析。

经典资产组合选择模型用预期收益率的方差来度量风险，同时基于一系列前提假设，将这些假设归纳为以下四点：①无交易成本和税收，资产市场是无摩擦的，而且市场流动性是充分的；②不考虑背景风险和投资者负债等因素对投资者财富的影响；③投资者是预期效用偏好的；④信息是免费的，且能够自由流动。资产市场是有效的，投资者的信息是完全的，这些假定与现实复杂的金融市场和投资者行为不相吻合，使得资产组合理论难以应用于现实的投资决策。大量的学者致力于放松这些假定，使模型更为贴近现实。接下来本节将通过逐步解除经典假设，回顾并评述现代投资组合理论最新的理论进展。

(一)考虑市场摩擦的投资组合选择理论

交易成本和税收是现实投资过程必然遇到的问题，并且是市场不完全的原因之一。Magill 和 Constantinides（1976）在比例交易成本的设定下，考虑类似于 Merton 的无限期终生消费问题。此时最优投资比率变为一个 V 形区域，当资产价值在 V 字形内部时，不交易；当资产价值在 V 字形外部时，则调整资产比率在较近的 V 字形边界。Morton 和 Pliska（1995）也研究了固定交易成本下的最优组合管理问题，Liu（2004）考虑了同时存在比较交易成本和固定交易成本的情形，并给出了存在固定交易成本时的最优投资比率的显式解。

Dammon 等(2001)研究了资本收入税下的最优消费和投资组合选择问题，将最优决策表示成投资者的年龄、初始组合收益和税率的函数，结果表明投资者在生命期内根据分散化收益和交易税收之间的平衡关系调整资产组合，调整资产组合的积极性与现有资产组合的收益和投资者年龄有关。Gallmeyer 等(2006)在多风险资产情况下研究了存在资产收入税时的最优消费和投资组合投资问题，说明了卖空是怎么影响资产组合选择，研究出了一种新的可行性交易战略，即投资者为了最小化未来包含税收的交易成本，会卖掉资产组合中的一些风险资产，即使它们存在潜在的收益。

由于引入交易摩擦会使市场不完全，这类问题的研究非常困难，最优组合的闭式解一般难以求出，目前的研究成果不多，进一步的研究在理论和实践上都具有重要意义。

(二)考虑流动性的投资组合选择理论

投资组合再平衡是投资过程中的一个重要组成部分，因为它会对投资绩效产生直接的影响。而对于投资组合再平衡成本而言，流动性又是至关重要的。流动性是指在不造成巨大价格波动的前提下，人们买卖金融资产的难易程度，传统理论假定证券交易是没有成本的，具有完美的流动性。但现实生活中，几乎所有证券交易都是有成本的，因而也不具有完美的流动性，而且 Amihud、Mendelson (1986)、Chordia 等(2000)的研究发现流动性是系统性的，难以分散。Longstaff (2001)也认为投资者能够交易无限数量的证券这一假设是不合理的，实际上投资者受到流动性限制，这时投资者可能承担了额外的风险。

但流动性本身难以准确刻画。早期的学者如 Tobin (1958)将流动性作为变现成本来考察它对期望效用的影响，以此来进行最优组合的选择。此后一些学者则考虑将流动性引入组合选择的模型中，如 Amihud 和 Mendelson (1986)。Jacoby 等(2000)利用相对买卖价差比率作为流动性的度量指标，提出了流动性调整的 CAPM 模型(LCAPM)。Jacoby 等(2003)还考察了收益经流动性调整后的均值-方差模型。Ly Vath 等(2007)分析了一个无风险资产和一个风险资产的最大化期末效用的最优投资组合问题，其中，风险资产受流动性风险影响。他将最优化问题转化为一个脉冲控制问题进行求解。姚亚伟(2009)将流动性引入均值-方差模型，分别从流动性间接引入和直接引入两个方面给出了流动性作用下组合的有效边界。

(三)贝叶斯投资组合理论

传统理论往往假设变量的未来分布已知，可以用准确的模型和参数刻画。但是在现实中，由于信息不完全，变量的未来分布是不确定的，用于刻画变量分布的模型和参数也是未知的。比方说，投资者在应用均值-方差模型进行资产配置时，事先并不知道投资机会集的各种参数(如预期收益率，资产波动率以及资产间的协方差等)，他们往往通过历史数据和各种计量模型进行估计，与此同时产生的估计误差会给投资组合带来估计风险(Estimation Risk)，估计风险又被称为参数不确定性(Parameter Uncertainty)。同时投资者还将面临着模型不确定性(Model Uncertainty)，即资产收益预测模型设定形式的不确定性。Demiguel 等(2007)实证比较了各种方法下的静态配置效率，结果发现目前配置方法在样本外表现均不能显著优于最简单的 1/N 策略，说明最优策略的好处已经基本被估计误差所抵消掉。Brennan (1998)和 Xia(2001)研究了均值不确定下的动态资产配置问题，分别从收益独立同分布和收益可预测两种情况出发，结果都表明，当存在参数不确定时，会产生对参数不确定风险的规避需求。

另外投资者不仅可以从宏观经济分析和资产定价理论获得投资决策问题的某些先验信息，而且在进行动态资产配置时，会不断地利用新获得的信息调整组合头寸，使动态资产组合处于最优状态。换句话说，投资者对参数具有学习能力。Pastor 和 Veronesi (2009)从多个角度回顾了学习模型的相关文献，指出学习行为可以解释很多最初令人很困惑的金融现象，如收益率的可预测性、股票价格泡沫、投资者交易行为等。现有学习模型是一种自动学习机制，理性个人在获得新的信息之后用贝叶斯准则(Bayes' Rule)更新对参数或模型的估计。

Williams (1977)最早从理论上研究参数不确定性与资产组合选择的关系，指出参数不确定将导致投资者对资产组合的对冲需求。Hoeting 等(1999)最早研究模型不确定对资产组合选择的影响，他假设投资者对模型为真实模型有一个先验概率，提出了贝叶斯模型平均的方法(Bayesian Model Averaging)。Avramov 和 Zhou (2010)回顾了贝叶斯投资组合理论的最新进展，主要从以下三个方面进行说明：①收益率服从独立同分布；②收益率可预测；③均值服从机制转换以及波动率是随机的。他们主要讨论参数不确定性下的贝叶斯投资组合理论，也提到了模型不确定。最近两篇投资组合理论的综述文章 Brandt (2009)和 Wachter (2010)详细地介绍了贝叶斯投资组合理论的方法。

(四)行为投资组合理论

经典投资组合理论以投资者是理性的、风险厌恶的、最大化(客观)预期效用为前提，承认市场是有效的。但是大量的实证研究发现市场和投资者行为并不像经典理论所描述的那样，因此实际的决策行为并不与预期效用理论所描述的相一致。对这些假定的改造，有前文提到的贝叶斯投资组合理论的投资组合理论，新近的一个研究方向是行为金融。

Kahneman 和 Tversky 创立的前景理论(Prospect Thoery)认为，投资者并非完全理性，他们有时会过度自信，损失厌恶的，具有从众行为等。现实中人人都是风险厌恶的，人人又都是冒险家。行为金融理论认为，部分投资者因非理性或非标准偏好的驱使会做出非理性的行为，而且具有标准偏好的理性投资者无法全部抵消非理性投资者的资产需求。基于此，Shefrin 和 Statman (1994)提出了行为资本资产定价模型(Behavioral Capital Asset Prieing Model，简称 BAPM)，对传统的 CAPM 进行了调整。BAPM 将投资者分为信息交易者和噪声交易者两种类型。信息交易者即 CAPM 模型下的投资者，是"理性投资者"，他们通常不犯认识性错误并且具有均值方差偏好；而噪声交易者由于信息不充分，会犯各种认知偏差错误，没有严格的均值方差偏好。金融市场上资产的价格由这两类投资者共同决定：当信息交易者在市场上起主导作用时，市场是有效的；当噪声交易者在市场上起主导作用时，市场是无效的。因此 BAPM 不仅反映了市场理性行为的基本风险，也反映了非理性行为的噪声交易者风险。

Shefrin 和 Statman 在 2000 年继续挑战现代投资组合理论(Shefrin and Statman，2000)。他们以前景理论为基础，提出了行为投资组合理论(Behavioral Portfolio Theory)。BPT 包括单一心理账户(Single Mental Account)和多个心理账户(Multiple Mental Account)两种形式，其中单一心理账户投资者关心投资组合中各资产的相关系数，他们会将投资组合整合放在一个心理账户中，而多个心理账户投资者会将投资组合分成不同的账户，忽视各个账户之间的相关关系。BPT 假设投资者都是厌恶损失的，一方面追求安全保证，另一方面又追求高风险以获取高收益。这时投资者不再把资产组合看成一个整体，而是投资于具有金字塔型层状结构的资产组合，每一层都对应着投资者特定的投资目的和风险态度，一些资金投资于最底层用以规避风险，其投资对象通常是短期国债、大额可转让存单、货币市场基金等收益稳定、风险较小的证券；另外一些资产投资于更高层来争取更大的收益，其投资对象通常是成长型股票、外国股票、彩票等高风险高收益的证券，同时各层间的协方差被忽略了。

Curtis (2004)对现代投资组合理论和行为投资组合理论作了比较。他认为二者本质的区别在于是否假设投资者“完全理性”。现代投资组合理论以投资者是理性的、风险回避、预期效用最大化，以及在此基础上形成的相机抉择为前提，承认市场是有效的；而行为组合理论认为，投资者是有限理性的，在进行风险决策时并不按照贝叶斯法则进行，而是采用简单而有效的直观推断。两种理论各有优缺点。Das 等(2010)认为 Markowitz 的均值-方差理论(MVT)与 Shefrin 和 Statman 的行为投资组合是殊途同归的，他们用数学方法将 MVT 和 BPT 整合到一个新的心理账户模型(MA)中，证明了 MVT、MA 和 VaR 的风险管理模型在数学上是等价的。

上文通过对经典模型假设的放松，回顾了现代投资组合理论的一些最新进展。目前对经典假设的放松使模型更为接近现实，理论和实证研究都取得了丰富成果，大大发展了传统理论。但实践运用和理论研究差距还是很大，特别在我国金融市场上，金融业界对这些成果(包括经典的理论和方法)的实际应用几乎为零。造成这种现象的原因是多方面的。一方面，是由于我国的金融市场不成熟、不完善，政策等非市场因素影响严重，实际市场与理论模型相去甚远；另一方面，金融学研究人员和金融业界之间的交流与合作不够，擅长数理工具的研究人员也不太关注或者是缺少机会关注金融业界的实际需要，二者难以走到一起。因此，如何将理论研究成果应用于业界实践是当前我国金融学界和业界面临的一个亟待解决的问题，相关方面的研究任务艰巨。

四、QDII 海外资产配置的意义

（一）通过国际化投资对冲我国经济发展过程中的风险

近年来，中国经济发展呈现出两大特点，经济保持高速度增长是最显著的特点，而另一个非常显著的特点则是经济增长越来越依赖于经济全球化进程。这体现在进出口额(尤其是出口额)在 GDP 中的比重日益增加上。从积极意义上说，经济对外依存度的上升体现了我国经济日益融入全球分工体系，并积极发挥我国的比较优势，从全球分工和全球经济发展中实现了经济发展效率的提高和极高的发展速度。但与全球产业链之间过分紧密的关系在为一个国家带来高效率的发展机遇的同时，也带来了巨大的风险。这种风险集中体现在以下两个方面：

首先，国际分工的进一步发展使得各国注重自身在全球产业链上的定位，注重发展适合本国国情和经济发展情况的优势产业，而通过其上游产业所在的国家或地区获得能源、原材料和其他供给，并向其下游产业所在的国家或地区输出产成品。也就是说，一个国家或经济体所需的大量生产资料和生活资料的供应地均可能在国外，而其生产出来的产品的销售地也绝大多数分布在国外，这样，处于产业链上游的国家或地区的经济状况一旦发生变化，从而导致某些生产要素(如石油、金属矿产等)的供给发生短缺，就极易通过全球产业链传导至下游国家或地区，造成下游经济体的生产成本急剧上升；同样，处于产业链下游的国家或地区的经济状况的变化所导致的消费水平的下降，也会迅速地通过全球产业链传导至上游国家或地区，造成上游经济体的产品滞销，从而影响其经济的稳定性。

其次，在全球经济体系中，各个国家和地区对全球经济的影响力是不同的，以美国、欧盟、日本等发达国家为代表的经济体在全球经济体系中具有举足轻重的影响力。从表面上看，一些新兴市场经济国家或地区的经济影响力在迅速提高，但这些经济体往往在很大程度上依靠西方发达国家的需求：对于以制造业产品出口为主的经济体而言，其主要商品的输出地往往是发达国家；对于以能源和原材料出口为主的经济体而言，对其出口的需求除了发达国家外，大部分是以制造业产品出口为主的发展中国家或地区。因此，少数发达国家的经济景气度、消费倾向等会通过全球经济体系迅速影响数量广大的以出口为主的国家，从而造成全球性的经济风险。

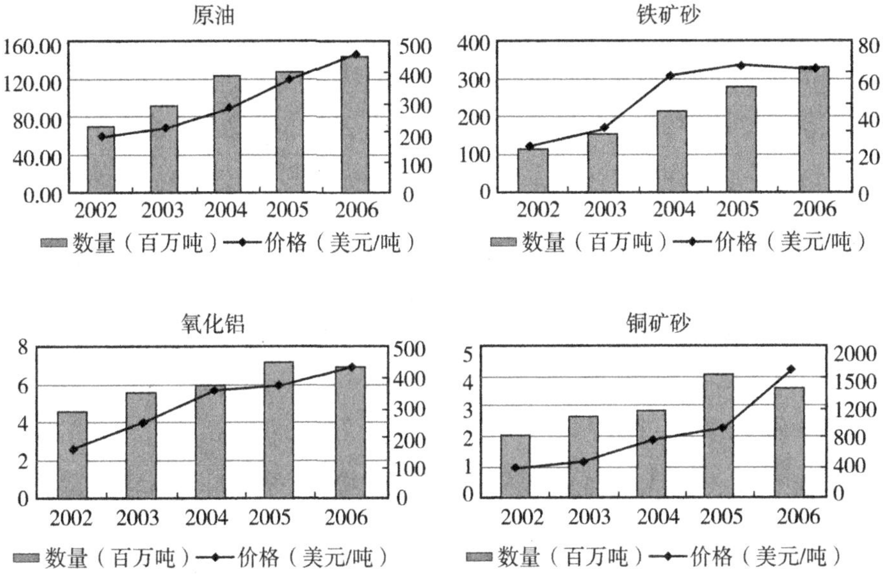

图 6-2　中国重要资源的进口数量及价格

数据来源：根据 Wind 资讯原始数据计算整理。

应对全球化带来的经济风险需要采用多种手段，例如优化本国的产业结构，避免产业的单一化等措施能够在一定程度上降低由全球产业链导致的经济风险；而增强本国需求，降低经济发展对外国，尤其是发达国家经济状态的依赖等也是重要的手段。同时，通过全球化的金融投资战略也是降低一个国家在全球化浪潮中对冲相关的经济风险，实现整体经济的稳定增长的有效方法。

例如，随着中国经济的不断发展，对全球能源和原材料供应体系的依赖程度也日益提高。图 6-2 显示了中国在 2002—2006 年原油和主要金属原材料(铁、铝、铜)的进口数量和进口价格，从图中可以看到，我国对于能源和原材料的进口量几乎逐年上升，而这些年恰恰是全球能源和原材料价格上涨幅度较大的时期，国际能源市场与原材料市场价格的大幅度上升大大提高了中国对上述商品的进口价格。

要减少或消除全球能源和原材料价格上升对中国贸易条件及整个经济体系的影响可以采用多种手段。最直接的手段是建立相关能源和原材料的战略储备，但由于全球市场中能源和原材料价格变化无常，在对其未来行情难以准确判断的基础上建立战略性储备一方面可能支付不必要的高价，另一方面大量战略性储备的建立过程本身也会在一定程度上推高相应产品的价格，因此从经济意义上说，大规模进行能源和原材料的战略储备是一种非常不明智的策略。另一种方法是直接购买相应资源的产区，如油田或矿藏，这种方式对于相关商品的市场价格的影响相对较小，但在当前各国均意识到战略性资源的重要性，从而加强对其资源的控制的环境下，其成本变得越来越高，成功的可能性也逐步降低，这从中国有关公司所参与的几宗国际并购案中可见一斑。

实际上，降低能源与原材料价格波动对经济影响的比较好的方法是在国际金融市场上购买相应的资产或金融产品。购买商品期权或期货是一种比较直接的方法，另一种同样比较有效的方法是购买有关行业的股票或主要投资于相关行业的基金。图 6-3 显示了 1993—2006 年纽约商品交易所原油合约价格与全球石油及天然气行业指数的走势，从图中可以看到，两者的走势十分接近，进入 21 世纪后其走势更加趋于一致。因此，在大量进口原油的同时，根据实际情况持有一定数量的石油企业的股票或者持有主要投资于石油及天然气行业的全球投资基金的份额，当石油价格上升时，上述资产的收益就可以在一定程度上弥补由于油价上涨所带来的成本上升而造成的利润损失。

与直接购买相应资源的产区或者通过兼并收购方式获得有关能源或原材料企业的所有权或控制权的方式相比，通过持有能源或重要资源类公司的股票或投资于这一类公司的基金的方法更有效。首先，由于获得的是少

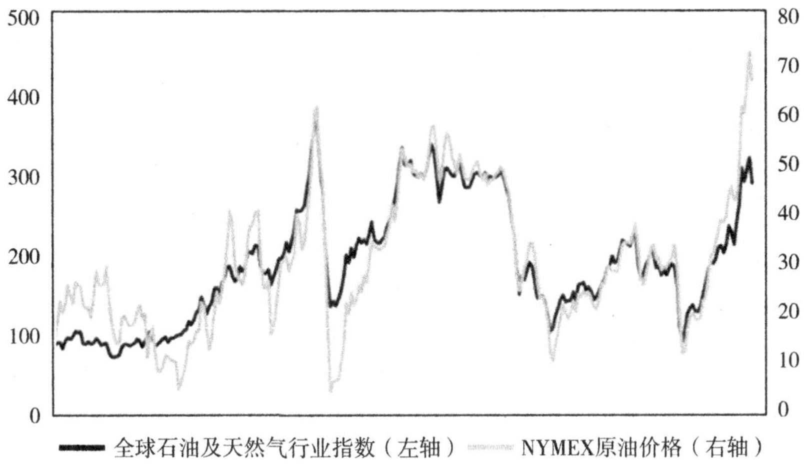

图 6-3　石油价格与相关行业股价的相关性

数据来源：根据 Dow Jones 公司及国联倚天数据终端的原始数据计算整理。

量股份，不致在市场上引起较大的震动，也不会导致有关国家的行政性或法律性干预，能够以较低的成本达到目标；其次，在投入资金量相同的情况下，可以通过分散化投资减少风险；再次，通过全球金融市场进行上述投资可以充分利用全球市场的高效率和高流动性，根据经济环境的变化及时修正投资策略并通过迅速调整资产配置来保证调整后的投资策略的有效实施。

我国经济快速发展的另一个成果是经济总量和外汇储备呈现同步增长的趋势。但随着金融资产国际化程度的日益提高，金融资产的管理问题就会逐步显现。就如同当一个人的资产总量很少时，简单地将资金存入银行或全部用于购买国债不失为一种稳妥的方法，但随着其资产总量的逐步增加，这种看起来低风险的投资策略就意味着一种落后的资产管理手段，意味着机会成本的大大增加。对一个国家往往也是如此：伴随着外汇储备迅速增长的，是中国在外汇资产管理方面的相对落后，在相当长的一段时期内，中国的外汇储备主要用来购买美国国债，这固然是由于外汇储备中美元占有绝大多数份额的缘故，但也在很大程度上反映了外汇资产管理手段上的简单和粗放。从图 6-4 中可以看到，2000—2006 年中国所购买的美国国债从约 1000 亿美元增长到近 4000 亿美元，占美国国债总量的比例从 2%左右增加到 8%，2002—2006 年中国持有的美国国债占其总量的比例一直以每年 10%以上的增长率增加，在某些年份的增长率高达 35%以上。

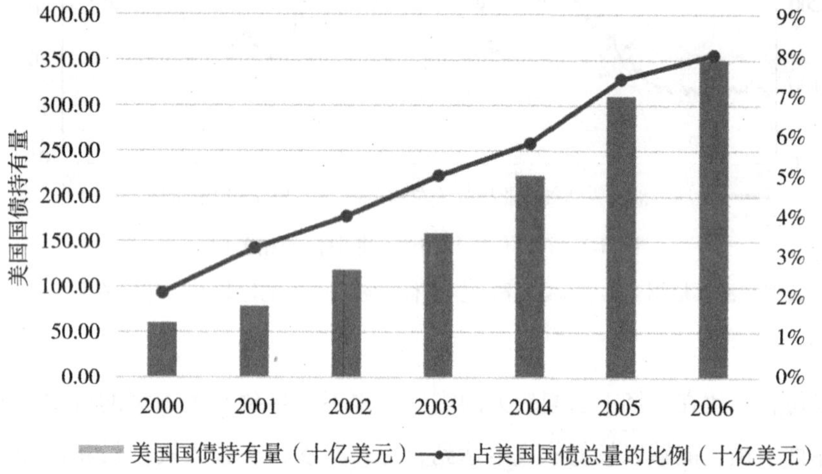

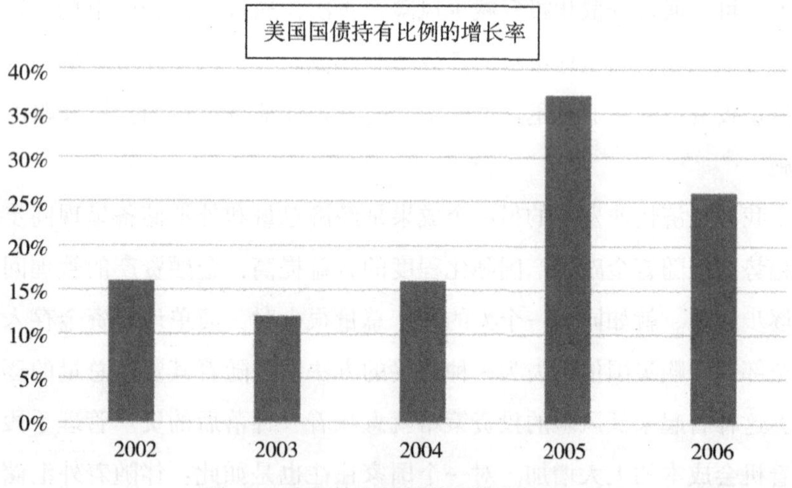

图 6-4 中国持有美国国债持续增长

数据来源：根据 US Treasury、Treasury direct、CEIC、Morgan Stanley 数据整理。

大量持有美国国债的一个主要理由无疑是由于其风险程度低，姑且不论低风险往往带来的低收益率，在全球金融市场中，风险的高低都是相对的，并不存在绝对的高风险和绝对的低风险。实际上，重要的不是某个金融产品或某种金融资产本身的风险高低，而是如何通过资产组合等手段实现有效的风险管理。例如，在大量持有美国国债的情况下，最简单的一个风险来源就是美元贬值所带来的汇率风险，而这一类的风险完全可以通过在投资方面的币种分散策略得到有效的控制。

“中国投资有限责任公司”的建立在提高外汇资产管理水平方面迈出了可喜的一步，尽管要真正实现在市场化基础上对外汇资产进行专业化的、高效的管理仍然需要艰苦的努力和漫长的过程，但它毕竟是一个起点、一个标志，标志着中国的外汇资产开始逐步进入“管理“的范畴。

总而言之，通过国际金融市场进行全球化投资，可以产生一种有效的风险对冲机制，从需求和供给两个方面减少在经济全球化过程中带来的风险，通过金融或投资国际化水平的提高来平衡实体经济国际化水平的提高所带来的负面影响，从而使得我国经济在全球经济一体化进程中保持稳定、持续的增长。

(二)国际化投资体系是经济可持续发展重要推动力

经济与国民福利的可持续发展是当今几乎每一个国家所追求的发展目标，但“可持续发展”并非很容易就能实现，尤其在发展中国家，许多在一定历史阶段和经济发展水平中能够促进其经济快速发展，实现其经济起飞的经济模式和产业政策，却可能在不同程度上对其可持续发展产生不利的影响。在金融占据重要地位的当今世界，金融体系更成为一个国家经济是否能够健康发展的重要影响因素，金融体系与产业经济相互影响、相互作用，固然能够起到推动经济发展的作用，但也有可能对经济产生重大的负面影响。

产业经济和金融之间国际化程度的不均衡是常常被我们忽略的问题。

与近年来迅速上升的外贸依存度相比，中国的金融市场与国际上主要金融市场之间的关联性依然是非常低的。尽管两者之间不能直接比较，但从中我们也可以发现一种严重的不平衡倾向：我国的许多产业与国际市场已经形成了非常紧密的联系，这些产业(包括其从业人员)收入的相当部分来自于全球市场；而我国的金融市场却仍然处在一种半封闭状态，中国投资者的投资收入几乎均来自于国内市场，无法分享全球经济发展带来的收益。

粗略看来，这种产业经济和金融市场之间国际化程度的不平衡并不会对经济发展造成很严重的影响，但正如许多亚洲新兴市场国家或地区一样，中国到目前为止的经济增长在很大程度上归功于采用了基于“成本领先”战略的出口导向型产业经济，这种经济能够充分发挥发展中国家劳动力成本低廉的优势，在全球产业链中寻找合适的切入点，享受全球产业分工和产业转移给发展中国家带来的难得的发展机遇，从而实现经济的快速增长。但这种产业经济模式与缺乏相应的国际化投资体系的状况相结合，在一定的经济发展阶段上却容易促成并增强本币汇率与国内资产价格双双走强的局面，而这种局面如果不能得到及时、妥善的处理，就有可能对本国金融市场乃至实体经济造成(有时是很严重的)负面效果，从而影响经济与国民福利的可持续发展(见图 6-5)。

在基于“成本领先”战略的出口导向型产业经济产生了三大后果：

(1)由于需要保持成本优势，就需要严格控制生产成本，这就意味着需要尽可能降低国内的劳动力成本和能源原材料成本，从而使得大部分以工资为主要收入来源的国民的收入较低(相对于经济发展水平而言)。

(2)在国际市场上保持成本优势的另一个重要因素是本币币值较低，这就需要严格控制本币汇率。

(3)由于出口产品的成本相对较低，出口产品在国际市场上的竞争力相对较强，再加上政府所实施的一系列对出口的扶持和加强政策，会进一步提高出口产品在国际市场上的占有率和销售额，从而形成大量外汇储备。

正常情况下，增加的外汇储备可以通过以下几种途径得到平衡：

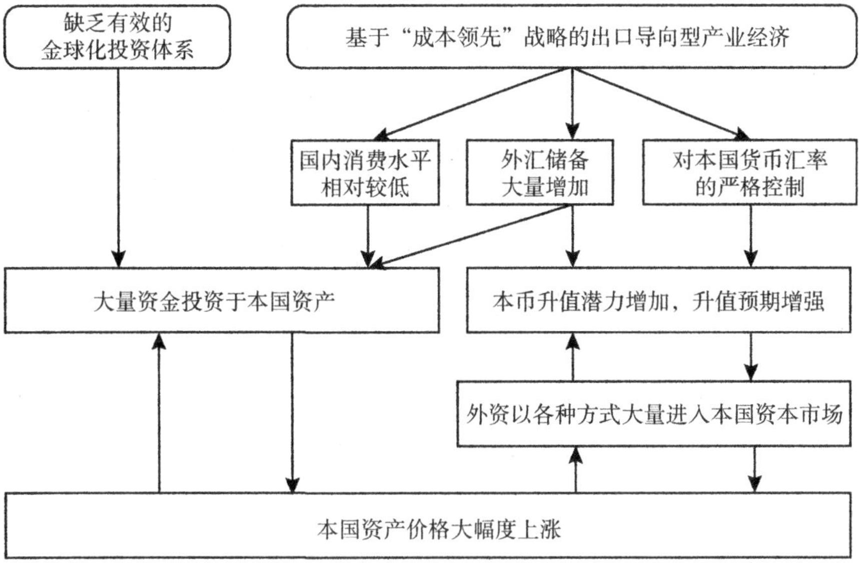

图 6-5　基于成本领先战略的出口导向性经济与缺乏全球化投资体系导致的恶性循环

(1)本币币值上升。本币币值的上升将提高国内产品在海外市场上的价格，同时降低国外商品在本国市场的价格，从而增加进口，减少出口，最终降低外汇储备水平。但这种结果与“出口导向型产业经济战略”的基本原则相违背，因而难以实现，至少难以在短期内迅速实现。

(2)居民消费的增加引起进口的增加。由于外汇储备的大量增加使得国内用于对冲的货币数量增加，在某种程度上起到了提高通货膨胀率的作用，在正常情况下，劳动者的收入将同时提高，其收入相对于外国产品在本国市场的价格增加(外国产品的成本不受本国通货膨胀率的影响)，从而增加本国居民对外国商品的需求，进而增加进口。但由于上述“成本领先”战略所导致的劳动力收入长期处于相对较低水平(往往难以跟上物价上涨幅度)，从而很难在短时间内大幅度提高国内消费。

(3)将外汇资金投资于海外市场。当一个国家具有比较完善的国际化投资体系时，一部分进入本国的外汇资金将通过海外投资流出，起到一个缓冲的作用，但当缺乏有效的全球化投资机制时，大量的资金无法流出到其他国家，就只能投资于本国资产(如股票、房地产等)。

当上述几种平衡机制均无法有效实现时，大量资金流向本国资产，从而促使本国资产价格大幅度上扬。同时，外汇储备的大量增加提高了本币的升值潜力，从而刺激了本币的升值预期，而严格控制的汇率体系又使得这种预期难以迅速释放，这就进一步吸引了大量外资进入本国资本市场以谋求货币和资产的双重升值收益，这种行为的后果则是促使货币与资产价格的进一步上扬，从而形成恶性循环。

应当看到，这种汇率与资产价格"双走强"的互动循环是难以长久的，由于这一循环是一种"正反馈"机制，一旦其中的某一环节出现问题，就会使整个循环向相反方向运转，造成汇率与资产价格的"双跌"局面，当这种局面出现时，无论是金融体系还是经济体系都将受到严重的打击，同时造成国民资产的大幅度缩水，这一局面对于经济和国民福利的可持续发展无疑是非常不利的。因此理性的选择应当是打破这种正反馈循环，寻找一种能够缓解这种正反馈效应的机制。从上面的讨论来看，打破这种正反馈循环有几种方式，包括本币快速升值、大幅度提高国民收入以提升国内消费水平，以及建立国际化投资体系等。其中尽快在国内建立起一个有效的全球化投资机制就是一个重要的途径，它能够在一定程度上缓解上述正反馈循环的发展速度，降低危机发生的可能性，为产业转型、国民收入提高、汇率形成机制优化等配套措施的实施提供宝贵的时间。

我们也应当看到，世界上从来不存在只有增长而没有衰退的经济，任何经济体的发展都可能面临着一定的风险和发展周期，如何在经济增长速度降低甚至进入衰退周期时减少其对国民福利的负面影响，为下一轮上升周期积蓄足够的实力是摆在所有经济体面前的一项重要任务。而一个全球化的投资体系能够减少国民福利对本国经济水平的依赖性，降低可能的经济衰退所带来的福利水平的大幅度降低，提高国民福利的稳定性。

对于各国的经济发展而言，金融经济相对于实体经济地位的日渐提高既带来了风险，更带来的机遇。如果不能有效地使自身的金融体系融合于全球金融一体化进程，不仅本国的金融业受损，还会严重地影响到实体经济和国民福利的稳定增长；反之，如果能巧妙地利用金融经济对于实体经济的影响力，在全球金融一体化和实体经济一体化过程中实现均衡发展，就能使得两者相互促进，并推动整体经济和国民福利的可持续增长。

(三)金融资产全球化是经济发展的必然趋势

随着一个国家经济的增长，其国民所拥有的金融资产也会随之增加，而国民金融资产的增加也能够从某种程度上推动整个经济的发展。而在经济增长与一个国家所拥有的外国资产之间也在某种程度上存在着类似的、相互促进的关系。根据 Lane 和 Milesi-Ferretti 的研究，在经济发展水平(以“人均 GDP”表示)与一个国家所拥有的外国资产比例(以“外国资产净额占 GDP 比例”表示)之间存在着正相关关系(如图 6-6 所示)，这一正相关关系在发达国家非常明显(相关系数为 0.61)，在发展中国家尽管不是非常明显，却也在一定程度上存在着(相关系数为 0.37)。

这一现象充分说明，首先，随着一个国家经济的增长，整个国家的财富不仅在数量上将迅速增加，而且在范围和广度上也会有所扩展，即从单纯的国内资产向国际化资产扩展；其次，经济越发达，资产国际化程度与经济发展水平之间的关系越明显，当一个国家或地区从新兴市场逐步发展成为发达市场后，其经济发展水平与资产国际化程度之间的关系将更加强化。也就是说，随着一个国家经济的增长、经济实力的增强以及财富的增加，其资产国际化程度将呈现一个加速增长的态势，金融资产全球化是一个国家经济发展的必然趋势和必然结果。

全球金融市场的飞速发展与金融市场的全球化和一体化进程是密不可分的。金融市场全球化的一个重要特征就是跨境资本流动的日益频繁和金额的不断增加，正如图 6-7 所显示的，20 世纪 90 年代末，尤其是进入 21 世纪后，跨境资本流动占全球 GDP 的比例不断上升。根据麦肯锡咨询公司的有关报告，1980—1990 年，跨境流动的资本从 0.9 万亿美元增加至 1.3

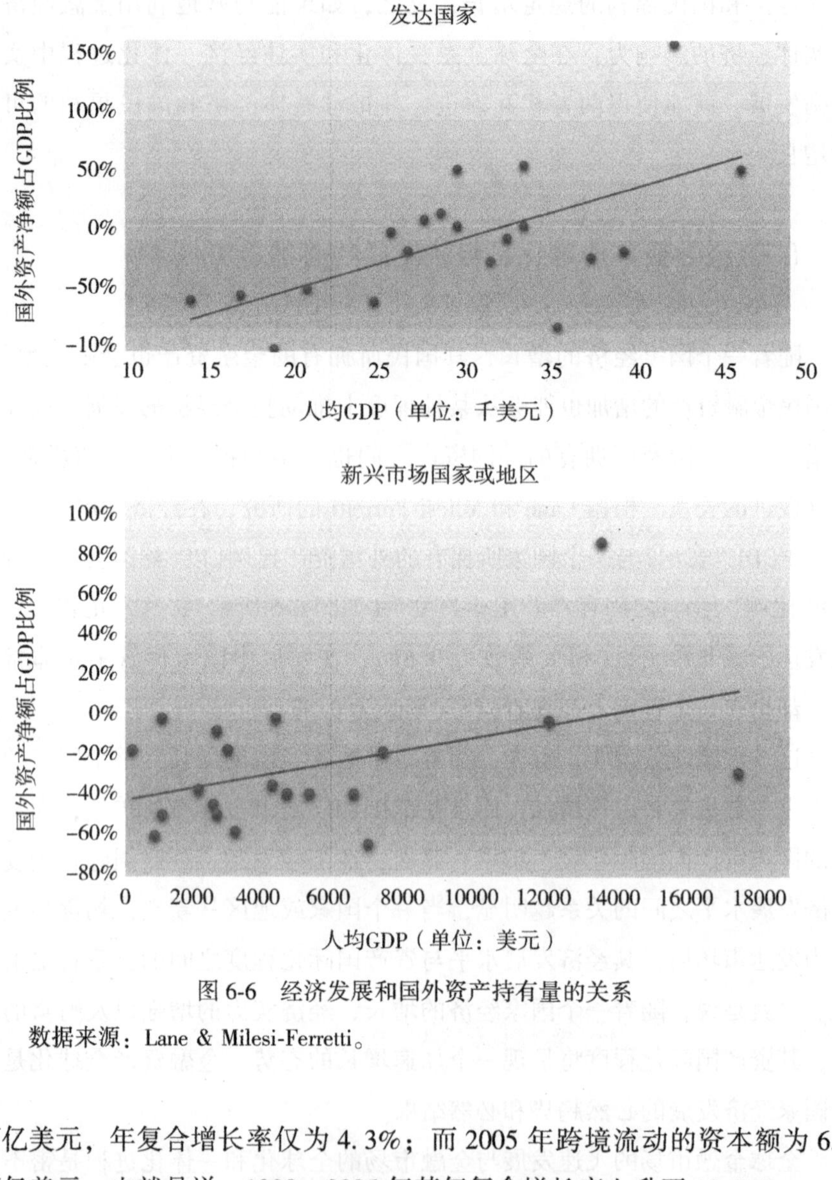

图 6-6　经济发展和国外资产持有量的关系

数据来源：Lane & Milesi-Ferretti。

万亿美元，年复合增长率仅为 4. 3%；而 2005 年跨境流动的资本额为 6. 2 万亿美元，也就是说，1990—2005 年其年复合增长率上升至 10. 7%。

从地区分布来看，美国和欧洲仍然是跨境资本流动最集中的地区，但新兴市场和发展中国家正逐渐成为国际资本流入和流出的主要地区之一，同时，流入发展中国家的资本的性质也在逐步发生变化。如图 6-8 所示，

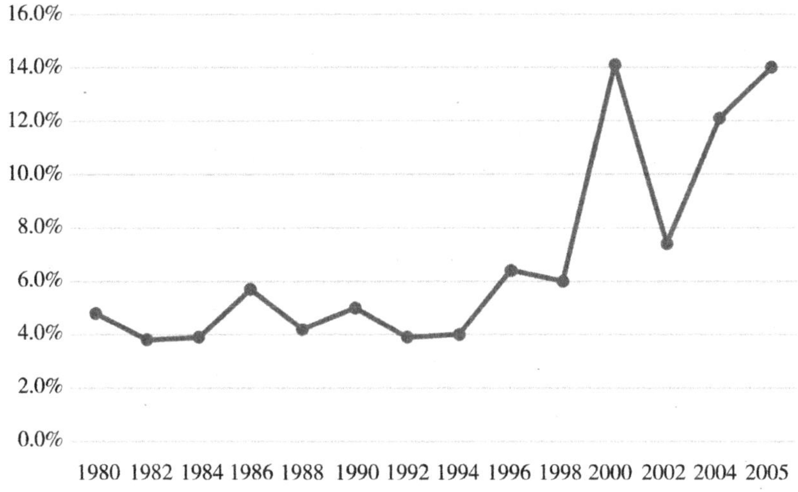

图 6-7　跨境资本流动金额占全球 GDP 比例

数据来源：McKinsey Global Institute capital flow database。

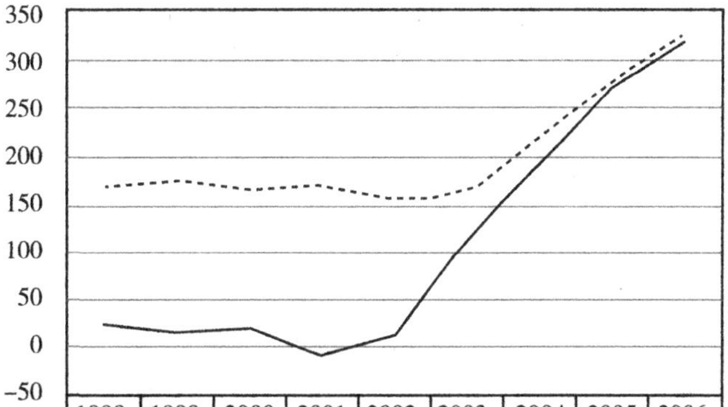

	1998	1999	2000	2001	2002	2003	2004	2005	2006
—— 企业债券及股票组合	25	18	21	-7	12	114	195	271	318
-------- 外国直接投资(FDI)	170	178	167	171	157	160	218	281	325

图 6-8　发展中国家资本流入结构的变化(单位：十亿美元)

数据来源：世界银行。

在 2003 年以前，流入发展中国家的私人资本主要采取“外国直接投资”形式，但从 2003 年开始，更多的资本开始投向企业债券和股票组合，其中

2004—2006 年上述两类性质的资本净流入额几乎相等。这一方面显示了随着许多发展中国家经济和金融的增长，有能力吸纳更多的全球资本；另一方面也显示了随着金融市场全球化进程的进一步深入，金融投资不仅在发达国家市场中成为主要的投资模式，而且在发展中的国家或地区也逐步显示其主导力量。

从全球情况来看，流入资本市场的资金在近年来更是呈现迅猛发展的势头。图 6-9 显示了 1989—2002 年全球股权投资资金的流向，从中可以发现，尽管在 2000 年“网络泡沫破裂”后跨境资本的绝对额有所下降，但跨境资金流动金额占全球市场总市值的比例在这十几年的时间里大幅度上升（从 20 世纪 90 年代初的 20%左右上升至 90 年代末的 50%左右，并在 21 世纪初上升至 80%左右）；如果按照全球主要证券市场的市值与交易额的比例进行估算，可以发现在 2000 年至 2002 年上述市场的总市值基本上占年交易额的 60%~70%，也就是说，进入 21 世纪后跨境股权投资资金已经占全球市场交易额的一半左右。

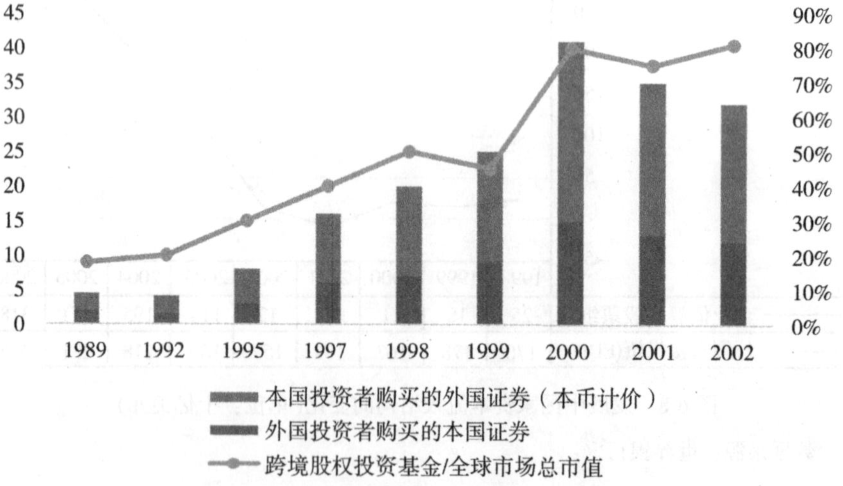

图 6-9 跨境股权投资的发展(单位：万亿美元)

数据来源：Cross Border Capital；S&P Emerging Markets Fact book。

五、QDII海外资产配置中的市场分散化与行业分散化策略

由于在国际证券市场中可供投资的资产数量众多，因此尽管从理论上来说可以在整个全球市场上任意选择符合条件的资产来构建投资组合，但在实际的资产配置过程中需要有一个资产配置策略从总体上明确资产选择的大方向。

本节从资产配置的基本框架入手，通过研究进入21世纪后发达市场之间的相关性情况，来分析“国别效应”和“行业效应”在近几十年来的变化趋势及其对资产配置策略的影响；同时将从行业层面分析以及中国证券市场与上述成熟市场之间的相关性。

(一)资产配置的分类和基本框架

根据Dahlquist/Harvey(2001)，资产配置的目标是“获得尽可能最优的风险收益特性”，根据资产配置中所采用的信息以及投资组合中资产权重的变化特征，资产配置模式可以分为三个层面：指数化资产配置、战略资产配置和战术资产配置(见图6-10)。

“指数化资产配置”模式的核心是对标的指数中资产成分的复制。例如，如果某个资产管理公司推出一种以Morgan Stanley国际资产指数(即MSCI)为标的指数的交易所交易基金(即ETF)，则该基金中各资产的权重将与MSCI中的资产权重相同，并随着MSCI对成分资产的调整而调整。在这种模式下，由于标的指数一般均采用市值加权方法构成，因此资产配置的调整过程比较简单，几乎完全是技术性的(即所谓“被动式的资产配置”)。

另一种资产配置模式称为“战略资产配置”，这种模式一般应用于长

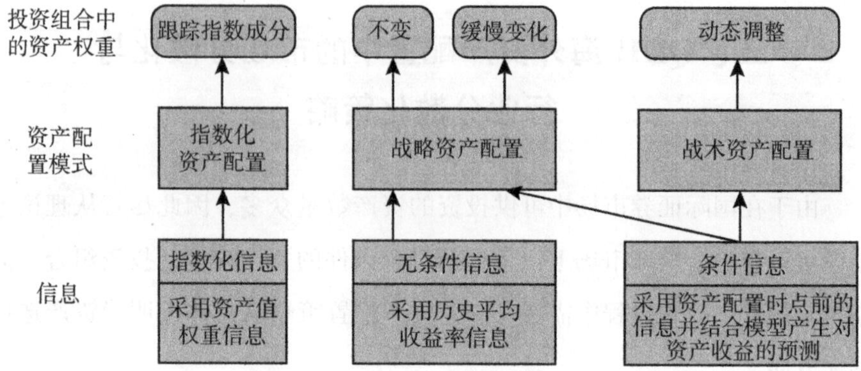

图 6-10 资产配置的三层框架模型

资料来源：Dahlqust & Harvey(2000)。

期投资(例如 5 年)。在战略资产配置模式下，投资经理根据对资产类的长期风险收益特性的分析决定在不同资产类上的配置比例，所对应的资产配置调整周期也比较长(例如，资产管理公司可能每年进行一次对下一个 5 年期的分析，这样资产配置周期也就以一年为周期)。在战略资产配置模式下，在一个调整周期内(例如 1 年)投资组合中各资产的比例一般是不变的，随着资产市场价格的变化，资产管理经理通过“再平衡”(Rebalance)方法使得组合中各资产的价值比例保持不变：即卖出收益率较高的部分资产，并买入收益率较低的部分资产，以维持资产额的比例关系。

第三种资产配置模式就是所谓的“战术资产配置”，在这一模式下，资产配置的周期往往短得多(例如每个月或每个季度调整一次配置)。由于在战术资产配置模式下，资产调整的频率相对较高，因此交易成本就是一个不容忽视的因素，在资产配置决策中充分考虑交易成本因素，并采用衍生产品(如期货、期权、互换等)降低交易成本等都是在战术资产配置中所采用的重要手段。

在进行资产配置过程中，信息的获取和使用无疑是极为重要的。如果采用指数化资产管理模式，资产管理经理除了需要了解标的指数中的资产市值权重信息外不需要其他信息。但如果采用战略资产配置或战术资产配置，就需要采集并处理信息以形成对资产收益未来情况的预测。资产配置所需要的最重要的信息是资产的期望收益和收益的方差/协方差，在战略资产配置中，一般采用所谓“无条件信息”，即假定根据历史资料计算得出的期望收益（即收益的均值）和方差/协方差数据是不变的；而在战术资产配置中，一般采用“条件信息”，即采用资产配置时点上所能获得的信息，在这种情况下，资产收益的期望值（或均值）以及方差/协方差一般是变化的，依赖于所获得的信息、时点及用于进行预测的模型。从信息角度来看，战略资产配置与战术资产配置之间的差异更多的是程度上而不是本质上。例如，在战略资产配置模式下，在资产配置时点（如每年一次）进行长期（如 5 年）预测的工作仍然需要基于条件信息，只是在这种模式下，与战术资产配置相比，无论是预测的时间长度还是预测模型都会发生重大的变化。

无论是战略资产配置还是战术资产配置，资产收益的协方差矩阵（包含了单个资产的方差及资产间的协方差）在资产配置中均起着非常重要的作用，而决定协方差矩阵的因素除了资产收益本身的波动外，它们之间的相关性是很关键的。在国际化资产配置中，对资产收益相关性的差异来源的不同解释和关注重点产生了以关注“国别效应”为主的“市场分散化策略”和以关注“行业效应”为主的“行业分散化策略”。

（二）国别效应和行业效应及其对资产配置策略的影响

对于全球化股权投资而言，最重要的资产配置策略可以分为基于“国别效应”的“市场分散化原则”和基于“行业效应”的“行业分散化原则”两大类，这两类原则的比较如表 6-1 所示。

表 6-1　“市场分散化原则”与“行业分散化原则”的对比

	基于“国别效应”的“市场分散化原则”	基于“行业效应”的“行业分散化原则”
风险分散效应的来源	各国(地区)独立的货币、财政和汇率政策所造成的不同国家(地区)市场之间的分隔状态，导致了各国(地区)市场之间的低相关性	各国(地区)不同的产业结构、行业重点、产业周期、市场壁垒等导致了具有不同行业特点的国家(地区)市场之间的低相关性
资产配置策略	只要将不同市场的证券组合就可以有效地提升效率前沿	在构建证券组合时需要重点关注不同国家(地区)的行业倾向，只有将不同行业的证券进行组合才能最大限度地提升效率前沿

应当说明的是，“行业分散化原则”并不否认各国(地区)之间证券市场之间的低相关性，而是认为上述低相关性主要来源于各国(地区)之间的行业特征的差异。尽管如此，适当的资产配置原则在确定投资组合管理策略时还是占据着非常重要的位置，这对于从事国际化投资的中国投资者而言尤为重要。我们可以通过比较美国和中国投资者面临的全球化资产配置问题来理解这一点。对于美国投资者而言，其所持有的资产中的相当一部分是美国市场资产，而美国市场是世界上公认的信息比较透明、流动性强、对投资者保护也较好的市场，与美国市场具有类似特点的证券市场包括主要发达国家的市场(如英国、德国、法国和日本等国的市场)，我们将上述市场统称为“发达市场”。

对于美国投资者而言，在进行全球化投资时既可以在上述发达市场进行投资，或者在新加坡、韩国等比较发达的新兴市场经济体的证券市场投资，也可以在诸如中国内地、印度、巴西等发展中的新兴市场进行投资(我们将上述市场统称为“新兴市场”)。由于新兴市场一般处于发展初期，信息透明化程度、市场流动性、投资者保护措施等相对较差，这导致了大部分新兴市场的风险相对较高。对于美国投资者而言，由于其资产中的相当一部分属于发达市场资产，因此在发达市场之间的相关性较强(或者说“国别效应”较差)的情况下，就可以通过投资新兴市场，利用新兴市场与发达市场间的低相关性分散风险，也就是说，在这种情况下，美国投资者仍然可以通过基于“国别效应”的“市场分散化原则”来提升投资组合的整体效率前沿。但对于中国投资者而言情况则大不相同，由于中国投资者的相当比例的资产为中国市场(属于“新兴市场”)资产，在发达市场之间相关性较强从而对风险的分散效果降低的情况下，如果再投资于新兴市场，就可能大大增加组合的整体风险(或者更准确地说，所获得的投资分散化带来的风险的降低很可能无法抵消所增加的国家风险)，因此对于中国投资者而言，在发达市场之间相关性较强的条件下就难以有效地利用基于“国别效应”的“市场分散化原则”来改善投资组合的风险收益特征。从上述分析可以看出，对于从事国际化投资组合管理的中国投资者而言，对于“国别效应”和“行业效应”在全球经济金融日益一体化环境下的特点和变化趋势进行分析研究是具有重大意义的。

进入21世纪以来，伴随着全球经济和金融的不断繁荣，世界各国的证券市场都有了不同程度的发展，尤其是亚洲新兴市场经济国家或地区的证券市场的发展更为迅猛，但从总体上来看，西方发达国家(包括日本)证券市场的优势地位并没有动摇，目前全球规模最大、流动性最好，因而也最适合于投资者进行全球化投资的证券市场均位于美国、欧盟地区和日本。

从行业角度来看，情况仍然类似。例如Dow Jones公司编制的“Dow Jones Titan 30全球行业指数”在18个行业中分别选取该行业最大的30家公司编制全球行业指数。根据2011年9月Dow Jones公司公布的该指数成分资料，北美、欧盟和日本公司占92.4%；其中美、英、日、法、德5国的公司共占77%，而美国公司则占近一半；在每个行业市值最大的10家公司中(因而其在指数中的权重相对较大)，上述五国的公司共占85%。如果考虑到位于其他国家或地区的全球性大公司往往同时在上述主要证券市场上市的因素，则从市场角度而言，国际上主要证券市场在行业指数市场分布中所占的比例可能会更高。

因此，从分析“国别效应”与“行业效应”对于国际化投资的资产配置策略的影响而言，对上述主要证券市场的市场指数、全球行业指数以及美国市场行业指数进行分析能够在很大程度上反映全球市场的整体情况。采用 Dow Jones 公司编制的“Total Market Index 指数系列”(TMI)中的美国、英国、日本、法国、德国、西班牙和瑞士 7 个国家的“市场整体指数”的周收益率数据构成的“全球主要市场组合”来反映“国别效应”(分别按照本国货币计价和折合美元计价两种方法构建)，采用 TMI 系列中的美国和全球“一级行业指数”(均按照 ICB 标准，包括基础材料、消费品、消费服务、金融、卫生保健、工业品、石油及天然气、科技、电信及公用事业 10 大类行业)的周收益率数据分别构成“美国市场行业组合”和“全球行业组合”(折合美元计价)来反映“行业效应”。时间跨度均为 2000 年 1 月—2011 年 12 月。

表 6-2 和表 6-3 分别显示了全球主要证券市场周收益率之间的相关系数，从直观上可以看出，以本国货币计价的主要市场指数之间的相关性总体上略大于以美元计价的市场指数间的相关性，而全球行业指数间的相关性略大于美国市场行业指数间的相关性。

表 6-2 全球主要证券交易市场的周收益率相关系数

市场	本国货币计价					
	美国	英国	日本	法国	德国	西班牙
英国	0.74					
日本	0.36	0.41				
法国	0.74	0.86	0.43			
德国	0.75	0.81	0.42	0.90		
西班牙	0.65	0.75	0.37	0.82	0.81	
瑞士	0.64	0.79	0.34	0.79	0.79	0.72

续表

	折合美元					
英国	0.67					
日本	0.31	0.37				
法国	0.71	0.83	0.39			
德国	0.72	0.79	0.37	0.91		
西班牙	0.61	0.72	0.33	0.83	0.82	
瑞士	0.56	0.75	0.28	0.77	0.76	0.73

数据来源：根据 Dow Jones 公司的原始数据计算整理。

表 6-3　全球与美国市场行业指数的周收益率相关系数

行业	全　　球								
	基础材料	消费品	消费服务	金融	卫生保健	工业品	石油及天然气	科技	电信
消费品	0.79								
消费服务	0.67	0.74							
金融	0.77	0.82	0.83						
卫生保健	0.46	0.64	0.52	0.60					
工业品	0.76	0.78	0.88	0.83	0.52				
石油及天然气	0.62	0.54	0.41	0.51	0.47	0.51			
科技	0.45	0.44	0.76	0.57	0.28	0.80	0.24		
电信	0.41	0.44	0.69	0.57	0.27	0.67	0.24	0.68	
公用事业	0.55	0.62	0.47	0.60	0.53	0.52	0.61	0.25	0.33
	美国								
消费品	0.66								
消费服务	0.60	0.62							
金融	0.64	0.67	0.77						
卫生保健	0.47	0.61	0.48	0.53					

续表

行业	全球								
	基础材料	消费品	消费服务	金融	卫生保健	工业品	石油及天然气	科技	电信
工业品	0.69	0.62	0.83	0.75	0.56				
石油及天然气	0.54	0.40	0.33	0.35	0.43	0.47			
科技	0.35	0.24	0.69	0.50	0.27	0.74	0.21		
电信	0.28	0.28	0.55	0.44	0.29	0.53	0.22	0.53	
公用事业	0.39	0.48	0.32	0.47	0.42	0.39	0.55	0.17	0.21

数据来源：根据 Dow Jones 公司的原始数据计算整理。

通过比较不同类型组合的效率前沿，分析国际主要证券市场间国别效应和行业效应的静态特征时，可以发现：

(1)全球行业组合与美国市场行业组合的效率前沿明显优于全球主要市场组合的效率前沿，显示在全球经济一体化发展迅速的形势下，各主要证券市场之间的相关性明显增加，因此国别效应明显降低；相反，由于大量跨国公司的存在，事实上造成了上市公司的“全球化分散效应”，因此即使在美国市场构建行业组合，其风险收益特征也明显优于在全球各主要市场之间构建市场组合。

(2)从行业组合来看，在组合的风险程度较低(即标准差较小)的情况下，全球行业组合的效率前沿优于美国市场行业组合，而在组合的风险程度较高的情况下则相反。也就是说，在本章所涉及的时间窗口内，风险容忍度较低(风险厌恶程度较高)的投资者相对更适合于投资全球行业组合，而风险容忍度高(风险厌恶程度较低)的投资者则更适合于在美国市场构建行业组合。

(3)从市场组合来看，(至少在风险相对较高时)折合成美元的全球主要市场组合的效率前沿要优于以其本国货币计价的全球主要市场组合。该结果与一个重要问题有关，即全球化投资是否需要对冲汇率风险。在本章的分析中，折合成美元的市场组合相当于将投资组合的收益直接转换成美元，而不考虑汇率风险对冲；而以本国货币计价的市场组合相当于不考虑该国货币与美元之间的汇率风险，即对汇率风险进行了完全的对冲(且不考虑风险对冲成本)。上述结果表明：在本章所涉及的时间窗口内，不考虑汇率风险对冲的主要市场组合的风险收益特征要优于进行了汇率风险对冲的情况，这在一定程度上印证了 Kritzman（1993）、Puntam（1990）和 Rosenberg（1990）等人的研究结果(见图 6-11)。

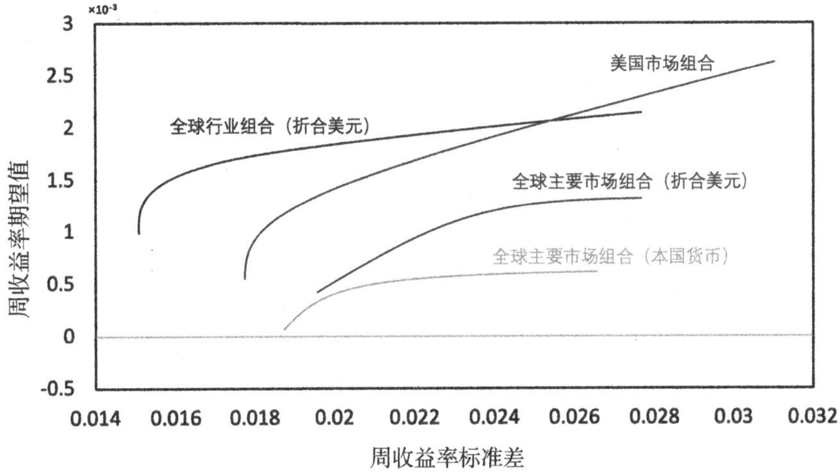

图 6-11　全球主要证券市场的国别效应和行业效应对比

数据来源：根据 Dow Jones 公司的原始数据计算整理。

为了对该问题进行进一步分析，我们对上述两个市场组合的收益率和相关系数矩阵进行了对比，也就是说，研究上述效率前沿的提升主要是由于其他国家市场收益折合成美元后有所提高(或者说由于美元的贬值而提升了以其他国家以本国货币计价的名义收益率)，还是由于折合美元后的市场组合各成分之间的相关性有所降低造成的。

表 6-4 显示了非美国的主要证券市场以本币计价和折合美元后的收益率差，结果表明在 5%显著性下对表中 6 个国家均无法拒绝“收益率相等”

假设，也就是说，上述效率前沿提升现象不太可能是由于美元的贬值从而提升其他国家以本国货币计价的收益率而造成的。表 6-5 显示了全球主要证券市场以本币计价和折合美元后的收益率相关系数差，其均值为 0.032，表明上述效率前沿提升现象主要是由于在对相关货币的汇率风险进行对冲后，各市场收益率之间的相关性反而增强所造成的。

表 6-4 全球主要证券市场(非美国)本币计价和折合美元后周收益率差

英国	日本	法国	德国	西班牙	瑞士
−0.00053	0.000352	−0.00073	−0.00073	−0.00073	−0.00075
(−0.83)	(0.51)	(−0.99)	(−0.99)	(−0.99)	(−0.96)

注：H_0 为“以本币计价和折合美元后的收益率差为 0”，无法拒绝 H_0(括号内为 t-统计量值)。

数据来源：根据 Dow Jones 公司的原始数据计算整理。

表 6-5 全球主要证券市场本币计价和折合美元后周收益率相关系数差

	美国	英国	日本	法国	德国	西班牙
英国	0.061					
日本	0.041	0.039				
法国	0.025	0.031	0.043			
德国	0.024	0.021	0.057	−0.006		
西班牙	0.042	0.025	0.048	−0.014	−0.011	
瑞士	0.077	0.047	0.059	0.022	0.032	−0.003

注：H_0 为“以本币计价和折合美元后的收益率相关系数差为 0”，拒绝 H_0(均值为 0.032，t-统计量值为 5.89)。

数据来源：根据 Dow Jones 公司的原始数据计算整理。

综合上述分析结果，表明在全球经济金融日益一体化的今天，国际主要证券市场之间的相关性日益增强，尤其是随着美国市场的不断国际化

(表现为大量外国公司在美国市场上市、在美国市场上市的企业日益跨国化以及大量外国投资者在美国市场上从事国际化投资)，对于从事“纯国际化投资”的中国投资者而言，在美国市场采取“行业分散化”的资产配置原则就可以较好地享受全球分散化投资所带来的风险收益特征的改善。

当然，从一般意义上说，中国投资者在进行国际化投资时应当考虑其整体资产(包括国内资产和国外资产)的风险收益特征的改善，这就要求我们进一步分析中国证券市场与国际上主要证券市场之间的相关性的有关特征。

(三)中国证券市场主要行业的国际相关性

由于中国证券市场在发展初期基本上处于封闭或半封闭状态，其与国际上主要市场之间的相关性是比较弱的。但这只是从总体意义上而言，在实际的投资活动中，投资者所持有的中国市场资产不一定是由市场综合指数所描述的“市场组合”，而更可能是具有某些行业或风格特点的组合，因此深入行业层面进行国际相关性分析，将不仅有助于实际的资产配置，也有助于进一步理解中国市场国际相关性变化趋势的行业特点，为深入分析影响中国市场国际相关性变化的因素打下一定的基础。

表 6-6　中国市场指数与全球主要市场指数的周收益率相关系数

	美国	英国	日本	法国	德国	西班牙	瑞士
本国货币计价	0.02	-0.01	0.08	0.00	0.04	0.03	0.01
折合美元	0.02	0.12	0.14*	0.11	0.12	0.14*	0.14*

注：* 表示 5%水平的显著性(双尾)。

数据来源：根据 Dow Jones 公司和 Wind 资讯的原始数据计算整理。

在本节中，将从行业层面入手分析中国市场中主要行业指数与国际上主要证券市场之间以及全球行业指数之间的相关性。为了与之前的分析相统一，仍然采用 Dow Jones 公司编制的 TMI 系列中的美国、英国、日本、法国、德国、西班牙和瑞士 7 个国家的“市场整体指数”(分别按照“本国货币计价”和“折合美元计价”两种方法构建)作为“全球主要市场指数”，采用 TMI 系列中的美国和全球“一级行业指数”作为“美国行业指数”和“全球行业指数”(折合美元计价)，采用新华富时指数公司编制的“新华富时中国一级行业指数”作为“中国行业指数”，考虑到中国行业指数的编制时间，在本节的分析中时间跨度均为 2002 年 7 月—2011 年 12 月(见表 6-6)。

1. 中国证券市场主要行业国际相关性的总体特征

表 6-6 显示了中国市场行业指数与国际上各主要证券市场指数间的相关性。从表中可以发现：

(1)中国市场各行业指数与按本国货币计价的主要市场指数(即对汇率进行完全套期保值)的相关性均可以认为是 0(在 5%显著性水平下)，当上述市场指数折合为美元后(即不进行汇率套期保值)，中国市场行业指数与其相关性略有提高，但从总体来看依然是非常低的(所有的相关系数均在 0.2 以下)。

(2)从行业方面来看，当国际上主要市场指数折合为美元后，中国市场的“金融”“石油及天然气”和“公用事业”三大行业的国际相关性从总体上来看相对较高(反映在绝对数值和统计显著性两个方面)。

表 6-7、表 6-8 显示了中国行业指数与全球行业指数和美国行业指数之间的相关性。首先，从总体上来看中国行业指数与美国行业指数之间的相关性明显低于与全球行业指数之间的相关性；其次，全球“基础材料”行业指数与中国市场中多个行业指数之间的相关系数相对较高且统计显著性较强；而“工业品”“石油及天然气”和“公用事业”其次；从中国行业指数方面来看，“基础材料”“金融”“石油及天然气”和“公用事业”四个行业的国际相关性相对较强。

表 6-7　中国市场行业指数与全球主要市场指数的周收益率相关系数

中国市场主要行业	本国货币计价						
	美国	英国	日本	法国	德国	西班牙	瑞士
基础材料	0.00	−0.01	0.08	0.00	0.03	0.03	−0.01
消费品	0.02	−0.03	0.04	0.00	0.03	0.01	0.00
消费服务	0.02	−0.04	0.08	−0.02	0.02	0.01	−0.02
金融	0.08	0.00	0.04	0.05	0.08	0.05	0.03
卫生保健	0.01	−0.02	0.08	−0.03	−0.01	−0.01	−0.02
工业品	−0.01	−0.03	0.05	−0.03	0.00	0.00	−0.03
石油及天然气	0.01	−0.02	0.03	0.00	0.03	0.05	−0.03
科技	0.00	−0.02	0.11	0.01	0.04	0.04	0.02
电信	0.02	−0.06	0.02	−0.02	0.04	0.05	−0.03
公用事业	0.07	0.04	0.05	0.02	0.06	0.05	0.03
	折合美元						
基础材料	0.00	0.13	0.15*	0.10	0.11	0.14*	0.12
消费品	0.02	0.09	0.08	0.08	0.10	0.10	0.11
消费服务	0.02	0.10	0.16*	0.09	0.11	0.13	0.11
金融	0.08	0.11	0.09	0.13	0.15*	0.14*	0.13
卫生保健	0.01	0.08	0.13	0.04	0.05	0.07	0.07
工业品	−0.01	0.11	0.12	0.07	0.09	0.12	0.11
石油及天然气	0.01	0.15*	0.13	0.14*	0.15*	0.20**	0.15*
科技	0.00	0.10	0.16	0.10	0.11	0.13	0.13
电信	0.02	0.04	0.07	0.06	0.10	0.14*	0.04
公用事业	0.07	0.15*	0.11	0.12	0.14	0.15*	0.14*

注：*、**和***分别表示 5%、1%和 0.1%水平的显著性(双尾)。

数据来源：根据 Dow Jones 公司和 Wind 资讯的原始数据计算整理。

表 6-8　中国市场行业指数与全球及美国市场行业指数的周收益率相关系数

中国市场主要行业	全球主要行业									
	基础材料	消费品	消费服务	金融	卫生保健	工业品	石油及天然气	科技	电信	公用事业
基础材料	0.21**	0.11	0.08	0.10	−0.02	0.13*	0.14*	0.03	0.08	0.16*
消费品	0.10	0.07	0.07	0.09	0.02	0.09	0.06	0.03	0.10	0.09
消费服务	0.16*	0.11	0.09	0.10	−0.02	0.13	0.09	0.04	0.11	0.13
金融	0.18**	0.13*	0.13*	0.14*	0.03	0.15*	0.11	0.07	0.12	0.16*
卫生保健	0.13*	0.05	0.06	0.06	−0.02	0.09	0.08	0.03	0.08	0.11
工业品	0.14*	0.07	0.06	0.08	−0.03	0.09	0.09	0.02	0.09	0.11
石油及天然气	0.23***	0.13	0.09	0.10	−0.03	0.13*	0.19**	0.01	0.08	0.20**
科技	0.15*	0.09	0.10	0.10	−0.04	0.12	0.05	0.08	0.10	0.07
电信	0.10	0.06	0.08	0.10	−0.03	0.06	0.01	0.04	0.10	0.05
公用事业	0.19**	0.13	0.12	0.12	0.03	0.14*	0.19**	0.04	0.10	0.20**
	美国市场主要行业									
基础材料	0.10	−0.02	0.00	−0.02	−0.06	0.01	0.12	−0.03	0.02	0.04
消费品	0.04	−0.01	0.02	0.00	0.00	0.00	0.06	−0.01	0.06	0.01
消费服务	0.08	0.00	0.03	0.00	−0.05	0.02	0.09	−0.01	0.03	0.04
金融	0.13*	0.06	0.09	0.08	0.03	0.07	0.10	0.03	0.08	0.05
卫生保健	0.08	−0.05	0.00	−0.02	−0.04	0.01	0.08	−0.01	0.04	0.04
工业品	0.05	−0.04	−0.01	−0.02	−0.07	−0.02	0.08	−0.02	0.02	0.02
石油及天然气	0.13	−0.02	0.02	−0.03	−0.07	0.03	0.17**	−0.04	−0.01	0.05
科技	0.06	−0.04	0.02	−0.02	−0.06	0.01	0.04	0.03	0.00	−0.03
电信	0.05	0.05	0.05	0.06	−0.02	−0.03	0.03	0.00	0.00	−0.02
公用事业	0.13*	0.03	0.07	0.04	0.01	0.06	0.16*	0.01	0.05	0.10

注：*、**和***分别表示 5%、1%和 0.1%水平的显著性(双尾)。

数据来源：根据 Dow Jones 公司和 Wind 资讯的原始数据计算整理。

图 6-12 比较了中国市场行业指数与不同的国际化资产所构成的投资组合的效率前沿，从图中可以看到，将国际化资产引入中国资产组合能够极大地提升整个投资组合的效率前沿；但在如何构建国际化投资组合方面，具有不同的风险容忍度的投资者则具有不同的构造方式。在投资组合风险

较低部分(即"收益率标准差"较小的部分)由"中国行业指数"与"全球行业指数"构成的组合的效率前沿处于较高的位置，而在投资组合风险较高的部分，由"中国行业指数"与"折合成美元后的全球主要市场指数"所构成的组合的效率前沿处于较高的位置。也就是说，当将中国资产(即中国市场中的行业组合)作为核心资产时，对风险容忍度较高(即风险厌恶度较低)的中国投资者可以选择以"市场分散化"原则为主进行国际化资产配置，而风险容忍度较低(即风险厌恶度较高)的中国投资者可以选择以"行业分散化"原则为主进行国际化资产配置。

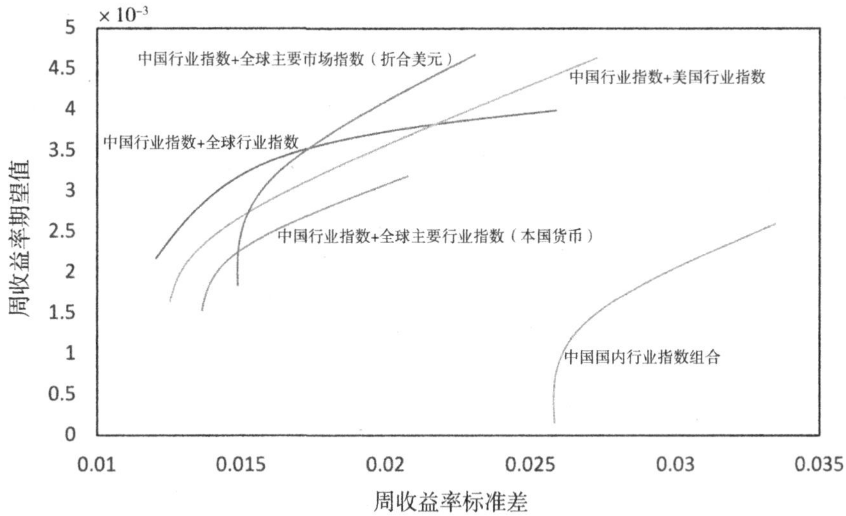

图 6-12　中国证券市场主要行业国际相关性的国别效应和行业效应对比

数据来源：根据 Dow Jones 公司和 Wind 资讯的原始数据计算整理。

2. 中国证券市场主要行业国际相关性的变化趋势

为了进一步分析不同行业国际相关性程度变化的不同特点，将上一节的数据分为两个面板：面板 1 的时间跨度为 2002 年 7 月—2006 年 12 月，面板 2 的时间跨度为 2006 年 12 月—2011 年 12 月，由面板 2 计算得出的相关系数与面板 1 计算得出的相关系数如表 6-9 和表 6-10 所示。

从表 6-8 中可以看到，无论是按照本国货币计价还是折合成美元，中国市场主要行业指数与全球主要市场之间的相关性总体上呈增加趋势；相对而言，各主要行业指数与美国和英国市场之间的相关性的增加趋势更为一致。其原因可能有：首先，作为世界上最大的证券市场，美国和英国的证券市场是大多数跨国机构投资者开展投资活动的场所，在中国证券市场进行投资的合格境外机构投资者(QFII)几乎均在上述市场开展业务，这在一定程度上使得中国市场与英美市场间的相关性增加幅度较大；其次，在这 7 个市场中，美国和英国市场是中国公司海外上市的主要场所，这种情况可能也在一定程度上提升了中国市场与上述市场之间的相关性的增加趋势。

表 6-9　中国市场行业指数与全球主要市场指数的相关性的变化

中国市场主要行业	本国主要货币						
	美国	英国	日本	法国	德国	西班牙	瑞士
基础材料	0.05	0.08	0.03	0.07	0.06	−0.13	0.05
消费品	0.03	0.06	0.04	0.03	0.01	−0.11	0.02
消费服务	0.08	0.04	−0.03	0.01	−0.04	−0.15	−0.02
金融	0.17	0.09	0.00	0.12	0.14	−0.04	0.06
卫生保健	0.03	0.07	0.00	−0.02	−0.03	−0.17	−0.03
工业品	0.00	0.04	0.00	0.00	0.00	−0.18	−0.03
石油及天然气	0.06	0.14	−0.05	0.14	0.11	−0.03	0.09
科技	0.03	0.10	0.11	0.07	0.07	−0.15	0.03
电信	0.07	0.05	0.01	0.03	0.04	−0.16	−0.08
公用事业	0.15	0.10	0.03	0.06	0.04	−0.09	0.03

续表

中国市场主要行业	本国主要货币						
	美国	英国	日本	法国	德国	西班牙	瑞士
	折合美元						
基础材料	0.05	0.20	0.03	0.06	0.06	-0.13	0.07
消费品	0.03	0.15	0.07	0.01	0.00	-0.12	0.00
消费服务	0.08	0.21	0.04	0.06	0.02	-0.09	0.08
金融	10.7	0.15	0.01	0.07	0.10	-0.09	0.04
卫生保健	0.03	0.18	0.03	0.00	-0.01	-0.14	0.02
工业品	0.00	0.20	0.04	0.04	0.05	-0.13	0.05
石油及天然气	0.06	0.29	0.00	0.15	0.14	-0.02	0.16
科技	0.03	0.16	0.11	0.05	0.07	-0.15	0.04
电信	0.07	0.00	0.03	0.06	-0.04	-0.25	-0.13
公用事业	0.15	0.06	0.06	0.04	0.03	-0.10	0.04

注：上述数据为面板 2 的相关系数与面板 1 的相关系数的差，其中面板 1 的时间窗口为 2002 年 7 月—2004 年 8 月底，面板 2 的时间窗口为 2004 年 9 月—2006 年 12 月初。

数据来源：根据 Dow Jones 公司和 Wind 资讯的原始数据计算整理。

表 6-10 显示了不同行业指数之间相关性的变化特点。首先，全球和美国市场的“基础材料”与“石油及天然气”行业与中国市场各行业指数间的相关性的增加幅度相对较大，这主要是由于当前中国经济结构的特点，即中国经济从整体上与全球能源和原材料行业有很大的关联性，证券市场中行业指数之间的相关性在一定意义上反映了这种经济关联性。其次，尽管从绝对数值来看(参见表 6-9)全球和美国市场的“卫生保健”行业与中国市场各行业的相关性不大(甚至是负相关)，但其相关性的增加趋势却比较明显，这是值得进一步研究的。

表 6-10 中国市场行业指数与全球及美国市场行业指数的相关性的变化

中国市场主要行业	全球主要行业									
	基础材料	消费品	消费服务	金融	卫生保健	工业品	石油及天然气	科技	电信	公用事业
基础材料	0.10	−0.02	0.06	0.05	0.13	0.09	0.12	0.02	−0.03	0.00
消费品	0.08	0.02	0.03	0.01	0.11	0.08	0.08	0.02	0.00	0.01
消费服务	0.08	0.02	0.08	0.06	0.20	0.08	0.09	0.04	0.09	0.04
金融	0.08	0.07	0.11	0.10	0.12	0.09	0.08	0.16	0.02	0.06
卫生保健	0.04	−0.03	0.01	0.00	0.20	0.02	0.13	−0.02	0.01	−0.02
工业品	0.05	−0.02	0.01	0.03	0.13	0.03	0.08	−0.01	0.04	−0.02
石油及天然气	0.16	0.04	0.09	0.08	0.08	0.15	0.10	0.08	0.04	0.07
科技	0.06	0.03	0.07	0.06	0.14	0.06	0.11	0.06	0.03	−0.05
电信	−0.08	−0.06	0.04	−0.03	0.06	−0.03	0.11	0.01	−0.10	−0.02
公用事业	0.12	0.01	0.15	0.12	0.11	0.15	0.10	0.13	0.10	0.02
	美国市场主要行业									
基础材料	0.17	−0.10	−0.01	−0.06	0.07	0.11	0.16	−0.01	0.05	0.05
消费品	0.13	−0.06	−0.01	−0.06	0.07	0.11	0.09	−0.01	0.07	0.03
消费服务	0.18	−0.01	0.02	−0.02	0.13	0.10	0.11	0.01	0.15	0.10
金融	0.20	0.09	0.10	0.12	0.14	0.14	0.11	0.17	0.13	0.10
卫生保健	0.10	−0.08	−0.03	−0.05	0.15	0.16	0.14	−0.03	0.08	0.06
工业品	0.10	−0.10	−0.07	−0.06	0.06	0.03	0.08	−0.04	0.08	0.01
石油及天然气	0.21	−0.11	0.00	−0.07	0.01	0.15	0.13	0.03	0.02	0.07
科技	0.09	−0.05	0.02	−0.05	0.09	0.03	0.09	0.03	0.05	−0.05
电信	0.11	−0.01	0.07	0.04	0.07	0.05	0.12	0.03	0.00	0.09
公用事业	0.22	−0.05	0.12	0.06	0.09	0.19	0.16	0.11	0.14	0.10

注：上述数据为面板 2 的相关系数与面板 1 的相关系数的差，其中面板 1 的时间窗口为 2002 年 7 月—2004 年 8 月底，面板 2 的时间窗口为 2004 年 9 月—2006 年 12 月初。

数据来源：根据 Dow Jones 公司和 Wind 资讯的原始数据计算整理。

为了进一步从总体上理解中国市场主要行业的国际相关性的变化趋势，我们计算了在表 6-8 和表 6-9 中各主要行业国际相关性变化程度的平均值，其结果汇总于表 6-10 中。从表 6-10 中可以看到，从与全球主要市场指数的相关性的变化来看，中国市场主要行业的国际相关性的变化至少从统计上来看是并不显著的，只有“金融”和“石油及天然气”行业的相关性有相对比较显著的增加。相反，从与全球行业指数和美国市场行业指数的相关性的变化来看，其显著性相对而言要大得多，其中“基础材料”“消费服务”“金融”和“公用事业”等行业无论相对于全球各行业还是相对于美国市场各行业都有比较显著的相关性的增强，而“石油及天然气”行业相对于全球行业则有比较显著的相关性增加（见表 6-11）。

表 6-11　中国市场行业指数国际相关性变化的总体情况

中国市场主要行业	全球主要市场（本国货币计价）	全球主要市场（折合美元）	全球主要市场	美国市场主要行业
基础材料	0.030	0.048	0.053*	0.043*
	(1.08)	(1.33)	(2.96)	(1.52)
消费品	0.011	0.019	0.042**	0.035
	(0.51)	(0.59)	(3.35)	(1.63)
消费服务	-0.017	0.056	0.077***	0.076**
	(-0.60)	(1.63)	(5.00)	(3.48)
金融	0.076*	0.063	0.092***	0.130***
	(2.59)	(1.92)	(7.15)	(11.39)
卫生保健	-0.021	0.018	0.035	0.040
	(-0.74)	(0.50)	(1.51)	(1.52)
工业品	-0.024	0.034	0.032	0.009
	(-0.87)	(0.91)	(2.11)	(0.42)
石油及天然气	0.064	0.112*	0.089***	0.043
	(2.18)	(2.78)	(7.58)	(1.40)
科技	0.037	0.045	0.057**	0.026
	(1.13)	(1.25)	(3.58)	(1.39)

续表

中国市场主要行业	全球主要市场（本国货币计价）	全球主要市场（折合美元）	全球主要市场	美国市场主要行业
电信	-0.006	-0.064	-0.008	0.058**
	(-0.20)	(-1.65)	(-0.40)	(4.23)
公用事业	0.046	0.060	0.101***	0.114**
	(1.66)	(1.68)	(6.36)	(4.75)

注：上述数据为面板 2 的相关系数与面板 1 的相关系数的差的平均值，其中面板 1 的时间窗口为 2002 年 7 月—2004 年 8 月底，面板 2 的时间窗口为 2004 年 9 月—2006 年 12 月初。

数据来源：根据 Dow Jones 公司和 Wind 资讯的原始数据计算整理。

结合对中国证券市场主要行业的国际相关性的总体状况和变化趋势的分析，我们可以将中国的“基础材料”“金融”“石油及天然气”和“公用事业”四类行业与全球的“基础材料”“工业品”“石油及天然气”和“公用事业”四类行业归结为一个相关性相对较强的组。

在上述几大类行业中，“基础材料”“石油及天然气”和“公用事业”(对于中国市场而言实际上就是“电力”行业)三大行业本质上是能源与原材料行业或者是能源或原材料密集型行业，中国市场中上述行业相对较强的国际相关性在一定意义上反映了当前中国经济发展的特点：一方面，以能源和原材料密集型为特征的基础性行业成为当前中国经济的主体，而由于能源和原材料受全球市场因素(例如石油、钢铁、有色金属等的全球市场价格)影响较大，造成了上述行业具有相对较强的国际相关性；另一方面，随着中国证券市场的不断开放，外国投资机构(如 QFII)在中国市场的投资增加，并将其在中国市场的投资作为全球化投资组合的一个组成部分，这在一定程度上提高了中国市场的国际相关性程度，而外国投资机构在中国市场所投资的行业是有一定的侧重的。

图 6-13 显示了 2012 年“合格境外投资机构”(QFII)在中国市场投资的

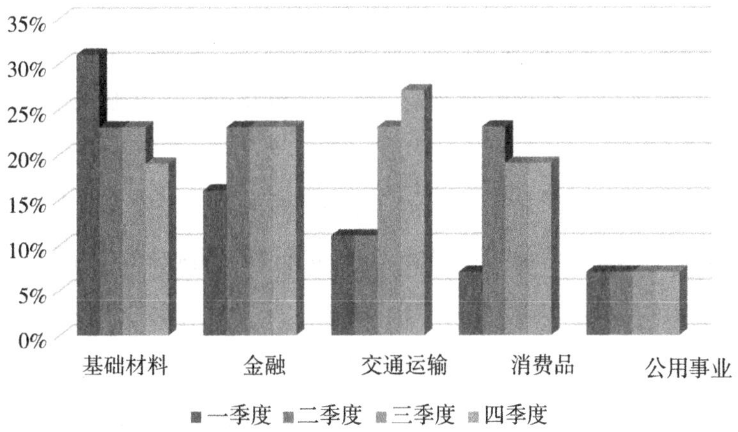

图 6-13 “合格境外投资机构”(QFII)在中国市场投资的主要行业分布

数据来源：根据 Wind 资讯的原始数据计算整理。

主要行业分布，其中“基础材料”“金融”“交通运输”(属于“工业品”)和“公用事业”的平均比例分别为 25%、22%、19%和 8%，上述四大类行业合计约 3/4，而包括“基础材料”和“公用事业”在内的能源和原材料密集行业则占 1/3。上述数据可以从一个侧面说明中国市场不同行业呈现不同程度的国际相关性的部分原因。

本节在资产配置的基本框架的基础上，从分析“国别效应”和“行业效应”在当今全球经济一体化环境下对全球资产配置的影响入手，研究了中国投资者在进行全球化投资过程中采取的资产配置原则对其投资组合的风险收益特征的影响。有关的分析结果表明：

(1)对于将中国市场资产作为核心资产的中国投资者而言，将国外资产引入投资组合能够显著地改善其整体风险收益特征。

(2)随着全球经济金融一体化进程，国际上主要证券市场之间的相关性日益增强，因此对于将上述市场作为其管理国际化投资组合主要场所的中国投资者而言，在改善投资组合的风险收益特征方面，采用“行业分散化”和采用“市场分散化”策略已经能够达到类似的效果，具体来说，对风险容忍度较高(即风险厌恶度较低)的中国投资者可以选择以“市场分散化”原则为主进行国际化资产配置，而风险容忍度较低(即风险厌恶度较高)的中国投资者可以选择以“行业分散化”原则为主进行国际化资产配置。

(3)同样由于全球主要证券市场之间的相关性日益增强，对于持有美元且仅投资于国外市场的中国投资者(即进行“纯国际投资”的中国投资者而言，在美国市场采取“行业分散化”的资产配置原则就可以较好地享受全球分散化投资所带来的风险收益特征的改善。

(4)中国市场中不同行业指数与全球行业指数以及主要证券市场指数之间的相关性及其变化趋势存在着较大的差异，中国当前经济及产业结构的特点以及中国证券市场的开放在一定程度上导致了中国的能源和原材料密集型行业以及金融业的国际相关性相对较高，且这些行业国际相关性正呈现越来越强的趋势。

(5)至少在本节所涉及的时间窗口内，如果使用美元或基本与美元挂钩的货币作为投资货币，并且投资收益也以美元衡量，则在国际化投资过程中采用货币套期保值并无必要，反而会影响投资组合的风险收益特征的改善。

本节所采用的分析过程从实质上来说都是基于“事后”的分析，即各种资产的收益是已知的，因而收益的统计特性(如均值、方差、协方差等)也是已知的；但在投资实践中，资产收益是未知的，收益的各项统计特性不仅未知，而且也是处在不断的变化之中的，这就要求我们进一步通过“事前”分析来研究在全球环境下的资产配置问题。在“事前”模式下，一方面，资产收益的主要统计特征需要通过某种方法(即情景分析模型)进行预测；另一方面，由于资产收益及其统计特性随着投资环境的变化而不断变化，因此需要根据变化了的环境对投资组合进行不断的调整，即需要进行动态资产配置。

六、本章小结

本章主要围绕资产配置理论、现代投资组合理论的最新进展和全球化资产配置的意义等几方面内容展开。资产配置作为一种风险管理手段，为获得最大化收益同时希望最小化风险，投资者需要在收益和风险之间平衡而进行资产配置。在国际资产配置的文献回顾中，重点介绍了 Droms 和 Grubel 的思想，随后引入 Markowitz 的投资组合理论，对他的方法重点介绍均值-方差组合理论，同时说明了有效前沿的概念。对于 Markowitz 方法的改进，主要分析的是由 Michaud 提出的重复抽样方法来生成较为稳健的有限前沿。作为资产国际配置的依据，通过重复抽样的技术可以避免 MVO 资产管理过程中的无效性和成本高昂的再平衡。其次，从现代投资组合理论的经典假设入手，沿着逐一放松经典假设这一线索，循序渐进地梳理出现代投资组合理论的发展脉络，对现代投资组合理论的最新发展作一个较为全面的回顾和分析。全球化资产配置的意义，主要围绕通过国际化投资对冲我国经济发展过程中的风险、国际化投资体系是经济和国民福利可持续发展的重要推动力和金融资产全球化是经济发展的必然趋势三个方面展开。最后，在资产配置的基本框架基础上，从分析"国别效应"和"行业效应"在当今全球经济一体化环境下对全球资产配置的影响入手，研究了中国投资者在进行全球化投资过程中采取的资产配置原则对其投资组合的风险收益特征的影响。

第七章　QDII 海外投资风险的管理控制机制

QDII 进行海外投资时除了建立常态的风险监控和跟踪制度，还应建立起风险的内部控制机制和外部监管机制。“内部控制”的概念，源于 1949 年美国会计师协会发表的一份专门报告，是指公司出于保护资产、核查会计数据的准确性和可靠性、提高经营效率、促使遵循既定的管理方针而采取的方法和措施。本书认为内部控制制度是指投资基金管理金融业务、控制风险的一整套系统，该系统由管理部门组建，用以维持交易高效有序地进行，以使基金经理能严格按照高层管理人员制定的投资政策行事，确保资产的安全，最大限度地保证金融交易账户及交易记录的完整性和准确性。

与国内投资一样，QDII 由于面临更多的风险暴露，必须建立更为严谨的内部控制机制，为 QDII 海外投资的安全性，更好地保障 QDII 资产持有人的利益。我们对 QDII 的内部风险控制进行了如下的梳理，专门针对 QDII 提出了一些内部控制和外部监管机制方面的研究。

外部监管对境内机构投资者的风险管理起着举足轻重的作用，如果证券监管机构不能对机构投资者的投资行为进行有效监管，就会使得机构投资者无所适从，造成证券市场秩序的混乱，市场风险突出。

一、QDII 风险内部控制的基本原则

由于 QDII 投资海外时很可能运用到比国内市场更加复杂的金融工具，

这对风险管理的技术性及复杂性要求都非常强，在建立海外投资基本的内部风险控制机制时，应主要考虑如下基本原则：

（一）前台交易与后台管理分离原则

要重视内部结算，将风险管理和交易严格分开。为防止前台交易与后台结算于基金经理一身，前台交易部与后台结算管理部必须是分别由不同的人负责，同时会计或审计部门每天作头寸的重新评估。

（二）建立严格的风险控制和策略体系

技术在风险管理系统中一般用来分析和测量风险，如果不能事先估测所面临的风险，就无法做出风险判断，更无法对风险进行监测和控制。风险测量的技术有很多，当前，我国机构投资者大多引进了 VAR 风险评估和管理技术。

（三）内部审计与独立风险管理原则

定期进行内部审计，监控投资基金头寸风险状况，确保财务政策与交易及受理程序执行。风险管理部门要独立于交易部门之外，独立测算交易风险、监督风险，并行使风险管理的功能，以确保基金制定的交易策略及风险监控机制得以严密贯彻。

（四）互动原则

互动原则是指风险管理部门应与公司内部其他部门以及外部人员或机构进行互动交流。风险管理部门与公司内部其他部门就有关风险信息进行充分的交流，共同分析形势、评估风险、调整风险管理的政策。风险管理部门还应与公司外部人员或机构进行沟通，主要是与证监会、外部审计、资信评级机构以及业务客户进行互动。通过与内与外的双向互动，确保风险管理部门职能的发挥。

二、QDII 风险内部控制的基本框架

QDII 基金投资海外市场应该建立如下的基本框架：

(一) 内部控制的法律法规指引

内部控制是以相关的法律、法规为基础的。我国证券业经过十几年的发展已经基本形成了全面的法律法规体系，QDII 目前应遵循证券法和基金法，而对应于证券和基金业 QDII 的法律规定则分别是：2006 年 8 月 30 日，国家外汇管理局发布《关于基金管理公司境外证券投资外汇管理有关问题的通知》和 2007 年 6 月 18 日中国证监会颁布《合格境内机构投资者境外证券投资管理试行办法》《关于实施及〈合格境内机构投资者境外证券投资管理试行办法〉有关问题的通知》，券商和基金公司 QDII 业务正式开闸。因此，所有的参与 QDII 业务的证券公司和基金公司都必须严格按照上述规定进行海外投资的风险管理。

(二) 投资风险检测制度

该制度是投资基金运作中的风险控制核心，主要是利用风险量化技术来计算风险值，然后通过风险限额对其进行控制。

1. 久期分析

久期分析也称为持续期分析或期限弹性分析，是衡量利率变动对固定

收益资产影响的一种方法，也是对利率变动进行敏感性分析的方法之一。通过久期分析，估算利率变动对头寸未来现金流现值的潜在影响，即通过对久期指标的监测，了解利率变动对头寸的长期影响，更为准确地估算利率风险对本行的影响，据此调整资产负债组合管理、各类限额管理和资本配置。

2. 外汇敞口分析

外汇敞口分析是衡量汇率变动对资产当期收益的影响的一种方法。对于QDII而言，如果投资于多国市场，那么将面临着许多外汇风险敞口，在存在汇率不利变动的情况下，汇率变动可能会最终投资收益带来损失，从而形成汇率风险。通过对外汇敞口指标的监测，可以采用套期保值和限额管理等方式进行风险控制。

3. 敏感性分析

敏感性分析是指在保持其他条件不变的前提下，研究单个市场风险要素(利率、汇率、股票价格和商品价格)的变化可能会对金融工具或资产组合的收益或经济价值产生的影响。通过敏感性分析，并将分析的结果作为监测指标，可以使高级管理层能够根据标准市场风险要素冲击的评估结果，评价本行的内部计量系统是否能充分反映其实际市场风险要素、风险水平及本行的资本充足程度，为资本配置、资产负债组合管理和各类限额管理提供参考依据。

4. 风险价值计算

风险价值是指在一定的持有期和给定的置信水平下，市场风险要素发生变化时可能对某项资金头寸、资产组合或机构造成的潜在最大损失。这主要用于市场风险的监控，风险价值是计量市场风险的主要指标，能够将风险数量化和显性化，有利于市场风险的监测，也有利于据此设定交易限额和风险限额。

5. 压力测试

通过压力测试来估算突发的小概率事件等极端不利情况可能对本行造成的潜在损失，根据对压力测试结果的监测和分析，对市场风险有重大影响的情形制定应急处理方案，并决定是否及如何对市场风险管理的其他政策和程序进行改进以及调整限额管理和资本配置。

(三)内部估值体系

科学的估值程序，是保证基金资产净值准确计算的另一项会计控制措施，主要包括数据录入、价格核对、价格确定和净值发送等程序。通过上述计量方法获取监测数据，还应通过市值重估监测交易账户头寸的市值，以便于及时了解头寸的资产价值波动情况，并据此制定及执行交易限额与止损限额。市值重估应遵循以下原则：

(1)交易账户头寸应按市值每日至少重估一次价值。

(2)市值重估应由与前台相独立的中台、后台、财务会计部门或其他相关职能部门或人员负责。

(3)用于重估的定价因素应当从独立于前台的渠道获取或者经过独立的验证。

(4)前台、中台、后台、财务会计部门、市场风险管理部门等用于估值的方法和假设应当尽量保持一致，在不完全一致的情况下，应当制定并使用一定的校对、调整方法。

(5)在缺乏可用于市值重估的市场价格时，财务部门应与研究部门相互沟通，确定选择代用数据的标准、获取途径和公允价格计算方法。

(四)内部管理控制

内部管理控制是指内部会计控制以外的所有内部控制，包括组织结构控制、操作控制、报告制度和违规行为的监察和控制制度。其中：

(1)组织结构控制指通过组织结构的合理设置，来加强部门之间的合作和制衡。

(2)操作控制的主要手段，一是限额控制。各基金都在招募说明书中公开披露其投资范围、投资策略和投资限制，据此，公司风险控制部门设定基金的投资限额。二是操作的标准化控制：主要手段有操作书面化、程序标准化、岗位职责明晰化等。三是业务隔离的控制，主要是指各资产管理公司应将基金资产管理和投资基金资产管理、个人客户保证金、自有资金等进行独立隔离运作。

(3)报告制度。在日常交易中，前后台都必须分别编制每日交易情况的明细报告，分别向风险控制部门和上级部门报告。风险控制部门对于日常操作中发现的或认为具有潜在可能的问题应编制风险报告向上级报告。

(4)违规行为的监督和控制制度，主要是为了避免个人违法违规行为的发生。

(五)内部控制的组织结构

QDII 的内部控制制度的组织结构与一般基金公司的风险管制结构是一致的，都应该具备如下的一些基本组织结构：审计委员会，风险监视委员会，风险政策小组，基金投资决策执行委员会和基金风险管理委员会。其中，风险管理委员会掌握投资基金各种投资组合资产的风险概况，并要开发出有关系统和风险工具来执行所有风险管理功能，是风险内部控制中最为核心的一环。对于 QDII 而言，由于面临更多的投资风险，风险管理委员会可下设五个小组组成。由于面临着更多的风险暴露因素，针对 QDII 产品，管理人在风险管理委员会应该设置如下一些小组，明确各自权责：

(1)主权风险和汇率风险组负责识别和监控投资范围内的国家主权风险，以及人民币汇率变动对 QDII 净值(人民币标价)的影响。动态监测全球宏观经济变动对基金投资风险的影响，注意防范和回避地区性的金融风险。

(2)市场风险组负责确定和识别投资基金各种业务需要承受的市场风险，并下设相对独立的定量小组专门负责建立、验证和运行各种用来度量、模拟各种业务的数学模型，同时负责确立监视和控制投资基金各种风险模型的风险集中度和承受度。

(3)信用风险组负责评估投资基金现有和潜在的交易对方的信用度，并在投资基金风险监视和度量模型可承受风险的范围内决定投资基金信用风险的承受程度。

(4)投资组合风险组具有广泛的职责，包括通过投资基金范围内重点事件的分析使投资基金的市场风险、信用风险和运作风险有机地结合起来统筹考虑，进行不同国家风险和定级的评估等。

(5)风险基础结构组向投资基金风险管理委员会提供分析、技术和政策上的支持以确保风险管理委员会更好地监视投资基金范围内的市场、信用和投资组合风险。

QDII 同时也可委托社会中介机构对市场风险的性质、水平及市场风险管理体系进行定期审计。比如现在不少基金 QDII 都在基金业绩表现中遵循了 GIPS(Global Investment Performance Standards)，而该准则就是由 CFA 协会发布，需要外部审计和监督的，并获得第三方 GIPS 认证报告。

外部审计的报告应提交给高级管理层和并由审计委员会督促高级管理层对审计中所发现的问题采取措施，高级管理层应督促相关部门对审计中所发现的问题提出具体改进方案并采取改进措施。

三、QDII 风险外部监管机制存在的问题

外部监管对境内机构投资者的风险管理起着举足轻重的作用，如果证券监管机构不能对机构投资者的投资行为进行有效监管，就会使得机构投资者无所适从，造成证券市场秩序的混乱，市场风险突出。

(一)国际监管合作机制的缺陷

对于我国来说，证券立法一直滞后于证券市场的发展，在《证券法》中除了规定“国务院证券监督管理机构可以和其他国家或地区的证券监督管理机构建立监督管理合作机制，实施跨境监督管理”外，没有任何关于国际证券监管合作与协调的具体实体法律规定。目前对证券跨国发行与交易行为进行监管的法律依据主要是一些行政法规和部门规章，而这些行政法规和部门规章的层级较低，权威性与效力不高，内容也不完备；一些规范属于临时应急性质，很不稳定。

此外，有效的 QDII 业务监管法律制度的构建并非一个国家国内的法律设计所能做的，这种有效监管体系的确立必须是一个动态的国内与国际双头并举的协作监管过程。为了保证投资的成功，我国对基金系与券商系 QDII 设置了“境外投资顾问”的要求，并规定投资顾问应当严格遵守境内有关法律法规、基金合同和集合资产管理合同的规定等。对于任何一个国家来说，其法律效力都是以主权所辖范围为边际的，其对他国及他国公民来说，都没有直接约束力。在这种情况下，境外的投资顾问又如何能遵守本对其没有约束力的我国国内法之相关规定呢？这说明诸多我国关于 QDII 风险防范规则的效力还需要他国的协作。

(二)信息披露制度的缺陷

信息披露可以说是证券监管法律制度的重点，因为“证券管理体系是

试图通过信息披露机制来向投资者提供保护，建立公众信心，增强市场效率，其根本目标在于为所有投资者提供获得相关信息的平等机会，从而使其可以权衡与证券投资有关的风险与收益”。从《商业银行开办代客境外理财业务管理暂行办法》《合格境内机构投资者境外证券投资管理试行办法》和《保险资金境外投资管理暂行办法》等法规可以看出，各监管部门对监管对象信息披露做出了相应规定，但仍然存在一些缺陷。

首先，缺乏信息披露的审查监督认证制度。信息披露应当遵守真实性、准确性、完整性和及时性等规则，这也是对披露义务人所公开信息的基本要求。一般的证券市场中，信息披露由于有会计师事务所、律师事务所、证券公司参与其中，因此所披露的信息是经过一定机制认证，能为投资者所信任的。而在 QDII 业务中，一般产品设计过于复杂，普通的投资者无法准确把握该产品的风险和收益水平。同时 QDII 产品披露的信息不充分，基金系 QDII 对一些常规的信息披露内容，方式，时间和频率做了明确规定，但没有明确资产组合中各投资品种资金配置的比例和对象；银行系 QDII 的信息披露要更差一些，其账单公布只要求每月一次，这就造成了银行系 QDII 产品净值公布不及时，甚至有些商业银行要在理财计划终止时或理财计划投资收益分配时，才向客户提供理财计划投资、收益的详细情况报告，而中期投资过程客户完全处于不知情的状态下，信息相当不透明。QDII 业务的“信息不对称性”加之目前的规则和实践均缺乏信息披露认证机制，导致投资者很难相信披露的信息具备真实性、准确性、完整性和及时性。

其次，缺乏规定信息披露法律责任制度。信息披露义务主体应当按照规定披露 QDII 投资的相关信息，否则将承担包括民事、行政在内的法律责任，只有这样才能减少虚假性或误导性 QDII 信息的披露。然而，作为具有强烈示范效应的《合格境内机构投资者境外证券投资管理试行办法》并没有对信息披露的要求做出具体规定。作为对该文件补充解释的《关于〈合格境内机构投资者境外证券投资管理试行办法〉有关问题的通知》里也没有下文。事实上，考虑到法律规则的层级递减效应，这种托付于“法律法规”的做法也与信息披露的具体规则大多源于中国证监会的部门规章的实践大相径庭。

此外，信息披露的要求缺乏持续性。证券市场中的披露是一种持续性的披露，它不仅包括证券产品发行时的相关信息的披露，而且还包括事后的信息披露；它既包括定期性的披露，也包括不定期性的披露。然而，目前我国 QDII 信息披露的规则体现出的是一种“重发行时的披露，轻发行后的披露”，即持续性披露不足。这种非持续性的信息披露不免让国内投资者有些失望。

实际上，对于投资者来说，在发行人的证券产品向市场推出后，其真正关注的倒不是发行人发行阶段的信息，而是后期持续性披露的信息、以及一些临时披露。

(三) 我国 QDII 监管制度的缺陷

当前，基本上所有的发达国家金融业都采用混业经营、混业监管的管理模式，而我国金融业仍然采用分业经营、分业监管的管理体制。就 QDII 业务来说，中国证券监督管理委员会监管券商类 QDII，中国银行业监督管理委员会监管银行类 QDII，中国保险监督管理委员会监管保险公司 QDII。这种监管模式虽然秉承了我国金融业“分业经营、分业监管”的基本原则和理念，但是弊端也是明显的，各监管机构各自为政，审批监管各行业的境外投资资格和业务。

在分业监管的模式中，QDII 的监管涉及外汇管理局、银监会、证监会、保监会和税务部门等监管机构的协调，以及与 QDII 投资所在地监管部门和相关国际监管组织的合作问题，所以这种多部门各自为政的行政监管体制既不合 QDII 的效率原则和适度性原则，也不能切实保障 QDII 的合法权益。要想提高 QDII 监管效率，则需要改革现有的监管模式，进行适时的集中监管并改组有关监管机构，以适应 QDII 境外投资的需要。

此外，虽然我国金融业实行分业经营，但 QDII 制度的实施实际上形成了混业经营的态势，基于金融融合现实监管的需要监管层也有相应的准备，2004 年中国证券监督管理委员会、中国银行业监督管理委员会和中国保险监督管理委员会联合起草的《在金融监管方面分工合作的备忘录》，确立了“监管联席会议机制”和“信息交流与合作制度”。由于此文件并不属于法律意义上的规范性文件，这种法律属性的缺失使得“备忘录”所预期的目标难以实现，导致成效并不显著。另外，多年的分业监管模式导致监管机构比较分散，使得各监管部门划定了自己的“势力范围”，这也导致了三个监管部门出台的部门规章内容不统一。

(四)我国 QDII 制度法律体系存在缺陷

目前我国有关 QDII 的主要法律规定有《合格境内机构投资者境外证券投资管理试行办法》《保险资金境外投资管理暂行办法》和《商业银行开办代客境外理财业务管理试行办法》。这三部主要法律规定分别是由中国证监会、中国银监会和中国保监会颁布的，这些组合而成的法律规定层次比较低，权威性不够，而且规章之间内容有不协调的地方，甚至存在冲突。有些管理法规与国际惯例严重脱节，例如概念不统一、交易类别划分不统一等。

尽管三部主要法律法规对 QDII 的监管分别作了规定，但是对 QDII 相关的民事责任并没有作规定。依照法理，QDII 给投资者(委托人)造成损害只能寻求民法的合同和侵权制度获得保护，但通过民法上的制度来寻求救济非常困难。

四、完善 QDII 制度风险的法律防范制度

经验表明，在资本账户更为开放的金融环境下，一国避免金融危机有赖于该国金融机构、非金融机构以及政府当局整体应对金融风险的能力。同时，面对日益复杂多变的资本流动带来的风险，在法律上、机构上做好

充分、审慎的安排就很有必要。QDII 制度作为一种国际资本流动，其风险具有复杂性和跨国性的特征。因此，实现对其风险的有效防范的法律制度必然也是一个综合体系，主要包括严格挑选合格的境内机构投资者，规范 QDII 基金的发行、募集和投资行为，实现资金进出的监控，注重保护投资者利益等。此外还必须加强机构投资者母国和投资地所在国或地区的监管部门之间的合作。

（一）严格挑选 QDII 主体

QDII 制度下的主体主要有合格的境内机构投资者（QDII 基金管理人）和 QDII 基金托管人，后者又包括基金的境内托管人和境外托管人。

1. 合格境内机构投资者的筛选

在我国机构投资者总体实力不强的情况下，必须选择竞争力相对有优势的境内机构投资者，才能有效防范 QDII 的海外投资风险。我国在选择 QDII 主体时要考虑如下因素：①有一定的资产规模；②有稳定的外汇资金来源；③完善的公司治理结构；④有效的内控制度和风险防范措施；⑤具备较强的资产管理能力和一定的海外投资经验。

在合格境内机构投资者的资格条件方面，我国目前尚未有统一的 QDII 资格许可标准，QDII 的主体资格条件由各监管部门分别规定。以银行 QDII 为例，我国《商业银行开办代客境外理财业务管理暂行办法》第九条规定：开办代客境外理财业务的商业银行应当是外汇指定银行，并符合下列要求：①建立健全了有效的市场风险管理体系；②内部控制制度比较完善；③具有境外投资管理能力和经验；④理财业务活动在申请前一年内没有受到中国银监会的处罚；⑤中国银监会要求的其他审慎条件。

其次，依据目前的 QDII 政策，保险公司既可以自行运用外汇资金，作为“准 QDII”进行海外投资，也可以委托专业的投资机构进行海外投资活动。保险公司海外投资的规范主要有证监会和人民银行联合发布的《保险外汇资金境外使用暂行办法》(以下简称《暂行办法》)和《保险外汇资金境外使用暂行办法实施细则》(以下简称《实施细则》)。其中《暂行办法》第六条规定了保险公司自行从事外汇资金的境外运用应当具备的条件：①具有外汇业务许可证；②上年末总资产不低于 50 亿元人民币；③上年末外汇资金不低于 1500 万美元或者其等值的自由兑换货币；④偿付额度符合中国保监会有关规定；⑤设有专业的资金运用部门或者相关的保险资产管理公司；⑥内部管理制度和风险控制制度符合《保险资金运用风险控制指引》的规定；⑦拥有 2 年以上境外投资经历的专业管理人员的数量符合有关规定；⑧中国保监会和国家外汇管理局规定的其他条件。《暂行办法》第十四条则规定了保险公司委托海外投资的 QDII 模式下投资主体的条件，即保险公司所委托的境外专业投资机构应具备以下条件：①依照所在国家或者地区的法律，可以经营资产管理业务；②风险监控指标符合所在国家或者地区的法律和监管部门的相关规定；③实收资本和净资产均不低于 6000 万美元或者其等值的自由兑换货币，管理资产规模不低于 500 亿美元或者其等值的自由兑换货币；④法人治理结构健全，内部管理制度和风险控制机制完善，最近 3 年在所在国家或者地区，无重大违法、违规行为的记录；⑤具有 10 年以上国际资产管理业务经验，并有相应数量的专业投资人员；⑥书面承诺在必要时，根据中国保监会的要求，如实提供有关保险外汇资金境外运用的交易情况；⑦所在国家或者地区的金融监管制度完善，金融监管部门与中国金融监管机构已签订监管合作谅解备忘录，并保持着有效的监管合作关系；⑧中国保监会规定的其他审慎条件。

目前证监会尚未对基金管理公司等证券经营机构的 QDII 资格条件有所规定，但是参照《社保基金海外投资管理暂行规定》对担任社保基金海外投资的基金管理人资格条件的相关规定，我国基金管理公司等证券经营机构从事 QDII 业务应当具备以下条件：①财务稳健，资信良好，风险控制指标符合法律规定和监管机构的要求；②经营资产管理业务达 3 年以上，最近一个会计年度管理的资产不少于 50 亿元人民币；③有健全的治理结构和完善的内控制度，经营行为规范；④近 3 年未受到监管机构的重大处罚。

2. 基金托管人的资格条件

基金托管人是根据法律法规的要求、在证券投资基金运作中承担资产保管、交易监督、信息披露、资金清算与会计核算等相应职责的当事人。基金托管人将基金的所有权、使用权和保管权分离，有利于保证基金资产的安全；此外，基金托管人在基金运行中发挥托管、会计核算和信息披露等监督作用，从而更好地维护投资者的利益。为确保 QDII 资金运作安全、透明、符合境内外监管要求，QDII 一般采取联合监督制度，其托管人分为基金境内托管人和基金境外托管人。

境内托管人负责保管基金管理人托管的外汇资金和证券；开设外汇资金托管账户、境外外汇资金运用结算账户和证券托管账户；负责办理外汇资金的汇出、汇入以及相关汇兑手续；并与境外托管人共同监督 QDII 基金管理人的境外投资运作。因此，必须选择独立于基金管理人并具有一定实力的外汇境内外汇指定银行担任。参照《保险外汇资金境外使用暂行办法》中有关保险公司从事外汇资金境外运用境内托管人的规定，我国 QDII 基金在实施初期境内托管人适宜优先考虑银行，且应当具备以下条件：①取得外汇指定银行资格 3 年以上；②实收资本不低于 80 亿元人民币，其中中资银行的外汇资本金不低于 10 亿元人民币等值的自由兑换货币，外国银行分行的实收资本按其总行计算；③取得境内证券投资基金托管业务资格；④法人治理结构健全，内部管理制度和风险控制机制完善；⑤设有专门的托管部门和相应数量熟悉全球托管业务的专职人员；⑥具备安全、高效的清算交割系统及灾难应变机制；⑦最近 3 年无重大违法、违规行为的记录，且其总行或者分行未受所在国家或者地区监管部门的重大处罚；⑧监管部门规定的其他条件。

QDII 的境外托管人由其境内托管人选择，并在境外托管人处开设 QDII 外汇资金运用结算账户和证券托管账户。境外托管人负责与境外登记结算机构进行 QDII 的资金结算业务和证券托管业务，并负有监督 QDII 基金外国投资运营状况的责任。原则上，QDII 境外托管人可以是商业银行，也可以是其他专业投资机构，但是应当符合一定条件。担任 QDII 基金的境外托管人的商业银行，应当满足以下条件：①实收资本不低于 25 亿美元或者其等值的自由兑换货币；②国际公认评级机构最近 3 年对其长期信用评级在 A 级或者相当于 A 级以上；③具有所在国家或者地区监管部门认定的托管资格，或者与境内托管人具有合作关系；④法人治理结构健全、内部管理制度和风险控制机制完善；⑤设有专门的托管部门，拥有相应数量熟悉所在国家或者地区托管业务的专职人员；⑥具备安全、高效的清算交割系统及灾难应变机制；⑦最近 3 年在所在国家或者地区无受重大处罚记录；⑧所在国家或者地区的金融监管制度完善，金融监管部门与中国金融监管机构已签订监管合作谅解备忘录，并保持着有效的监管合作关系；⑨中国金融监管机构和国家外汇局规定的其他审慎条件。担任 QDII 境外托管人的境外专业投资机构应当具备以下条件：①最近一个会计年度实收资本不少于 50 亿美元(或等值货币)或托管资产规模不少于 5000 亿美元(或等值货币)；②国际公认评级机构最近 3 年对其长期信用评级在 A 级或者相当于 A 级以上；③有足够的熟悉托管业务的专职人员；④具备安全、高效的结算和交割能力；⑤有符合要求的经营场所、安全防范设施以及与 QDII 基金托管业务有关的其他设施；⑥有完善的内部稽核监控制度和风险控制制度；⑦近 3 年未受到所在国家或地区监管机构的重大处罚；⑧在中国境外设立并登记注册，所在国家或者地区法律和金融监管制度完善，监管机构与银监会已签订监管合作谅解备忘录，并保持着有效的监管合作关系。

(二)完善 QDII 运营规则

顺利推行 QDII、防范资本流动风险还必须完善 QDII 运营规则：实现外汇资金进出的有效监控、通过许可投资的证券品种和比例限制控制开放节奏，并要注重引导机构投资者建立完善的内部控制制度，加强风险管理。此外，必须强调QDII主体的信息披露义务，实现外部监督，保护投资者利益。

1. 资金进出的监控

在我国资本管制的条件下实施QDII必须将资金进出的监控作为监管重点。

(1)账户管理。获得许可开展QDII业务的机构投资者应在选定的境内托管银行开立QDII境内托管账户。国家外汇管理局在资本项目下设立专门的QDII账户，作为各QDII外汇资金流动的一级账户，由QDII境内托管银行承担提供各机构投资者账户资金进出信息的报告义务，从而将QDII的外汇资金流动纳入有效管理。QDII境内托管账户的收入范围包括：结汇资金、银行存款本金及利息、债券利息收入及卖出债券所得价款；货币市场产品的利息收入及卖出货币市场产品的所得价款等；其支出包括售汇资金、银行存款、买入债券支付的价款、包括支付的印花税、资本利得税等税费；货币兑换费、托管费以及资产管理费以及各类手续费等。境内托管账户的收支范围不能超出以上规定，账户资金不得挪作他用。外汇管理部门对该账户的资金流程实施实时监控。合格机构投资者获得QDII资格半年内，按批准的规模在境内公开发行外汇基金，并将资金汇出境外。首批资金在汇出后一年之内，没有正当理由，不得调回国内。一年以后，可以根据实际情况返回一定比例资金投资国内股票市场，但必须事先报经证券监督管理机构和外汇管理局批准，并接受其监控。QDII的资金必须汇往已在我国外汇管理局备案的境外银行资金往来账户，其证券买卖必须通过国内券商设在境外的分支机构代理，并通过在境外托管人处设置的资金结算账户和证券结算账户进行。QDII在境外托管人处的资金结算账户和证券结算账户必须与境内托管账户形成相互对应关系。

(2)额度管理。境内机构投资者在取得QDII资格以后，应该通过代理银行向外汇管理局提出投资额度申请。对QDII的投资额度管理是一个从严格到宽松的过程。在 QDII 实施初期，为控制风险，一般进行比较严格的额度管理。1995 年韩国 QDII 制度允许个人和法人进行海外投资，限额为 12 万美元以内，一般法人为 36 万美元。1993 年我国台湾的 QDII 投资总额为 50 亿美元，个别投资额度在 500 万～1 亿美元之间。2002 年台湾的境外基金规模已经达到 400 亿美元。依据“五号公告”目前我国仅允许银行和保险公司在一定额度内购汇进行 QDII 投资活动，包括基金管理公司在内的证券经营机构只能采取定向募集方式筹集居民的“自有外汇”进行海外证券投资活动。因此，我国对 QDII 的外汇资金来源限制还是比较严格的。目前 QDII 我国并未公布 QDII 的初期额度。但是截至 2006 年 8 月，国家外汇管理局已经批复了中国银行等六家中外资银行共计 88 亿美元的代客境外理财购汇额度。随后，华安国际配置基金作为国内首支 QDII 基金，一次性募集认购金额 1.97 亿美元。至此，我国经批准的 QDII 额度已经超过 QFII 实施 3 年以来的审批的总额度。在此后的实施中，应当充分考虑机构投资者的经营能力和风险承受能力，对各个机构制定不同的额度，从国际收支平衡的广度来把握 QDII 的额度松紧。

2. 许可投资的证券品种和比例限制

在 QDII 机制实施初期，投资宜以稳健为主，有必要限制许可投资的证券品种和投资组合比例。台湾地区 20 世纪 90 年代出台规定，QDII 下单一机构投资者持有一家公司的股权上限为 5%，所有机构投资者持有一家公司股权的总和不得超过 10%。同时，由于各类金融机构面临的风险程度、海外投资目的和资金来源等均存在差异，在 QDII 许可投资的证券品种和比例限制也应当针对金融机构的特点而设。我国“五号公告”规定商业银行代客境外理财只能投资于境外固定收益产品；保险公司可投资于固定收益类产品及货币市场工具。全国社保基金境外投资的范围则要广泛得多，包括银行存款、股票、债券、甚至金融衍生工具，但是对各类证券都有评级或其他要求，并且规定单个社保基金境外投资管理人管理的社保基金委托资产投资于一家机构发行的单支证券和基金不得超过该证券和基金份额的10%，按成本计算不得超过其管理的社保基金境外委托资产总值的 20%。《保险外汇资金境外运用管理暂行办法》也对保险外汇资金的投资范围和投资比例进行了具体的界定。相比之下，国内首支外币基金产品-华安国际配置基金则获准可于纽约、伦敦、东京等主要国际市场投资，投资对象覆盖股票、债券、房地产信托凭证以及商品基金等主流金融产品。但是，迄今为止，证监会仍未对基金管理公司等证券经营机构 QDII 投资活动出台相关规范，基金管理公司的海外投资仍处于试点和个别审批阶段，十分不利于控制 QDII 基金的运营风险。因此，证监会应当尽快推出证券经营机构的 QDII 运营规则，从分散风险角度界定基金管理公司的海外投资的证券品种和相关比例，如同 QDII 基金持有国外同一公司股票不得超过该公司股票总额 5%；在同一国家证券市场的投资总额不得超过该基金募集资金总额的 20%等。

3. 健全内控机制，增强风险防范意识

"内部控制"源自 1949 年美国会计师协会发表的一份专门报告，是指公司出于保护资产、核查会计数据的准确性和可靠性、提高经营效率、促使遵循既定的管理方针而采取的方法和措施。1998 年美国注册会计师协会引入该概念，第一次将内部控制引申为一种结构和环境，认为内部控制的实质在于合理地评价和控制风险，因此可以称之为风险导向型的内部控制，从而将内部控制和风险管理有机结合起来。QDII 的运营已经突破了国内监管的范畴，单纯依靠一国监管机构的外在约束将不足以控制其风险，因此必须强调引导 QDII 主体健全内控机制的重要性。QDII 主体的内部控制要遵循健全性、审慎性、有效性、独立性和相互制约的原则。

对 QDII 基金管理人而言，要严格按照法律法规和 QDII 基金合同规定的投资比例进行投资，不得从事规定禁止 QDII 基金投资的业务；坚持独立性原则，基金管理公司管理的 QDII 基金资产与基金公司管理的其他基金

资产、基金管理公司的自有资产应相互独立，分账管理，公司会计和基金会计严格分开；严格授权制度，实行集中交易制度，每笔交易都必须有书面记录并加盖时间章；加强内部信息控制，实行空间隔离和门禁制度，严防重要内部信息泄露；按照职责明确、相互制约的原则进行部门设置，前台和后台部门应独立运作等。

对 QDII 基金托管人而言，应当建立完备的稽核检查制度或风险控制制度、有效的稽核处罚制度、明确的责任分工制度、合理的内部奖惩制度，以保证托管业务的顺利进行、严格控制基金资产托管的财务风险。为防止出现利益冲突，同一 QDII 基金的基金管理人不得兼任基金托管人。基金托管人应依据有关法律法规，对基金的投资范围、基金资产的投资组合比例、基金资产核算、基金价格的计算方法、基金收益的分配等行为的合法性、合规性进行监督和检查，并建立完善的信息披露系统，一旦发现基金管理人有违法违规操作，则应当及时通知基金管理人，并向有关监管部门报告。

4. 加强信息披露，实现对 QDII 的外部监督

"阳光是最好的消毒剂"。防范 QDII 的操作风险的最佳办法就是加强信息披露。因为 QDII 进行的是海外证券投资，投资者在信息获取上存在更加严重的不对称性，因此对 QDII 主体应有更高的信息披露要求：信息披露的内容更详细、信息披露的时间更频繁。QDII 的信息披露要遵循真实、准确、及时、完整的原则。QDII 制度下负有信息披露义务的主体主要是基金管理人和基金托管人。

QDII 基金管理人的信息披露义务主要包括：公告募集发行 QDII 基金的基金合同、托管协议、招募说明书等材料，向投资者全面详细告知投资计划、产品特征及相关风险；定期向投资者披露投资状况、投资表现、风险状况等信息；发生变更托管人、注册资本重大变化、涉及诉讼或受到重大处罚等重大事件时应及时向监管机构和外汇管理局报告等。QDII 基金托管人则应当将基金资产保管、QDII 投资运作监督等信息定期向投资者披

露；并要定期将其所保管的 QDII 账户下外汇资金汇出、汇入的情况、收支情况报告外汇管理局；负责向监管部门和外汇管理局定期报送与 QDII 有关的会计报表；每一会计年度结束后 1 个月内，向外汇局报送其上一年度外汇资金的境外运用情况报表；并按规定履行结售汇统计报告义务。

(三) 推进 QDII 制度下的监管合作

《反洗钱法》的出台，创下了我国共同颁布法律机关的最高纪录——包括中国人民银行在内的 17 个主要监管机构和部门都参与其中。这一方面说明了反洗钱形势的严峻；另一方面则表明资本跨国流动监管的综合性。QDII 的监管也将是一个复杂的体系。作为资本管制，QDII 的实施要受到中国人民银行、国家外汇管理局的管理；作为一种投资模式，其账户参与主体又分别要接受证监会、保监会、银监会甚至财政部的监管。而我国目前分业监管为主，监管部门之间缺乏信息交流机制、没有达成协调合作等不足是阻碍实现 QDII 制度风险有效防范的主要因素。因此必须加强监管，尤其是要推进包括中国人民银行、国家外汇管理局、银监会、证监会和保监会等各监管机构之间的合作。此外还要注重跨国监管合作的开展，才能有效防范 QDII 制度下的跨国监管重复或监管不足的风险。

1. 加强监管机构之间的合作

首先，要明确监管机构的各自职责，建立协同监管机制。在我国现行的分业监管体制下，QDII 的充分监管要求在有效的行业监管基础上实现多个监管机构的协调合作。以保险公司外汇资金运用为例，保监会主要负责监管保险公司外汇资金境外运用的投资品种、投资比例是否合规，内部管理制度是否建立和健全，风险控制措施是否到位和完善；国家外汇管理局主要负责投资付汇额度的审批，监控保险外汇资金的流出和流入；其他监管部门根据各自职责范围，对保险公司境外投资涉及的各个环节进行监管，严格把关，并加强沟通和合作，将风险最小化。基金管理公司在开展 QDII 业务时，证监会负责符合 QDII 主体资格的基金管理公司市场准入的审批，负责基金募集、运作中的监督管理；国家外汇管理局则负责对设立在资本账户下的该基金的 QDII 账户外汇资金进出的监控。

其次，中国人民银行、国家外汇管理局等货币政策职能部门和银监会、证监会和保监会等行业金融监管部门之间必须密切配合，建立及时、高效的信息交流制度，实现对资本项目下外汇资金的流入流出的实时监控、全程跟踪。可以考虑借鉴和发展我国已有的监管联席会议制度，将其发展为 QDII 各监管部门之间的有效沟通平台和信息交流渠道，加强各监管部门在反洗钱及资本流动方面的紧密合作。同时，辅之以有效的风险绩效评价体系，设置合理的评价程序和评价周期，建立一套防范国际游资流动风险的监测预警机制和监管体系，提高风险防范能力和金融监管水平。此外，各监管机构应当根据国内金融市场的变化，结合 QDII 制度实施的状况及海外市场发展的实际情况对监管政策等进行调整，改进监管手段和方法，不断总结和提高监管水平。

2. 推进跨国监管合作

1997 年 4 月国际证券委员会组织发布的《关于证券市场监管的原则与建议》明确宣告："市场健全、投资者保护和金融稳定只有在通过高度的合作和交流才能实现。"随着 QDII 制度的推行，资本项目走向开放，金融风险也突破一国范畴，金融危机呈现跨国传染的新趋势。我国目前在开展 QDII 跨国监管合作上还面临不少障碍。一是金融监管手段尚未完全市场化，和国际发达市场国家差距不小。我国的金融监管尤其是证券市场监管仍是以行政管理为主，倚重于监管机构的外部监管，市场主体的自律性较差。缺乏有效自律的市场主体被允许开展 QDII 跨国投资本身就是一种风险。二是跨国市场之间的信息披露制度安排不充分、信息交流有一定的时滞性。三是各国的会计准则尚难统一，给跨国监管合作带来困难。

因此，必须从以下几个方面加强监管的国际协调与合作：其一，建立跨国信息共享机制。这种与金融资本流动有关的跨国信息共享机制主要通过两种途径来构建：一是各国监管机构交换必要的金融信息，一般采取政府、中央银行、证券监管部门谅解备忘录的形式进行；二是由监管机构签署相互认可协议，即认可来自对方的信息披露格式。通过多边信息共享机制安排，我国作为 QDII 主体监管母国能够及时获取机构投资者在其他证券市场上的操作情况、具体交易记录和违规记录等，及时发现并制止其风险行为。其二，协调并积极参与建立证券多国(和地区)发行和上市的统一信息披露及国际会计标准，采纳国际监管协会建议的相关会计标准和监管原则，降低发行与上市的运行和管制成本，促进资本在全球范围内的有效配置；同时注重培养本国证券市场主体的市场自律性，为证券跨国监管合作节约协调成本；其三，联合制约国际性市场操纵、“热钱”冲击和洗钱行为，协调解决信息技术和电脑网络发展对国际证券监管带来的新挑战，以维护全球证券市场的稳定和秩序。我国监管机构应当严格贯彻《反洗钱法》及相关规定，督促金融机构重视金融客户信息确认和交易记录完整性，共享有关监管信息和加强对现金流动的管理。同时我国应推进针对证券市场信息网络化条件下新监管问题的国际性监管合作机制。其四，在 QDII 的监管中要积极利用国际信用评级机构。一方面，在 QDII 推行初期可利用信用评级机构限制机构投资者的资产组合选择，控制投资风险；另一方面，对于国际信用评级机构给予较高信用级别的境内机构投资者，可以允许其简化信息披露，从而降低监管成本。

五、完善 QDII 监管法律制度的建议

通过考察目前我国 QDII 监管法律制度现状进而分析其缺陷，发现既有立法层面也有监管模式层面的问题，需要从多角度进行思考。毋庸置疑，如果这些缺陷得不到弥补，将阻碍我国 QDII 制度的进一步发展，放缓我国资本市场对外开放的进程。因此，着眼于前文分析的基础上，提出以下几

方面完善措施，以期能够更好地促进我国资本市场完全自由化。

(一)选择与制度发展现状相适应的监管价值理念

任何一种制度设计的背后都有一套与之相适应的价值理念作支撑，只有确立相适应的金融监管价值理念，才能全面地建立与全球化时代相适应的监管法律制度。

全球化下金融监管法的基本法律价值包括金融安全、金融效率和金融公平。金融安全注重在经济开放条件下监管部门如何实施监督管理以期防范金融风险尤其是国际金融风险的传递。它着力于实现金融业的审慎经营、信息披露、稳定的市场退出等方面。金融公平着重于关注竞争公平和投资者合法权益的维护这两项目标的实现。金融效率侧重于金融市场上对资金的较大化利用，它反映到金融监管法律制度上便是“放松管制”，提倡鼓励创新，维护金融业的持续发展能力。金融安全、金融效率和金融公平之间，是对立统一的关系，尤其体现在金融安全与金融效率这一对监管价值理念上。一方面，它们相辅相成，金融安全是金融效率的保障。另一方面，它们相互对抗，金融安全提倡对金融市场主体权利的限制和约束，然而，过度的金融监管势必会打击金融机构的积极性，影响到金融效率；如果只注重效率，放任金融机构之间自由竞争，虽然可以激发金融业的活力，促进金融创新，但由于信用活动以及金融机构的脆弱性，这种放任会造成动荡的金融体系和不稳定的金融秩序，美国次贷危机便是发生在“放松监管”之下。由此可见，金融监管法律价值之间的冲突客观存在，需要进行协调，确立符合当代实际情况的金融监管价值理念。

前文论述了新兴市场国家推行 QDII 制度的过程及实施的监管措施，可知一国采取的监管理价值念是随着本国金融业发展而相适应调整，如韩国，一开始采取激进的资本对外开放方式，金融效率优先，结果受到了亚洲金融危机的冲击，金融危机之后监管理念倾向于金融安全，经济才得到复苏。又如智利，初期采取放松监管的金融监管法律制度，QDII 制度推行失利，在意识到失败的根源后完善 QDII 制度相关法律法规，侧重于金融安全价值理念，最终由失败走向成功。所以要根据 QDII 制度发展的阶段性特点，包括前期和后期、资本市场开放进度和状况以及当前监管条件和监管水平，相应地在金融安全与金融效率之间进行抉择侧重。在我国 QDII 制度推行的进程中，在前期 QDII 制度属于一种新的金融创新机制，加之我国金融监管体系并不完善，抗击风险能力相对不足，金融安全价值应该优先于金融效率价值，以审慎监管为主；在后期，QDII 制度进一步深化发展，监管机构也积累了相关的监管经验并颁布了有关法律法规，QDII 制度法律监管走上正轨，可以考虑放松监管，效率优先，刺激金融市场的活力。

(二)完善合格境内机构投资者制度监管立法

之前已经论述了我国 QDII 监管的规范性文件立法层次简单、缺乏较高层次的法律法规、现有部门规章的相关规定模糊、配套法律制度缺失的现状。对于任何制度的实施发展而言，完善的法律体系是对其进行有效监管的重要保障。因此，对 QDII 制度的监管不应仅仅依靠监管机构颁布的几个行政规章来发挥作用，应当在符合我国现实国情和 QDII 制度发展情况的基础上，借鉴国外成功经验，从立法的层次性着手，构建一套协调统一、有效的监管法律体系。

一是基本法层次。基本法是指在一个国家或地区拥有最高法律效力的法律，完善金融监管体系的关键就在于基本法的完善。QDII 的性质是代客境外投资证券市场，其实施目的也是为了推动我国资本市场对外开放，就我国资本市场而言，《证券法》便是最高法律效力的法因此，对于 QDII 的有关规定应当被纳入《证券法》中。首先是对 QDII 及 QDII 产品进行严格的定义和分类，QDII 是受投资者委托、用向投资者筹集得到的资金进行境外证券市场投资的金融机构，QDII 产品类似于国内的基金，属于证券的一种，它的上市发行应当遵守《证券法》的规定。其次，增加对 QDII 最为重要的相关规定。因为基本法具有稳定性，其修改的次数是屈指可数的，例如《证券法》，从 1988 年到 2012 年仅修订过 2 次，因此，列入《证券法》中的相关规定应当是 QDII 监管法律制度的大体框架，即业务准入制度、双托管制度、信息披露制度、监督管理制度等，尤其是监督管理制度中的跨境监管制度。以上制度在《商业银行开办代客境外理财业务管理暂行办法》《合格境内机构投资者境外证券投资管理试行办法》《信托公司受托境外理财业务管理暂行办法》等均有规定。最后，明确规定境内机构投资者、境内托管人、境外托管人、投资顾问违反 QDII 有关法律规定时应当承担的法律责任，有法律责任的约束上述机构才不会挑战法律规定的底线，才能更好地保障信息披露制度、双托管人制度等具体规定的贯彻实施。尤其是增设民事责任，因为民事责任不仅可以使 QDII 产品投资者的损失得到经济补偿，而且也给侵害者增加了经济上的负担。强化民事责任比规范性文件中规定的"取消托管资格""暂停 QDII 资格"等行政处罚措施更为经济、有效。

二是单行法规层次。QDII 因其域外投资性和政策性有别于其他金融工具，有必要在兼顾银行业、证券业和保险业特色的基础上，出台一部统一的专门规范 QDII 制度的《合格境内机构投资者法》，确保规则与《证券法》的规定具有一致性。《合格境内机构投资者法》应当将三大监管机构颁布的有关规范性文件都纳入其中，并进行梳理，对法律语言进行统一，对不同监管机构有关市场准入、资金运作、资金托管、信息披露、法律责任等问题作出回应。例如，《证券法》中规定了金融机构申请 QDII 资格的基本条件，《合格境内机构投资者法》中需要更为细化地规定市场准入条件，区别不同类型的金融机构进入市场所应具备的资金规模，对其他诸如在某时间段内未受过监管机构行政处罚、具备多少数量的专业技术人员等内容进行统一规定。规定应当具有可操作性，以期能真正保护投资者利益。

三是监管机构制定的行政法规、规章等。目前对于 QDII 机制的直接规定主要有《合格境内机构投资者境外证券投资管理办法》《商业银行开办代客境外理财业务管理暂行办法》《中国银监会办公厅关于调整商业银行代客境外理财业务境外投资范围的通知》《银监会办公厅关于进一步调整商业银行代客境外理财业务境外投资有关规定的通知》《信托公司受托境外理财业务管理暂行办法》《中国银监会办公厅关于调整信托公司受托境外理财业务境外投资范围的通知》。行政规章的出台对于监管有着重要作用，随着金融创新的推进，法律和行政法规则的调整具有一定的稳定性和滞后性，而规章比较灵活能够及时弥补缺陷。不过鉴于部门规章存在效力比较低，用词各异，缺乏统一性、协调性，规定比较简单等问题，在制定部门规章的时候需要发文单位之间分工合作，协调统一规范相同金融工具或投资行为的条文。在行政规章规范的内容成熟时，及时补充进单行法，提高规范的效力层级。

四是配套的诉讼制度。完善对违反 QDII 监管法律法规应当承担的民事、刑事责任的规定只是实现了“有法可依”的层面，“没有救济就没有权利”，如何真正落实责任保障 QDII 产品投资者的损失受到补偿还需要配套的诉讼制度。可以借鉴海外成熟经验，创造并完善符合我国国情的个人诉讼、共同诉讼、股东派生诉讼和集团诉讼的制度设置，特别是集团诉讼，国外实践证明它是中小投资者维护自身权益的重要途径之一。在制定上诉规则的过程中，要对程序要求进行详细规定，充分考虑具体规范的可操作性，坚决避免原则性规定和含糊规则。

五是配套的外汇管理制度。从前文论述的新兴国家实施 QDII 制度的成功现实经验可知，首先，有必要制定一部统一的《外汇法》，将现存的杂乱无序的外汇管理法律法规进行梳理，在资本项目下增加有关跨境证券投资的规定，为我国资本项目完全可兑换奠定良好的基础。其次，在《外汇管理条例》和《结售付规定》中增加有关资金变动异常、洗钱行为的法律责任，通过管理外汇净余额的变动以期加强对投资的管理。最后，外汇管理法律制度的立法必须采取循序渐进、有阶段地逐步放宽的原则，吸取韩国、智利因初期激进而导致的失败教训。

(三) 建立合格境内机构投资者牵头人监管制度

在分业监管体制下，QDII 制度在银行业、证券业、信托业、保险业中的受监管程度各不相同，同等性质的金融工具受限于机构监管与市场监管之间的壁垒却不能受到统一的功能性监管。从韩国实施 QDII 制度的成功现实经验来看，趋于统一监管是必然的模式。然而，在对我国 QDII 监管法律制度缺陷进行分析的时候，也阐明了在目前我国经济社会发展情况下，“一行三会”分业监管的格局仍将继续。因此，建议在此过渡时期可以效仿美国在金融危机之前的伞型监管模式，即在不用重新调整现有监管组织结构的基础上实施牵头人监管制度，待资本市场进一步开放、监管水平提高之后转换为集中监管模式。

笔者认为，可以这样设计我国 QDII 牵头人监管制度：由国务院提高外汇管理局的级别使其行政权力大于三大监管机构，然后指定其作为三大监管机构的牵头人，负责牵头协调三大监管机构，解决在 QDII 监管过程中具有全局性、综合性、单一监管部门解决不好的问题，诸如信息交流与共享、避免监管真空或监管重叠等方面。三大监管机构对其负责的各类金融机构进行机构监管。

选择外汇管理局作为牵头人的理由如下：

一是 QDII 制度存在的目的在于开辟资金向外流动的渠道，在有保护措施存在的条件下逐步实现资本市场的开放，同时将外汇资金投向国际市场，缓解外汇储备压力。在 QDII 制度运行过程中，外汇管理局并非局外人。开办 QDII 业务必须向外汇管理局进行投资付汇额度的申请，QDII 投资海外证券市场后外汇管理局也随时监测着 QDII 二级账户资金的变动情况，如果发现异常或是其他三大监管机构发现机构投资者有违法行为，外汇管理局将取消其投资付汇额度。我国现在实行的是有管制的外汇制度，取消投资付汇额度的手段较之其他监管部门更为有效。

二是外汇管理局不是具体的监管部门，对银行业、证券业、保险业能够做到一视同仁。若换成证监会、银监会、保监会中任一部门作牵头人协调监管合作，既难以避免部门权限过于集中，又难以协调不同监管部门之间的利益冲突。外汇管理局可以利用其既身处 QDII 监管权力机构之中又超然于行业利益之外的特殊性，发挥必要的沟通和协调作用，更好地解决监管合作问题。

三是不用重新调整组织结构，仅仅是赋予外汇管理局协调职能，减少了机构重组成本，十分便捷经济。并且，QDII 制度对于减轻我国外汇储备压力有着积极的意义，三大监管机构信息的传递，也有助于外汇管理局更好地规划运用我国外汇储备。

在 QDII 牵头人监管制度框架下，外汇管理局作为牵头监管人，应当及时、充分、有效地向有关行业监管部门披露必要的跨行信息，避免对 QDII 监管的疏漏和重叠。同时将已经建立的监管联席会议制制度化，进一步完善相互沟通的机制、方式、内容和规则，由外汇管理局负责督查三大监管机构按照监管联席会议制进行监管协调合作。此外，外汇管理局应当协调三大监管机构尽量统一 QDII 监管部门规章中的法律用语和具体规定，例如统一对主体资格认定、托管人职责、境外投资顾问职责、信息披露等方面的要求，避免行政部门立法倾斜于固有的集团利益，忽视应有的公平与正义，使得部门法的理念得到切实的体现。这是我国由机构监管向功能性监管过渡的权宜之计，即能保证分业经营现实的稳定，又能应对局部混业交叉对监管的压力。

(四)健全信息披露制度和双托管制度

1. 健全信息披露制度

鉴于 QDII 信息制度不完善主要表现为信息披露的规定不具有可操作性、信息披露的要求不具有可持续性、信息披露的内容不具有全面性、信息披露的监管不具有及时性几个方面，建议采取以下措施健全信息披露制度：

一是对信息披露的内容进行补充，在要求公示投资产品的相关信息的基础上，加入对 QDII 所投资证券的发行人的相关重大信息，诸如发行人的中期报告、年度报告、内部重大变化、内幕交易人报告或是收购中的预警披露等。

二是要求机构投资者、托管人、境外投资顾问进行持续性披露，改变现有“重交易前披露、轻交易后披露”的披露模式，加强对交易后信息的公开。

三是完善信息披露的具体要求，使信息披露具有可操作性。监管机构应当对信息披露制度中诸如内容、时限、方式等进行界定。如，对重大关联事项的披露，目前如何判断一个关联事项的重大性取决于机构投资者，而机构投资者往往会因为自己的利益选择不披露，此时监管机构需要对重大关联事项进行明确的定义。又如，定期向投资者披露相关信息，这个“定期”完全是由机构投资者来定期，在实务中造成了 QDII 产品投资者因未及时知悉信息而产生损失的情况，监管机构需要对这样模糊不清的时限进行限定，根据 QDII 产品的特点或者机构投资者的资质规定日报、周报还是月报。此外，还需要统一规定信息披露中有关英文专业用语的中文译文，避免 QDII 产品投资者的阅读和理解困难。

四是监管机构需要及时对 QDII 信息披露进行监管。监管机构对于 QDII 投资状况和资金运作状况的监管应当是实时的，才能避免脱离 QDII 实际运作过程，及时地获取相关资料，第一时间发现存在的问题并采取有效措施。

2. 健全双托管制度

一是保障境内托管人的独立地位，采取措施激励境内托管人对机构投资者的投资状况及资金运作进行监管。在前文中论述了境内机构投资者“缺乏独立性从而导致其监督上的软弱性”的原因在于境内托管人的选取与替换受机构投资者左右，并且，固定的托管费用与高昂的监督成本不成正比。因此，对于保障境内托管人独立性、督促其对机构投资者进行监督管理有以下几个方面的建议：首先，限制机构投资者对于境内托管人的制定权和更换权。可以规定由机构投资者先对境内托管人进行初选，挑选出几家适合的商业银行作为备选，然后在 QDII 募集成立之后的一定时间内召开 QDII 产品持有人大会，由 QDII 产品投资者通过投票决定选择最终的境内托管人。更换境内托管人也是如此，需要 QDII 产品投资者在持有人大会上通过投票表决是否更换以及更换后的境内托管人人选。这样规定既可以减弱机构投资者对境内托管人的控制力，又形成了 QDII 产品投资者对于境内托管人的威慑力，使境内托管人能够更多从考虑对 QDII 产品投资者义务的角度去行使职责。其次，由 QDII 产品持有人大会决定境内机构托管人的薪酬。境内机构托管人的非独立性的另一个来源在于其薪酬往往是与机构投资者进行商议的，如果将此权利直接交由 QDII 产品投资者，虽然进行磋商的过程更为繁琐复杂，但是能够更好地减弱境内机构投资人与机构投资者的利益联系。最后，在固定托管费用的薪酬上，设置奖惩制度以激励其进行监督职能。托管费用是按照基金资产净值的固定比例收取的，因而基金托管人是否努力履行其监督职能，并不影响其收入，相反，履行监督职能需要耗费很高的人力、物力。设置奖惩制度，一旦境内托管人被曝光或者被监管机构发现其包庇机构投资者损害 QDII 产品投资者的利益，将被监管机构处以巨额罚款，并暂停其托管人资格，反之，如果境内托管人披露了机构投资者的违法行为，将取得额外的报酬。

二是完善对境外托管人的相关法律规定。境外托管人是受境内托管人的委托对 QDII 境外资产进行托管业务，并监督境外投资状况和资金运作。在境内托管人的独立性得到保障后，境外托管人的独立地位也就得到了稳固。对于境内托管人制度这一部分，更重要的是对商业意义上的合理审慎原则进行详细的定义，明确境外托管人的责任。如此这般，QDII 监管法律规定中有关境外托管人履行监督职能、承担过错责任的规定才具有可操作性，确保进行 QDII 国际监管合作时，相关问题有明确的法律依据，避免陷入选择适用国内法后却又无法可用的尴尬局面。

(五) 加强国际监管合作

QDII 制度具有域外投资性，相比其他传统金融工具，面临更大程度的传染性系统风险，因而“QDII 监管法律制度的构建并非一个国家国内的法律设计所能做的，这种有效监管体系的确立必须是一个动态的国内层面与国际层面双头并举的协作监管过程”。根据前文所述的当前我国实施 QDII 制度过程中国际监管合作所欠缺的部分，可知加强国际监管的协调和合作必须做到以下几点：

一是制定有关跨境证券投资法律监管的专门法律及配套法规。在《证券法》中增加有关跨境证券监管规定的具体条款，并在《合格境内机构投资法》中具体制定有关 QDII 跨境监管合作的专门条款，将目前现有的有关法律规定、规范性文件、政策以及我国资本市场进一步开放后可能遇到的新情况全部纳入这部专门的单行法中，提高 QDII 跨境监管合作规定的层级和效力，使在产生纠纷的时候有法可依。这一点在“完善我国合格境内机构投资者监管法律制度的建议”的第二条“完善合格境内机构投资者制度监管立法”中也提到过，在这里再次提出是想强调具有适用性和操作性的国内法是开展 QDII 国际监管合作所必须的法律依据。

二是增强监管合作谅解备忘录的可操作性。在监管合作谅解备忘录原则性规定之外，增加对于信息共享机制、保密性要求、监管协助等方面的可操作性规定，避免个案处理的不稳定性和非规范性，减少监管摩擦。

三是在监管合作谅解备忘录的基础上，签订正式的双边条约或多边条约，约定监管合作范围、信息共享及保密、突发事件应对措施、例外规定以及相关判决的承认与协助执行等。对这些内容的具体约定尽可能地反映出当前我国 QDII 监管法律规定。

四是与国际监管标准接轨。首先应该通过学习国际上有关跨境证券投资监管的法律法规进而完善我国相关法律规定，为国际金融监管合作与协调确立法律依据，降低国际协作实施的障碍。其次，积极参与诸如国际货币基金组织、巴塞尔委员会、WTO 等国际金融组织或区域性多边协议，根据我国 QDII 制度发展的现实情况和我国国情，采纳其建议的相关监管原则和监管标准，同时充分反映新兴市场的实际情况与利益，避免不合理监管规则带来的损害。

六、本章小结

本章主要讨论 QDII 海外投资风险管理的控制机制。对风险的内部控制机制和外部监管机制提出了一些研究思路，目的在于保护 QDII 海外投资的安全性，也能更好地保障 QDII 资产持有人的利益，本章首先提出了内部控制的基本原则，由于 QDII 投资会运用到更加复杂的金融工具，所以主要提出了四个基本原则，这是内部风险控制的大前提。其次提出内部控制的基本框架，围绕法律法规指引、风险的检测制度、内部估值体系和内部管理控制四个方面展开。其中投资风险检测制度，是投资基金运作中的风险控制的核心所在，主要是利用风险量化技术来计算风险值，然后通过风险额度进行控制。之后介绍内部控制的组织结构，QDII 的内部控制制度的组织结构与一般基金公司的风险管制结构是一致的，都应该具备如下的一些基本组织结构：审计委员会、风险监视委员会、风险政策小组、基金投资决策执行委员会和基金风险管理委员会。其中，风险管理委员会掌握投资基金各种投资组合资产的风险概况，并要开发出有关系统和风险工具来执行所有风险管理功能，是风险内部控制中最为核心的一环。外部监管机制，主要围绕 QDII 外部监管的问题和政策建议两方面进行论述，外部监管对境内机构投资者的风险管理起着举足轻重的作用，如果证券监管机构不能对机构投资者的投资行为进行有效监管，就会使得机构投资者无所适从，造成证券市场秩序的混乱，市场风险突出。QDII 制度作为一种国际资本流动，其风险具有复杂性和跨国性的特征。因此，实现对其风险的有效防范的法律制度必然也是一个综合体系，主要包括严格挑选合格的境内机构投资者，规范 QDII 基金的发行、募集和投资行为，实现资金进出的监控，注重保护投资者利益等。此外还必须加强机构投资者母国和投资地所在国或地区的监管部门之间的合作。

第八章　总结与展望

本书运用理论与案例分析相结合，定量分析与定性分析相结合的方法，总结了 QDII 投资境外的各种风险面临及相应的风险衡量与评估方法，从市场关联度、资产配置、风险监控、避险策略等角度深入、系统地研究了 QDII 投资中的风险管理方法，进而通过资产的国际配置以及衍生品投资，在平稳投资风险的同时，获取相对优良的投资业绩，同时我们对风险内部控制和外部监管机制进行了探讨。

QDII 是我国金融领域的一大创新，虽然从投资收益来看，目前出海的基金系的几支 QDII 出现了不同程度的净值亏损，基金管理人也遇到了较大的压力，但是分析其原因，由于美国次贷危机风波给全球金融市场带来的冲击，导致主要股票市场的下跌，因而也致使我国 QDII 净值的损失。另一方面，基金管理人在国际金融投资经验，特别是风险管理与资产配置经验方面的不足也是一个相当重要的原因。但是我们不能就此否定 QDII 投资，更不能就此否定 QDII 的意义。

首先，从基金投资业绩的判断标准来说，QDII 投资不是一个短暂的工作，我们需要用更久的时间来考核和衡量其投资业绩，短期来看，全球金融市场的下跌必然给 QDII 业绩带来很大影响，只有利用长期的业绩来评价其价值才是更合理的，我们拭目以待。

其次，QDII 作为我国金融市场投资工具的一个重要创新，有着其重要的意义，我国股市系统风险较大，仍属新兴市场，具有高收益与高风险并存的特征。在合理进行风险管理与资产配置的情况下，运用 QDII 投资方式进行全球投资，不仅可以分散投资风险，而且有助于提高经风险调整后的投资收益，分享成熟市场、其他快速成长的新兴市场以及境外上市的我国公司的经济成果。

最后，QDII 投资是提高我国的资本投资和管理能力，以及国际市场金融竞争力的一个重要手段。与国内市场相比，海外市场的投资风险与基本面更为复杂多变，我国在海外投资方面还处于初步阶段，在投资理念、投资手段、风险管理方面与海外成熟投资者存在着较大的差距，这就需要在对海外市场进行投资的同时，不断学习先进的投资与风险管理方法，不断提高在国际市场中的投资能力，从而提高在国际金融市场的竞争力。

虽然 QDII 基金正处于困境，QDII 的前景也难以预料。但从台湾地区和韩国资本市场的发展轨迹看，QDII 制度是我国现阶段开放资本市场，逐步与世界接轨较合适的方法。对于 QDII 基金，如果治理恰当，政策合意并进行资产多元化配置，分散风险，仍具有较强的投资价值。只有 QDII 产品的良性发展，QDII 制度就能更好地为我国的资本市场服务。

第一，严格筛选符合资格的机构投资者，加强 QDII 人才的培养。对于 QDII 投资主体的资格认定，应本着稳妥渐进、宁缺毋滥的原则，对不同性质金融机构的资产规模、业务范围、经营业绩、公司治理、风险控制、产品设计、人才资源等方面提出明确要求，严把市场准入关。2008 年 7 月，证监会的基金监管部相关负责人表示，今后在审批基金公司 QDII 资格上重点考核公司的“内功修为”，即对基金公司综合实力和投研能力加以考察，将会更加严格。但基金公司的 200 亿元资金的运作下限被调整为 100 亿元，可能会留下漏洞。另一方面，从事 QDII 投资的基金公司需大力培养专业人才，才能更好地设计 QDII 产品，管理和运作 QDII 产品。既可以满足证监会的审批要求，也能更好促进基金公司在世界范围内的发展。

第二，分散投资，降低风险，注重新兴市场的潜力。根据马可维茨资产组合理论，分散投资才能降低风险，获得较好的收益。QDII 基金在选择市场时，既要强调成熟市场，也要注重新兴市场。在配置资产时，应密切关注各主要经济体的变化，积极寻找强势市场进行配置，争取在弱势市场中也获取较好的投资收益。事实上，新兴市场的增长前景仍十分光明，未来15年新兴市场占全球经济增长的比重将从2000年的五分之一上升至一半以上，可以期待新兴市场的增长会保持相当强劲的步伐，当然，风险也较大。此外，在配置股票时，不要“恋家”，只盯住中国概念股，应进行多方面的筛选，进行合理的组合，有效地降低投资风险。

第三，加强基本面分析。坚持长期稳健的战略巨大的财富往往是在股市大跌中赚到的。因此，需加强资产的基本面分析，坚持长期稳健的战略。对持有的好公司股票，QDII 基金要有坚定的勇气，不要恐慌贱价抛出。在配置股票时，需进行充分的研究，选择合适的资产。如大幅修正之后的亚太股市平均市盈率仅有11倍，已低于历史平均水平，此时的市场将会出现结构性的投资机会。

所以，QDII 投资将由于其一系列优点，将成为我国投资海外市场的未来大趋势。为了更好地提高 QDII 在海外市场的风险管理和投资收益能力，我们认为在其市场风险管理和内控机制方面需要重点把握以下方面：

第一，准确识别各类市场风险，并建立风险监控和预测系统。海外投资的风险种类要比国内多得大多，不仅包括市场风险和信用风险，还有汇率风险和主权风险，对于这些风险，我们需要对其进行综合的衡量和评估，除了对整个全球宏观经济的形势的准确把握，要及时观察国际知名信用评级公司对国家主权以及上市公司等主体的评级变化，以及时改变海外投资策略。很重要的一点是，国际上最著名的投资公司以及券商都已经建立了以 VaR 为核心的风险监管系统，并且成熟地运用于投资实务中。QDII 投资要想在国际市场中与金融巨头分享收益的话，就要建立并完善以 VaR 为核心的风险监管系统。

第二，合理进行汇率风险管理。汇率风险是投资海外的重要风险之一，我国汇率体制的改革不断进行，汇率风险也处于不断变化中，除了需要对汇率风险进行及时评估和监控，还要合理运用汇率衍生品等工具以规避汇率风险，或者是进行汇率保值。

第三，择时进行国际资产配置，分散风险并获取全球收益。进行国际资产分散配置是 QDII 投资的一大优势，实践证明，将资产投资于成熟市场与新兴市场的组合能够显著提高投资业绩，而仅仅投资于发达国家市场，或者是大部分投资于香港市场并非最佳策略。因此，真正的环球资产配置能够较好的分散风险，并提高收益。

第四，建立和完善内部及外部控制机制。由于海外投资面临更多的风险暴露，为了 QDII 海外投资的安全性，更好地保障保护 QDII 资产持有人的利益，必须建立在一定管理原则和内控框架下的全面内部控制机制。外部监管对境内机构投资者的风险管理起着举足轻重的作用，如果证券监管机构不能对机构投资者的投资行为进行有效监管，造成证券市场秩序混乱，市场风险更加突出。

参 考 文 献

[1]胡祖六. 中国的外部收支平衡与金融改革[J]. 国际经济评论，2006：7-8.

[2]左晓蕾. QDII 的机会[J]. 市场，2006：5.

[3]陈小新，陈伟忠，金以萍. 市场与行业因素对国际资产配置绩效的影响分析，财贸经济，2007：2.

[4]朱宏武. QDII 制度的风险及防范研究[J]. 金融研究，2007(10).

[5]宾盛. 我国 QDII 发展历程回顾[J]. 金融研究，2008(3).

[6]王雪，杜征征. QDII 的发展与挑战[J]. 商业银行，2008.

[7]邓道才. 代客境外理财业务新政对我国商业银行的影响和对策[J]. 国际金融研究，2006(6).

[8]马建会. 双“Q”机制：中国资本市场国际化的必然选择[J]. 金融研究，2006(7).

[9]周兴政. 人民币升值将提升 H/A 比价[J]. 西南证券研究报告，2007(10).

[10]宋建军，吴大雄，曹建峰. 一种 QDII 形式的构想——粤港证券直通车[J]. 南方金融，2006(1).

[11]王嘉紫. 资本市场、升值压力与 IPO 对外开放[J]. 经济研究参考，2006(40).

[12]王元龙. QDII 启动深化金融改革开放的重要步骤[J]. 中国外汇，2006.

[13]耿志民. QDII 制度对中国资本市场的影响及制度设计研究[J]. 世界

经济与政治论坛，2006(3).
[14]张辉. QFII 和 QDII—中国股票市场对外开放的缓冲[J]. 财贸经济 2006(6).
[15]林华. QFII 和 QDII 的渐进开放对金融安全利大于弊[J]. 中国外汇，2006(7).
[16]吴慧平. QDII 能挖来海外金矿吗?[J]. 上海金融，2006(8).
[17]刘永刚. 保险业总资产 2 年来首次缩水—QDII 尚难化解保险投资困境[J]. 中国经济周刊，2006(22).
[18]陈瑞，叶琦. QDII 理财应把握四个标准[J]. 上海金融，2006(9).
[19]丁志杰. QDII 助推中国资本项目开放[J]. 新财经，2006(6).
[20]王如富. 基金公司 QDII 发展前景广阔[J]. 中国投资，2006(8).
[21]沈晖. 论我国国际收支失衡的原因及对策[J]. 经济论坛，2006(2).
[22]王红娜. 社保基金的 QDII 试验[J]. 中国投资，2006(5).
[23]李少惠，杨培源，舒云岳. 外部升值压力的全面检视及对策思考[J]. 经济论坛，2006(3).
[24]朱蕾. 中国实行 QDII 制度的收益风险分析[J]. 当代经济，2006(5).
[25]何建明. 日本对外直接投资的产业流向启示[J]. 经济研究参考，2006.
[26]陈瑞，叶琦. QDII 理财应把握四个标准[J]. 卓越理财，2006(9).
[27]王元龙. QDII 启动：深化金融改革开放的重要步骤[J]. 中国外汇，2006(7).
[28]朱蕾. 中国实行 QDII 制度的收益风险分析[J]. 当代经济，2006(5).
[29]张辉. 中国股票市场对外开放的缓冲[J]. 上海财税，2006(19).
[30]毛洪坤. QFII 进入中国后[J]. 中国经贸，2006(3).
[31]贾韶军. QDII 面临新问题[J]. 上海经济，2006(9).
[32]张明. 运作面临的四个关键问题[J]. 金融与经济，97.
[33]邓亚萍，陈方正. QDII 制度：A 股市场国际化进程中的制度创新[J]. 财会通讯(学术版)，2006(2).
[34] Droms,W. G. and D. A. Walker, Investment Performance of International

Mutual Funds, Journal of Financial Research 17, Spring 2000, pp. 1-14.

[35] Griffin, J. and Stulz, R. "International Competition and Exchange Rate Shocks: Cross-Country Industry Analysis of Stock Returns," NBER Working Papers 6243, National Bureau of Economic Research, Inc. 1997.

[36] Gruble, H., "Internationally Diversified Portfolios: Welfare Gains and Capital Flows," American Economic Review, 1998(58): 1299-1314.

[37] Levy, H. and M. Sarnat, "International Diversification of Investment Portfolios", American Economic Review, 1998: 668-675.

[38] Abbas Valadkhani, Surachai Chancharat. Dynamic linkages Between Thai and International Stock Market [J]. Journal of Economic Studies, 2008 (35): 425-441.

[39] Chiu-Che Tseng. Data Driven Modeling of Co-movement among International Stock Market [J]. International Stock Market, 2007(2): 195-207.

[40] Connolly, Robert A. and F. Albert. Wang. Economic News and Stock, MarketLinkages: Evidence from the U. S., U. K. and Japan [R]. Proceeding of the Second Joint Central Bank Research Conference on Risk Management and Systemic Risk, 2003: 211-240.

[41] Errunza, V., E. losq. International Asset Pricing under Mild segmentation: Theory and Test [J] Journal of Finance, 2005, 40(1): 105-124.

[42] Forbes, K. J., Chinn, M. D. A decomposition of global linkages in financial markets over time [J]. The Review of Economics and Statistics, 2004 (86): 705-722.

[43] Hui, TK. Portfolio Diversification: A Factor Analysis Approach [J]. Applied Financial Economics, 2005(22): 821-34.

[44] Hwahsin Cheng, John L. Glascock. Dynamic Linkages Between the Greater China Economic. Area Stock Markets-Mainland China, Hong Kong, and Taiwan [J]. Review of Quantitative Finance and Accounting, 2005(24): 343-357.

[45]Ibrahim, M. H. International linkage of stock prices: the case of Indonesia [J]. Management Research News, 2005(28): 93.

[46]M Chinn, K Forbes. A Decomposition of Global Linkages in Financial Markets over Times [J]. Review of Economics and Statistics, 2004, 86(3): 705-722.

[47]Ng Angela. Volatility Spillover Effects from Japan and the US to the Pacific-Basin [J]. Journal of International Money and Finance, 2000(19): 207-233.

[48] Payne, J. E., Ewing, B. T., Sowell, C. Transmission of Conditional Stock Return Volatility across North American Markets: Evidence from Pre-and Post-NAFTA [J]. The International Trade Journal, 2001(4): 409-427.

[49]Phylaktis, K. and Ravazzolo, F. Stock Market Linkages in Emerging Markets: Implications for International Portfolio Diversification [J]. Journal of International Financial, Markets, Institutions and Money, 2005, 15(2): 91-106.

[50]Tsay, R. S. Analysis of Finance Time Series: Financial Econometrics [M]. Wiley, New York, 2002.

[51]Zakoian J. M. Threshold Heteroskedastic Models [J]. Journal of Economic Dynamics and Control, 2004(18): 931-955.